韩国留学生汉语中介语句型、句式系统实证研究

徐开妍 著

图书在版编目(CIP)数据

韩国留学生汉语中介语句型、句式系统实证研究 / 徐开妍著 . —北京：北京大学出版社,2020.1

ISBN 978-7-301-31105-9

Ⅰ.①韩… Ⅱ.①徐… Ⅲ.①汉语 – 中介语 – 对外汉语教学 – 教学研究 Ⅳ.① H195

中国版本图书馆 CIP 数据核字(2020) 第 017551 号

书　　名	韩国留学生汉语中介语句型、句式系统实证研究 HANGUO LIUXUESHENG HANYU ZHONGJIEYU JUXING、JUSHI XITONG SHIZHENG YANJIU
著作责任者	徐开妍　著
责任编辑	孙艳玲　邓晓霞
标准书号	ISBN 978-7-301-31105-9
出版发行	北京大学出版社
地　　址	北京市海淀区成府路 205 号　100871
网　　址	http://www.pup.cn　新浪微博：@北京大学出版社
电子信箱	zpup@pup.cn
电　　话	邮购部 010-62752015　发行部 010-62750672 编辑部 010-62753374
印　刷　者	北京虎彩文化传播有限公司
经　销　者	新华书店
	650 毫米 ×980 毫米　16 开本　17.25 印张　275 千字 2020 年 1 月第 1 版　2020 年 1 月第 1 次印刷
定　　价	58.00 元

未经许可，不得以任何方式复制或抄袭本书之部分或全部内容。
版权所有，侵权必究
举报电话: 010-62752024　电子信箱: fd@pup.pku.edu.cn
图书如有印装质量问题，请与出版部联系，电话: 010-62756370

国家社科基金项目（11BYY048）"基于作文语料库的韩国学生汉语中介语系统研究"结项成果。

教育部人文社会科学研究项目（10YJA740101）"基于作文语料库的韩国学生汉语中介语系统研究"结项成果。

入语言的比较等。此研究方法有助于我们对中介语的特点有更为全面的认识，同时也对汉语本族语者句型、句式的使用情况及对外汉语教材中句型、句式的设置情况有更加深入的了解。

本书的研究成果既为中介语理论提供了强有力的实证性支持，也帮助我们深入把握韩国留学生的中介语句型、句式的使用情况；研究人员可据此修订或编制教学、考试大纲，编写更具针对性的对外汉语教材，研制更加切合考生实际的考题；教学人员可以参考本研究成果决定教学的次序和语言项目的取舍；韩国汉语学习者可依此了解自身句型、句式学习的不足。此研究视角和技术路线对于研究其他语言作为第二语言的中介语系统也具有一定的借鉴和示范作用。

当然，本研究还存在一定的不足和拓展空间。比如未能将中介语系统与学生的母语系统进行对比，因而缺乏双语对比角度的解释，对中介语的特点在多大程度上受到母语规则的影响难以把握。尽管本书已经证明中介语从初级到高级的发展是逐渐接近目的语的过程，但初级阶段的中介语系统是否更接近学生的母语系统却仍未能得到实证支持。学界对于中介语的起点是学习者母语这一假设尚存争议，本书也未能通过与学习者母语对比来证明和解释。此外，对句式习得情况的分析仅停留在使用总量及偏误数量层面，而对句式内部类型的丰富度方面没有进行深入的对比分析。这也为作者的后续研究提供了探索和拓展的空间。

是为序。

肖奚强
于 2019 年 12 月 16 日

摘 要

中介语作为一个独立的语言系统，具有一系列特性，这是学界所公认的。但迄今为止，中介语理论仍然是一种假设而缺乏实证研究的支持。本书以中介语理论、语言习得理论及汉语句型理论为指导，在较大规模语料统计的基础上对韩国留学生汉语中介语句型、句式系统进行描写和分析，探讨中介语与汉语本族语（即目的语）和教学输入语言之间的相互关系，并从实证研究的角度检验、论证和完善中介语理论。

本书通过对240万字语料的封闭性、全面性的句型句式统计，细致描写了汉语中介语、汉语本族语及汉语教材的句型、句式系统，并进行相互间的对比分析。通过对中介语句型系统的研究发现，中介语和汉语本族语7类句型在使用分布及排序方面具有一致性，且初、中、高三级中介语之间的一致性更明显。在各类句型的具体使用量上，中介语与汉语本族语则存在着一些差异，尤其是名词谓语句、形容词谓语句使用超量比较明显，同时非主谓句使用不足严重。随着学习者学习程度的加深，中介语句型系统的面貌呈现出由初级到高级逐渐接近目的语的动态过程。

中介语句型系统复杂度与汉语本族语相比同样是有异有同。总体来看，韩国留学生使用汉语句型的复杂度同样与级别的升高成正比，是一个逐渐靠近目的语的过程。但即使到了高级阶段，中介语句型内部的复杂程度也比汉语本族语低。中介语在句型使用上也存在偏误现象，各级偏误类型均为7大类，其中动词谓语句误为名词谓语句、形容词谓语句误为动词谓语句、涉及非主谓句的偏误在三个级别的偏误率都比较高，且7类偏误的总偏误率也是呈由初级到高级逐级下降的发展趋势。

对句式系统的研究结论表明，在25类句式当中，中介语与汉语本族语使用率所处区间相同的句式在三个阶段分别为6类、11类和15类。从句式使用率的总排序情况来看，初级阶段共有9类句式与汉语本族语的排位有一定差异，中级阶段有7类，高级阶段仅有5类，但总体来看，三个级别句式使用率排序与汉语本族语呈显著相关。中介语句式总使用率与汉语本族语也具有明显的一致性，三个级别句式总使用率与汉语本族语的相关系数分别达到了0.786、0.868和0.908。但多数句式的具体使用率与汉语本族语也存在着一定的差异，各级都有多类句式与汉语本族语相比使用超量或不足，这也是中介语区别于目的语特性的表现之一。

中介语句式系统中同样存在着偏误现象。误加偏误和遗漏偏误是对中介语句式系统产生影响的主要偏误，各级别遗漏偏误要多于误加偏误，两类偏误在三个级别的总偏误率都随级别升高而逐渐降低。各类特殊句式的误加或遗漏偏误在三个级别的变化趋势多呈递减状态，但也有部分呈U型或倒U型等趋势发展，这些句式偏误当引起重视。

通过对比中介语、汉语本族语、汉语教材三个系统发现，教材系统与汉语本族语系统非常接近，同时中介语句型、句式系统同教材的相关度也略高于中介语同汉语本族语的相关度。从句型复杂度上来看，教材系统是介于汉语本族语和中介语之间的，即复杂程度高于中介语，但略低于汉语本族语。这符合对教材难度的一般预想和设计意图。三个阶段中介语同教材的句型、句式系统都存在明显的差异性，中介语当中多数句型、句式在使用频率方面的倾向性及发展变化趋势也并不完全受教材输入的影响，而是遵循其自身的发展规律。在各阶段中介语当中都有个别句型、句式与汉语本族语的差异度同教材与汉语本族语的差异度相一致，且有四分之一的句型、句式的使用率在各级间的发展变化趋势与教材也保持一致，这些表现与教材对这些句式强化与否也存在一定的关系。

对韩国留学生汉语中介语句型、句式系统研究得出的结论可以用来验证我们预先提出的十项假设。韩国留学生汉语中介语句型、句式系统的整体面貌与汉语本族语既有一定的相关性，同时又有其区别于汉语本族语的特性，各级中介语句型、句式系统之间也具有较强的一致性及内在的连续性，这些都说明中介语并非一堆杂乱无章的语言现象的集合，而是一个介于母语和目的语之间的、独立的语言系统。而且中介语系统从初级到高级呈现动态的渐进性，句型、句式各方面的表现多呈逐渐靠近目的语的趋势。同时，中介语当中存在着句型、句式的偏误现象，并且这些偏误在各级的表现及变化趋势也同样具有系统性。中介语句型、句式方面的语言表现有其自身的规律性，并不完全受制于教材语言输入，这表明中介语是学习者特有的复杂的、创造性的学习机制。最后，研究还发现，在中介语句型、句式系统变化的同时，也存在个别的反复、回退发展的现象，即使在高级阶段，中介语句型、句式仍存在一定量的偏误，且与目的语有明显的差异，这些都可以看作是中介语石化现象的表现。

目　录

引　言 1
　0.1 研究缘起 1
　0.2 研究内容、方法和技术路线 2
　0.3 语料来源 7
　0.4 研究对象的界定及标注规范 8

第一章　研究背景综述及预期假设 17
　1.1 研究背景综述 17
　　1.1.1 中介语理论研究综述 17
　　1.1.2 汉语中介语句型、句式习得研究综述 28
　1.2 预期假设 37

第二章　韩国留学生汉语中介语句型系统研究 39
　2.1 韩国留学生汉语中介语句型系统考察 41
　　2.1.1 汉语本族语句型系统考察 42
　　2.1.2 中介语句型系统考察 45
　　2.1.3 中介语句型系统与汉语本族语对比分析 49
　2.2 韩国留学生汉语中介语句型系统复杂度考察 55

2 韩国留学生汉语中介语句型、句式系统实证研究

    2.2.1 汉语本族语句型系统复杂度考察 ················· 56
    2.2.2 中介语句型系统复杂度考察 ····················· 58
    2.2.3 中介语句型系统复杂度与汉语本族语对比分析 ········· 60
  2.3 本章小结 ··· 66

第三章 韩国留学生汉语中介语句型偏误分析 ··············· 69
  3.1 句型偏误的确定原则 ································· 69
  3.2 韩国留学生汉语中介语句型偏误分析 ····················· 71
    3.2.1 中介语句型偏误类型及分析 ····················· 71
    3.2.2 中介语句型偏误率对比分析 ····················· 83
  3.3 韩国留学生句型偏误对中介语系统的影响分析 ············· 85
  3.4 本章小结 ··· 99

第四章 韩国留学生汉语中介语句式系统研究 ··············· 101
  4.1 汉语本族语句式系统考察 ····························· 105
  4.2 韩国留学生汉语中介语句式系统考察 ····················· 110
    4.2.1 初级中介语句式系统考察 ······················· 110
    4.2.2 中级中介语句式系统考察 ······················· 116
    4.2.3 高级中介语句式系统考察 ······················· 121
  4.3 韩国留学生汉语中介语句式系统与汉语本族语对比分析 ······· 126
    4.3.1 中介语与汉语本族语句式分布区间及排序对比分析 ····· 126
    4.3.2 中介语与汉语本族语句式具体使用率对比分析 ········· 130
  4.4 本章小结 ··· 144

第五章 韩国留学生汉语中介语句式偏误分析 ··············· 146
  5.1 句式偏误的确定原则 ································· 146
  5.2 韩国留学生汉语中介语句式偏误分析 ····················· 152

5.2.1 中介语句式误加偏误分析 ……………………………… 152
　　5.2.2 中介语句式遗漏偏误分析 ……………………………… 167
　　5.2.3 中介语其他句式偏误分析 ……………………………… 182
　5.3 韩国留学生句式偏误对中介语系统的影响分析 …………… 193
　5.4 本章小结 ……………………………………………………… 198

第六章　韩国留学生中介语系统与教学输入语言关系探讨 ………… 200
　6.1 中介语句型系统与教材对比分析 …………………………… 201
　　6.1.1 初级中介语句型系统与教材对比分析 ………………… 205
　　6.1.2 中级中介语句型系统与教材对比分析 ………………… 207
　　6.1.3 高级中介语句型系统与教材对比分析 ………………… 210
　　6.1.4 中介语句型使用率发展趋势与教材对比分析 ………… 213
　6.2 中介语句型系统复杂度与教材对比分析 …………………… 214
　6.3 中介语句式系统与教材对比分析 …………………………… 217
　　6.3.1 初级中介语句式系统与教材对比分析 ………………… 222
　　6.3.2 中级中介语句式系统与教材对比分析 ………………… 227
　　6.3.3 高级中介语句式系统与教材对比分析 ………………… 231
　　6.3.4 中介语句式使用率发展趋势与教材对比分析 ………… 236
　6.4 本章小结 ……………………………………………………… 238

结　　论 …………………………………………………………………… 243
附　　录 …………………………………………………………………… 248
参考文献 …………………………………………………………………… 250
后　　记 …………………………………………………………………… 259

引 言

0.1 研究缘起

首先，中介语是一种独立的语言系统，这一点虽为学界所公认，但却始终缺乏实证研究的支持。Selinker（1972）提出了"中介语"这个概念，认为中介语是介于母语与目的语之间的一种独立的语言系统，在结构上处于母语和目的语的中间状态。其语言表现既不同于母语，又不同于目的语，但并非任意的，而是有一定规律的。这与此前 Corder（1971）提出的"特异方言"（idiosyncratic dialect）和 Nemser（1971）提出的"近似系统"（approximative system）一样，都强调了中介语是区别于母语和目的语的独立的语言系统。同时，Selinker 先后提出的中介语系统性、可渗透性、动态性及石化现象等特征也都成为后来学者们研究的理论基础。但是早在 1993 年，吕必松就指出，在现阶段，中介语理论还只是一种假设，因为到目前为止还没有人描写出任何一种中介语的语言系统。因此，他提出发现并描写中介语系统是中介语研究的基本目标，因为只有发现了某种中介语系统并作出具体描写，中介语理论才能最终被证实。然时至今日，国内外除了对中介语少量的语素、语音、词汇和语法作过偏误分析或中介语状况研究外，尚未有人对一定数量的语料进行穷尽性的统计分析，以全面描述、解释中介语的语音、词汇或语法方面的系统性（仅从理论上或局部的例证中说明中介语具有系统性还远远不够）。中介语的系统性仍然是一种假设而缺乏实证研究的支持（肖奚强，2011）。

其次，句型、句式研究是现代汉语语法研究的核心。句型、句式本身具有概括性特征，也是教学重点及难点所在，在对外汉语教学语法中占有极其重要的地位。最重要的是，句型、句式是语言中比较大的单位，覆盖面广，能够代表语言系统面貌的主要部分。因此，以中介语当中句型、句式的习得情况作为考察对象来描写中介语系统，进而证实中介语的各种特性，更具有说服力。此外，关于现代汉语句型语料库建设目前仍比较滞后，形成一定规模的仅有赵淑华等（1995，1997）建立的34万字的现代汉语精读教材句型语料库和28万字的小学语文课本句型语料库，而汉语中介语句型语料库更是未见，相应的汉语句型习得研究也非常薄弱。尽管有一些包含句式信息的汉语中介语语料库已建成使用，但大规模的、同一母语背景的中介语语料仍不多见。

鉴此，通过对一定规模的、同一母语背景学习者的汉语中介语语料进行封闭性、全面性的句型、句式统计分析，以此来证实中介语理论，就显得十分必要。本书拟对100万字的韩国留学生汉语中介语句型、句式的使用情况进行全面的标注、统计、分析，以期从实证角度检验并完善中介语理论。同时，对韩国留学生句型、句式的习得情况进行全面考察，对于编写教材、实施教学、检验教学效果均有着重要的参考价值。

0.2 研究内容、方法和技术路线

（一）研究内容

本书将统计分析100万字分级的韩国留学生汉语中介语语料（初级20万字，中级40万字，高级40万字），全面考察韩国留学生使用汉语句型、句式的情况，得出中介语句型、句式系统，同时对比由40万字汉语本族人自然语料和100万字分级的对外汉语教材语料得出的句型、句式系统，在此基础上描述、解释、证明韩国留学生汉语中介语的系统性、渐进性、连续性等特征，从而证实、检验并完善中介语理论。

具体内容包括：

1. 确定研究对象

（1）确定7类单句句型，包括动词谓语句（DW）[①]、形容词谓语句（XW）、名词谓语句（MW）、主谓谓语句（ZW）、动词性非主谓句（DF）、形容词性非主谓句（XF）、名词性非主谓句（MF）。

句型的确定我们采取目前概括单句句型的常用方法，即在上位句型中采用结构关系标准，分出主谓句和非主谓句；下位句型多采用核心成分的性质标准，主谓句中分出名词性、动词性、形容词性、主谓谓语句四类，非主谓句中分出名词性、动词性、形容词性非主谓句三类[②]（陈昌来，1994；胡裕树，1995b；齐沪扬，2005）。

（2）确定25类特殊句式，分三种类型[③]：11类补语句式，即结果补语句（PDJ）、状态补语句（PDZ）、程度补语句（PDD）、可能补语句（PDK）、趋向补语句（PDQ）、动量补语句（PDL）、时量补语句（PSL）、比较数量补语句（PNL）、时间补语句（PDS）、处所补语句（PDC）、其他介词补语句（PDP）；8类无标句式，即双宾句（PSB）、存现句（PCX）、连动句（PLD）、兼语句（PJY）、被动句（PBB）、重动句（PCD）、差比句（PBS）、等比句（PBG）；6类有标句式，即是字句（BSZ）、有字句（BYZ）、"是……的"句（BSD）、把字句（BBZ）、由字句（BOZ）以及连字句（BLZ）。

邵敬敏（2014）指出，句式是个相对开放的系统。在语法教学中，不必硬性规定固定的数目，可采取弹性的开放的态度。句式到底需要介绍几种，完全看教学的需求，即考虑三个基本要素：重要性、特殊性与高频性。因此，本研究中句式的选择依据主要有以下四点：在现代汉语中有代表性的高频句式；在留学生话语中占重要地位，满足其交际需要

---

① 括号中为本研究对该句式的标注代码，在下文图表中有时用来代指该句式。

② 除了名词性、动词性、形容词性非主谓句以外，一些论著中还涉及叹词性、拟声词性、副词性等非主谓句，因为这些非主谓句不涉及复杂的语法结构且数量较少，本书未予考虑。另外有些紧缩复句不宜拆分成若干小句，因此也未纳入本书研究之列。

③ 分类依据见第四章。

的句式；在《汉语水平等级标准与语法等级大纲》（1996）、《高等学校外国留学生汉语言专业教学大纲》（2002a）、《高等学校外国留学生汉语教学大纲（长期进修）》（2002b）中单独作为语法点出现的句式；对外汉语教学实践中的重点与难点句式。

需要特别说明的是补语句式。从理论上来看，补语与定语、状语等一样，是句法成分的一种，并非特殊句式，尽管有时被称作"动补句"，但一般应置于句型系统内部来讨论。然而在实际研究当中，补语却有其特殊性，因为补语在汉语当中使用率高且类型复杂，在教学当中占有重要的地位，对韩国留学生来说更难，因为其母语当中并没有补语这一句法成分。因此，各类补语都常常作为独立的研究对象而成为学界研究的热点，在对外汉语教材当中也均作为独立的语法项目来教授，有时还直接称"结果补语句""趋向补语句"等。另外，补语比较能反映汉语语法的特点，还常常与把字句、被动句等句式互有交叉，一个单句当中涉及补语的数量也会直接影响该句的复杂程度。基于以上考虑，我们将各类补语同其他特殊句式一起置于句式系统内部加以讨论。

2. 句型系统及偏误研究

本书对句型系统的研究从三方面进行：

（1）各类句型的具体使用情况，即对使用率及使用排序进行考察，然后在中介语与汉语本族语之间、中介语各级之间进行对比分析，得出中介语句型系统的使用倾向及变化趋势；

（2）句型系统的复杂度情况，即对一般句型和复杂句型的使用数量及分布进行考察，然后在中介语与汉语本族语之间、中介语各级之间进行对比分析，得出中介语句型系统的复杂度情况及发展趋势；

（3）句型偏误情况，即对各级中介语句型偏误的类型及偏误率的变化趋势进行考察，然后将偏误还原为正确形式，最终得出一个相对完整的中介语句型系统，再与汉语本族语和最初的中介语句型系统进行对比分析。

3. 句式系统及偏误研究

本书对句式系统的研究从两方面进行：

（1）各类句式的具体使用情况，即对使用率及使用排序进行考察，然后在中介语与汉语本族语之间、中介语各级之间进行对比分析，得出中介语句式系统的使用倾向及变化趋势；

（2）句式偏误情况，即对各级中介语句式偏误的类型及偏误率的变化趋势进行考察，然后将偏误还原为正确形式，最终得出一个相对完整的中介语句式系统，再与汉语本族语和最初的中介语句式系统进行对比分析。

4. 中介语系统与教学输入语言关系研究

（1）考察各级教材语料[①]当中句型、句式的使用情况，并同样以汉语本族语作为参考标准，与各级中介语句型、句式系统进行对比，从而进一步探讨中介语与教学输入语言之间的相互关系；

（2）对比教材语料及中介语在三个阶段句型、句式的使用率的变化趋势，考察中介语使用率的变化发展是否受到教学输入语言的影响。

（二）研究方法

1. 语料库的研究方法

以往的习得研究较多通过单纯诱导式的问卷调查和专题测试的方法来获得数据，往往不可避免地带有调查者的主观性，较难准确全面地反映第二语言学习者的习得状况，而语料库研究方法则可以避免以上不足。本研究所使用的语料库包括韩国留学生中介语语料库、汉语本族人语料库、对外汉语教材语料库，通过对各语料库句型、句式的分类统计，来考察韩国留学生习得汉语句型、句式的情况。

2. 统计与数据分析的方法

这是处理语料时所运用的最基本的方法，主要包括对本族语料、中介语料各句型、句式的分布情况进行统计，对韩国留学生中介语料

[①] "教材语料"也是汉语本族语的一种，但为了行文方便，我们在文中使用"本族语料"来指代本族人使用的自然语料，与"教材语料"相区分。

中各句型、句式在各习得阶段的正确用例和偏误用例进行统计，对各类偏误类型进行统计等等。

3. 比较法

这也是本研究所运用的最基本的研究方法之一，主要包括韩国留学生句型、句式的习得情况与汉语本族人使用情况以及教材出现情况之间的比较，初、中、高三级学生各类句型、句式的使用情况的纵向比较等等。其中运用到统计学当中相关分析的两种方法——皮尔逊相关系数和斯皮尔曼等级相关。皮尔逊相关系数用来检验各类语料之间句型、句式使用率情况的相关性，斯皮尔曼等级相关用来检验使用排序情况的相关性。

4. 描写、分析和解释相结合的方法

这一研究方法的目的在于尽可能全面系统地描写、分析和解释韩国留学生习得各类汉语句型、句式的中介语系统，主要包括描写韩国留学生各句型、句式的使用情况，并对比汉语本族语确定使用超量、使用不足类型，进而分析各种现象与中介语特性之间的关系；描写句型、句式偏误情况并对造成偏误的原因作出一定的解释，并尝试探讨各句型、句式使用及发展趋势与教学输入语言之间的关系等等。

（三）技术路线

本研究按照以下技术路线进行：

（1）根据以往的研究和对语料的考察来确定具体的研究对象；

（2）依据中介语系统的特性提出韩国留学生汉语句型、句式习得情况的若干假设；

（3）统计分析目的语即汉语本族语料，描述汉语本族语句型、句式系统，并作为中介语分析的参照标准；

（4）统计分析各级韩国留学生汉语中介语语料，考察各级句型、句式习得偏误情况及发展变化趋势，描述中介语句型、句式系统，并与汉语本族语系统进行比对；

（5）统计分析汉语教材语料，考察教材语料中句型、句式出现频率及各级间的变化趋势，对比中介语来考察教学输入语言对中介语输出的影响；

（6）描述、总结并解释韩国留学生汉语中介语句型、句式系统概貌，根据所得结论验证预先提出的假设，进而为中介语理论提供实证支持。

0.3 语料来源

本书的语料来源包括汉语本族人语料、韩国留学生汉语中介语语料、对外汉语教材课文语料三个部分。

为了尽量保证语料库的同质性，本族人的语料我们选自"小山屋作文网"初中学生的作文，其中初一10万字、初二20万字、初三10万字。同时我们尽量选择与韩国留学生作文语料相近的题材和体裁，包括写人、写景、叙事、状物、小说、议论、说明、书信、日记、话题等。

韩国留学生汉语中介语语料主要来源于南京师范大学的"韩国留学生汉语中介语作文语料库"，语料分为初、中、高三级，初级20万字，中级、高级各40万字，共计约100万字。其中初级为一年级，学生的汉语学习时间一般为零到一年之间，但第一学期期中考试试题中一般不出现作文题型，所以初级语料学习者的汉语学习时间至少为三到四个月；中级为二年级，汉语学习时间一般为一到两年；高级为三年级，汉语学习时间一般都在两年以上。选取的语料均为韩国留学生篇章完整的考试作文，能较为真实地反映韩国留学生汉语中介语系统的句子面貌。

对外汉语教材课文语料主要来源于收集语料时较为通行的对外汉语教材的课文部分，总计约100万字，分为初、中、高三级。初级教材主要包括杨寄洲主编的《汉语教程》（第一册上、下，第二册上、下，第三册上、下）（北京语言文化大学出版社，1999），戴悉心、王静主编的《汉语口语教程》（北京语言文化大学出版社，2001），胡波、杨雪梅主编的《汉语听力教程》（第一册）（北京语言文化大学出版社，1999），杨雪梅、胡波主编的《汉语听力教程》（第二册）（北京语言文化大学出版社，2000），杨雪梅主编的《汉语听力教程》（第三册）（北京语言文化大学出版社，2000）和彭志平主编的《汉语阅读教程》（第一册)(北京语言文化大学出版社,1999)、《汉语阅读教程》(第二册)(北京语言文化大学出版社,2000),共计约20万字。中级教材主要包括陈灼主编的《桥梁——实用汉语中级教程》(上、下)(北京语言文化大学出版社,1996)、白崇乾等主编的《报刊语言教程》(上、下)(北京语言文化大学出版社,1999)和白雪林主编的《中级汉语听和说》(北京语言文化大学出版社,2002),共计约40万字。高级教材主要为姜德梧主编的《高级汉语教程》(北京语言学院出版社,1990)、刘元满等主编的《高级汉语口语》(北京大学出版社,2004)和王世巽等主编的《报刊阅读教程》(上)(部分)(北京语言文化大学出版社,2001),共计约40万字。引入教材语料的目的是将教材语料中各类句型、句式的出现情况与韩国留学生的使用情况进行对比,以观察教学输入与中介语输出之间的关系。

0.4 研究对象的界定及标注规范

(一)研究对象的界定

1. 对复句的处理

本书仅考察韩国留学生单句句型的习得情况,暂不以复句为单位进行研究。对于复句,我们有三种处理方法:

第一,由几个独立的分句组合而成的复句,我们忽略其关联词语,以每一个分句为单位进行研究,例如我们将例(1)、例(2)都分别按两个单句进行标注:

(1)孩子们虽然飞上了蓝天,但还是离不开母亲这坚强的后盾。
(2)它们不但美丽,而且还放出一股沁人心脾的香味。

第二,若复句的分句之间无标点断开,但结合相对松散,则将复句拆分成若干单句再进行标注归类,如例(3)、例(4),我们将其切分为两个单句:

(3) 这风虽不大却很温暖。──→ 这风虽不大，却很温暖。
(4) 可你不但不理睬我反而把我从路中踢开。──→ 可你不但不理睬我，反而把我从路中踢开。

第三，若复句的分句之间无标点断开，且结合比较紧密，不宜拆分，则当作紧缩复句不予考虑，如例（5）和例（6）画线小句我们暂不研究：
(5) 只要你尽力就好。
(6) 母亲待我和其他同学一样，严格要求，<u>犯错也照样罚</u>。

此外，有些仅仅由于表达的随意性或者标点的缺失而将若干小句连在一起的长句，我们也在确保不影响句型的前提下将其拆分后再进行研究，如例（7）、例（8）：
(7) 危难中，你没有屈服你没有坠落。──→ 危难中，你没有屈服，你没有坠落。
(8) 正是因为有她，我才会羡慕她我才会妒忌她。──→ 正是因为有她，我才会羡慕她，我才会妒忌她。

2. 单句的确定

本书选择从功能和形式两个方面来界定研究的对象——单句。

（1）从功能上来看，单句指的是由短语或词充当的、有特定的语调、能独立表达一定的意思的语言单位（黄伯荣、廖序东，2011），具有"表述性"（邢福义，1995）。对于其范围，我们采用吕叔湘（1979）、邢福义（1995）界定的最窄范围：只有单句和分句这两个带有语调的单位才是小句，将充当句子成分的主谓短语排除在外。这样做的理由是：第一，主谓短语既然已经充当句子成分，它就失去了"句"的性质和功能，就不再是"句"；第二，能够成句的构件语法单位可以是短语，也可以是词，可以是主谓短语，也可以是其他短语。因此，不宜只把充当成分的主谓短语当成小句，否则容易导致一个结论——只有主谓短语跟"句"有联系，其他短语跟"句"没有联系（邢福义，1995）。此外，这样做也使得单句的范围更明确，在具体划分标注的时候也比较容易操作。

例如①：

  （9）<u>我不能参加</u>让他觉得很遗憾。
  （10）这就是<u>我不能参加</u>的理由。
  （11）<u>我不能参加</u>时，他一般会代替我。

  例（9）至例（11）中的主谓短语"我不能参加"分别作主语、定语和状语，本书不作为小句来看待。另有一种情况我们将特殊对待，即主谓短语作宾语。例如：

  （12）最不好的结果就是<u>我不能参加</u>。

  本书将主谓短语作宾语的情况算作小句宾语，对其中的句式信息进行标注。原因是这种类型的宾语出现数量较多，其中涉及的特殊句式数量也比较多，所以我们将此列入研究范围，但在句型标注时与一般小句有所不同，我们将在下文具体说明。

  （2）从形式上来看，单句前后都有较明显的停顿。在语篇当中，往往用标点来表示语句的停顿。常用的标点符号有16种，包括7种点号和9种标号。点号又分为句末点号和句内点号。句末点号主要有句号、问号、叹号3种，均表示一级停顿；句内点号有分号、逗号、顿号3种，分属于二、三、四级停顿。另外1类为冒号，既可充当句末点号，也可充当句内点号。常用标号包括引号、括号、破折号、省略号、着重号、连接号、间隔号、书名号和专名号9种。（黄伯荣、廖序东，2011）

  句号、问号、叹号作为句末点号直接作为句子的边界是毫无疑义的。分号主要用于分割停顿较大的分句和引句，也同样具有分句功能。因此，由这四种符号切分的单位我们自然认定为单句②。顿号主要用于并列的词、短语之间的停顿，属于四级停顿，一般不具有"分割标点"的地位，由其切分的单位我们不认为是单句。冒号既可以作为句末点号，又可以作为句内点号，我们将视具体情况而定。例如：

  （13）母亲留下这样的话：<u>我不会生活得很差</u>。

---

① 由于语料中没有适合统一说明的系列用例，此处为自编用例。
② 对于标点使用错误的情况，尤其是中介语当中的标点错用，我们均进行人工修改。

（14）我们在放学路上谈论我们都关注的话题：车、跑酷、电影和军事。

例（13）属于句末冒号，我们将其前后视为两个单句；例（14）属于句内冒号，我们将此句视为一个单句。

标号中的引号、括号、书名号等符号只具有语义上的作用，因此切分句子时基本上可以不予考虑。省略号在多数情况下也可以成为句子(小句)末尾的标记，但有时表示列举的省略或说话的断续，省略号不可作为切分句子的标准。例如：

（15）老舍、朱自清、鲁迅、冰心……他们，已经慢慢地走进我的每一天。

（16）我……我就要转学了！

在标点符号当中，逗号既可以分割短语片段，又可以分割小句，情况最为复杂。以下几种情况我们都不将画线的逗号看作切分句子的停顿标记：

（17）尘封多年的冰雪，刹时化为温暖的泉水。

（18）就在五年级的时候，我猛然发现学习的难度日益增加。

（19）家是我的情感栖息地，物质生活的后盾，安全健康的保障。

（20）于是，操场上又多了一阵篮球声。

（21）母亲节，这是一个让人温馨的日子。

（22）总之，那时我的世界里总会出现他为我撑起的一片天。

例（17）的逗号用于分割主、谓语，例（18）用于状语之后，例（19）用于联合短语之间，例（20）用在关联词语之后，例（21）用于复指成分前后，例（22）用在独立语之后。

3. 对独立语的处理

独立语是句子的特殊成分。所谓独立和特殊，在于它身在句内又与句内的其他成分不发生结构关系，无配对的成分。独立语是由于语用或表达的需要才出现在句内的，在表义上有其特定的重要作用。独立语根据其作用大致分为插入语、称呼语、感叹语、拟声语（黄伯荣、廖序东，2011）。因此，一方面鉴于独立语这种在结构上独立的特性，另一方面考虑到一些插入语（如"我看"）已经经过词汇化过程成为比较凝固的格式，而称呼语、感叹语、拟声语又不涉及复杂句式，因此我们未将独立语纳入研究范围。如下面各例中画线部分在标注时均不予考虑，其后的标点也不视为切分小句的标记：

（23）<u>据说，</u>"珍珑棋盘"是金庸武侠小说《天龙八部》里的模拟图形。

（24）<u>毫无疑问，</u>最典型的"现代化金钱理论"就光荣诞生在我们这个年代。

（25）<u>也就是说，</u>时间是用之不完，挥之不去的。

（26）<u>老师，</u>求您让她入团吧！

（27）<u>唉！</u>这又是我的失职。

（28）<u>呜呜呜……</u>母亲的哭声明显大了几个分贝。

4. 对复合谓语句的处理

"复合谓语"的说法源自吕叔湘（1979）。如果谓语是结构一致、形式短小、语音停顿小的形式，则视作一个句子。例如：

（29）那声音一点一点地<u>消失，消散</u>。

（30）那时的自己那么<u>开朗，活泼，勇敢</u>。

一般来说，复合谓语的几个结构都是并列的，因此其句型判断也是统一的，如例（29）是动词谓语句，例（30）是形容词谓语句。

（二）标注规则

1. 句型信息标注规则

在句法研究当中，学界一般将句子成分分为主、谓、宾、定、状、补六大类。对于这六类在句中的层级状况及各自价值，学界仍有一定的分歧。主、谓、宾一般都被看作是句子的主干，而定、状、补为附加成分或扩展成分，是句子的枝叶，不是句型成分。但宾语的地位有所差异，有的把宾语看作与主谓同一平面，有的把宾语看作是谓语中动词的直接成分，因而宾语作为句型成分出现在下位句型中（陈昌来，1994）。吕叔湘（1979）认为主、谓语和宾语并不在同一个平面上，主语和宾语不是互相对待的两种成分。主语是对于谓语而言的，而宾语却是对动词而言的。主语是就句子格局来说的，而宾语却是针对事物和动作的关系而言的。"主语和宾语的位置不在一个平面上，也可以说不在一根轴上。"可见，按吕叔湘先生的意见来看，宾语是包含在谓语里面的。对主谓句而言，分析句子首先把它分析为主语和谓语，说主语和谓语是句子的第一层成分，那么宾语是对谓语进行再分析时得出的成分，因此宾语属于第二层次的成分。

我们采用吕叔湘先生的看法，认为主语、谓语位于第一层，属句型成分，谓语中心语的性质是判断句型的唯一依据，把宾语看作是谓语的一个部分，属于第二层次，不再标注句型信息，同时也不考虑复杂主语内部的句型信息。例如：

（31）他们也不知道<u>时间之轮会被谁停止</u>。（动词谓语句）

（32）<u>在学校里得到老师的表扬，同学的鼓舞，家长的称赞</u>，是我的幸福。（动词谓语句）

例（31）中画线部分属于句中的小句宾语，但我们不考虑其句型信息，只将整句标为动词谓语句；例（32）画线部分是谓词性主语，我们同样不额外标注其中的句型信息。

定语、状语、补语作为附加成分，我们也不再分析其中涉及的句型信息。例如：

（33）<u>一个未进过所谓"城"、一辈子生活在小地方的</u>她如何穿越狭隘。（动词谓语句）

（34）我吃了<u>你光临过的</u>大西瓜后，当天晚上开始发高烧。（动词谓语句）

（35）那个时候父亲老实得<u>一句话都不会多说</u>。（形容词谓语句）

例（33）至例（35）画线部分分别为复杂定语、复杂状语和复杂补语，我们在标注时都不考虑这些部分的句型信息，只按整句的谓语中心语"穿越""开始"和"老实"确定整句为动词谓语句或形容词谓语句。

综上所述,本书研究的 7 类句型是属于互补分布的,即每一个单句只标注一种句型信息。即使是小句宾语,我们也不标注其句型信息。胡裕树(1995a)指出句型是以语言中全体句子作对象加以归纳的结果,也就是说,出现任何一个句子,必定能归入某一句型。

2. 句式信息标注规则

(1)胡裕树(1995a)同时指出,句式是以语言中部分句子为对象加以描述的结果,因此本书研究的 25 类句式并非互补分布,在一个单句的第一层句型成分当中若没有涉及特殊结构,那么该句就不标注句式信息;但若一个单句涉及多个特殊结构,我们则将这些句式信息逐一标出。因为在汉语当中,一些特殊的谓词结构可以同时出现在一句当中,往往并不具有排他性。同一个单句从不同的角度来看可以涉及不止一个特殊结构。例如:

(36)你们让我有了方向去创造自己的骄傲。(兼语句、有字句、连动句)

(37)财主婆立马叫齐了家中所有的仆人去找回那个乞丐。(结果补语句、兼语句、连动句、趋向补语句)

例(36)既可看作兼语句,又可看作有字句或连动句,例(37)更是涉及四种句式之多。若是以其中的某一类句式为研究对象,那大可不必考虑该句涉及的其他句式信息。但本书是以 25 类句式作为研究对象来进行句式系统的研究,力图详尽地考察韩国留学生使用各类句式的情况,况且这些特殊句式之间往往也不存在上下位的关系,而是彼此平行的。因此我们无法对一个可分析出多个特殊句式的单句确定一种句式信息,而是采取了多重标注的方式。

使用这种方式的好处有两个:一方面可以尽量详细地描写中介语和目的语的句式系统;另一方面,也是更为重要的方面,一个单句可分析出的特殊句式的数量也可作为衡量句子复杂程度的一个标准,这也是本研究着力考察的一个方面。

（2）从独立表述的角度，我们只研究第一层次谓语部分的特殊结构，据此来判断该句可看作何种特殊句式，而主语、一般宾语、定语、状语、补语内部涉及的特殊结构不予考虑。例如：

(38) <u>能摆正心态</u>最重要。（非特殊句式）

(39) 她下一个动作一定是<u>用脚踢飞</u>。（是字句）

(40) 我看见<u>一个眼睛大大，皮肤黑黑，笑起来会有一对好看的酒窝</u>的她。（非特殊句式）

(41) <u>当我看到美国带兵去攻打一些中东国家时</u>，心中有着一种愤愤不平的怒气。（有字句）

(42) 人心的复杂，喜欢的男孩让自己变得<u>困惑起来</u>。（兼语句、状态补语句）

例（38）画线部分是谓词性主语，其中涉及结果补语；例（39）画线部分是谓词性宾语，其中涉及连动结构和结果补语。但按本书的标注规范我们不予考虑，将例（38）看作非特殊句式的一般形容词谓语句，在例（39）中只标注出处于第一层次的特殊句式——是字句。例（40）至例（42）画线部分分别为定语、状语、补语，其中都涉及特殊结构，但我们同样不进行标注。

3. 关于小句宾语的确定及标注方式

本书对小句宾语的处理方式有别于上述一般情况，在此特别说明。学界对小句的一般认识即通常情况下它是一个完整的句子形式，包含主语、谓语两部分，只有在特殊情况下才会省略主语，成为一个不完全句，因此小句包括完全小句和不完全小句（高增霞，2003）。《汉语动词用法词典》（孟琮等，1999）中定义的小句宾语也是主语、谓语齐全的句子形式，即完全小句充当的宾语。王华（2007）的研究也参照这些观点选取了完全小句宾语作为研究对象。

本书确定的小句宾语也仅指完全小句，即主、谓语齐全的小句作为宾语的情况。若单句当中的宾语为完全小句宾语，我们则标注其中的句式信息，但仍不标注其句型信息。而如若单句当中的宾语是不完全小句，我们将其看作一般的谓词性宾语，既不标注句型信息，也不标注句式信息。例如：

(43) 真正的友谊是把朋友放在第一位。（是字句）
(44) 让我意外的是他把钱都捐了出去。（是字句、把字句、趋向补语句）

例（43）中的宾语是不完全小句，没有主语，因此属于一般的谓词性宾语，我们不标注其中的句式信息；例（44）是完全小句，主、谓语齐全，属于本书界定的小句宾语，因此需要标注其中的句式信息。

第一章

研究背景综述及预期假设

1.1 研究背景综述

本研究将从中介语理论研究和汉语句型、句式习得研究两方面对研究背景进行综述。

1.1.1 中介语理论研究综述

自20世纪70年代初美国学者Selinker（1972）提出"interlanguage"这个概念起，国外的中介语理论研究至今已有40多年的历史，国内自鲁健骥（1984）引进中介语理论至今也已有30多年的发展历程。但国内中介语理论研究成果大多是对国外语言学界的观点、理论的引介，即介绍性、评价性和解释性的文章占据很大比例，如鲁健骥（1984）、孙德坤（1993）、杨连瑞（1996）、徐海铭（1997）、李炯英（1999，2002，2003）、王建勤（1994，2000a，b）、戴炜栋和蔡君梅（2006）、于海军（2007）等学者都曾对国外的中介语理论进行过综合性的评价。总体来看，我国学者关于中介语理论的研究没有超出国外学者探讨的范围。因此，我们将国内外对于中介语理论的相关研究整合在一起进行综述。

学界关于中介语的基础理论研究一般围绕以下几个方面进行：中介语的定性及本质、中介语的特征、中介语的形成过程、中介语的发展阶段等。我们涉及的研究内容主要是前两项。

（一）中介语的定性及本质

1972年Selinker首先在其 *Interlanguage* 一文中使用了"中介语"这一概念，这一般被认为是中介语理论形成的标志，Selinker也被称为"中介语之父"。他对中介语的定义包括三个方面：第一，中介语是可观察到的言语输出，即可以从语言学上描写的数据得以表现；第二，中介语是高度结构化的，这指的是中介语内在结构的系统性；第三，中介语是独立的语言系统，它既不同于学习者的母语，也不同于目的语。

实际上，Corder（1971）和Nemser（1971）对中介语的研究与Selinker几乎是同期进行的，他们对中介语的认识也大体一致，都强调了中介语是介于母语和目的语之间的语言系统。Corder将其称为"过渡方言"（transitional dialect）或"过渡能力"（transitional competence），也称"特异方言"。他认为所谓的"过渡能力"指的是学习者现时的心理规则系统，这种规则系统处于逐渐的变化之中，而这种变化是由学习者对目的语规则不间断地进行假设、检验，从而逐步更新这个系统所造成的。"过渡能力"和"过渡方言"都强调"过渡"二字，因此从名称上来看，Corder还是侧重强调学习者语言能力形成的动态过程。

Nemser（1971）提出的理论假设与Selinker的理论也有许多共同之处。他使用的术语是"近似系统"。所谓"近似系统"是相对于目的语系统而言的。Nemser认为，学习者的语言系统是一个不断变化的连续体，而这种变化是朝着接近目的语系统的方向发展的。因为第二语言学习者不可能在极短的时间内就接触到整个目的语系统，更不可能短时间内完成对目的语的掌握，而是需要逐步地对有限的言语输入进行消化。也就是说，学习者逐渐建立的是自己近似目的语的语言系统，这一系统实际就是Selinker所定义的中介语。不过有一点Nemser与Selinker的观点是不同的，Nemser 提出"近似系统是学习者在学习目的语时，实际运用的偏离的语言系统"。由此来看，他认为学习者的语言是一种"偏误"，或者说是对目的语系统的背离。鲁健骥（1984）在将中介语理论引入我国的时候将其定义为"由于学习外语的人在学习过程中对于目的语的规律所做的不正确的归纳与推论而产生的一个语言系统"。这二位学者尽管也认为中介语是一个语言系统，但从他们最初的定义来看，仍然还没有完全脱离偏误分析理论所带来的影响。

可见，尽管称法不同，但三位学者对中介语本质的看法是相似的。"中介语"这一名称之所以能够在本领域得到普遍认可而广泛流传，一方面是因为与另外两个名称相比，它是一个较为中性的名词；另一方面则是由于这一名称本身包含了更丰富的含义，它不但表明了学习者的语言系统是一种处于母语和目的语之间的中间状态，而且体现了学习者语言的不稳定性，即中介语动态发展的特征。而且以"language"为中心，它明确地显示了学习者的语言运用在本质上是受规则限制的、系统的，即中介语具有系统性（于海军，2007）。

可以说这三位学者几乎是同时提出了相似的理论观点，这种不谋而合是理论发展的必然（王建勤，2000b）。因为在此之前二语习得的主流理论——对比分析理论和偏误分析理论都存在一定的缺陷，这令人们急于找到一种新理论来全面反映和解释学习者的语言系统。到了20世纪70年代，人们开始承认中介语的存在，而且将其作为一个介于母语和目的语之间的语言系统，而不是作为一个零散的错误的集合来看待。中介语的这一本质一直为学界所公认。可以说"中介语"的提出使得第二语言习得理论研究上升到了一个新的高度，拓宽了我们认识和理解第二语言本质的视野，也使得整个应用语言学研究进入了一个新的时代。尽管它作为一个理论提出于对比分析理论和偏误分析理论之后，但却进一步扩展、深化了语言的对比分析，并为偏误研究奠定了理论基础。

20世纪80年代以后的中介语研究有一些新的理论模式产生，王建勤（2000b）将这些理论归为后期的中介语理论，并提出个别后期理论是在早期中介语理论的基础上发展起来的，如Torane（1982）和Ellis（1985a）提出的中介语"可变能力模式"。而Schumann（1978）的"文化适应模式"、Long（1983）的"言语输入与交互作用模式"则在理论方法上与最初的中介语理论有所差异。后期的中介语理论以Ellis（1985b，1994，1997）的研究为代表，他认为，中介语是学习者在习得过程中建构起来的一种潜在的第二语言的知识系统，是一个抽象的语言规则系统。他将这个规则系统看作一种"心理语法"。这与Selinker认为的中介语是可观察到的言语输出，可从语言学上描写的数据得以表现的观点还是有一定差异的。尽管他认为中介语不是可以观察得到的，但也承认其本质仍是独立的语言系统。多数学者还是认为中介语是可描述的，如Sharwood Smith（1994）就认为，中介语实质上是指语言事件，可以实际观察到并记录下来，而不是不可见的语言系统。Adjemian（1976）也指出对过渡语可以作系统的语言分析和研究。这一点也正是本书所作研究的前提条件。

其他一些学者对中介语本质的认识往往只是表述略有不同，其根本观点仍是与上述理论一致的。如Richards（1990a、b）认为中介语是用来指称学习者通过先天学习策略以及某些启发的作用在目的语输入的基础上形成的一种变化的、逐渐趋于成熟的语言系统。我国学者对中介语本质的认识也都与国外学者的理论观点基本一致，认为中介语是一个独立的语言系统。如鲁健骥（1984）认为中介语指的是"由于学习外语的人在学习过程中对于目的语的规律所做的不正确的归纳与推论而产生的一个语言系统"，吕必松（1993）提出中介语是指第二语言学习者特有的一种目的语系统。关于"interlanguage"还有"族际语""中继语""过渡语""语际语"等汉译，目前国内使用较多的是"中介语"这一译名。

（二）中介语的特征

既然中介语是区别于母语和目的语的独立的语言系统，那么肯定有其自身的独特性。首先明确提出中介语特征的还是Selinker，他在1972年提出中介语有三个原则特征，即中介语的系统性（systematic）、可渗透性（permeable）和动态性（dynamic）。这三点是中介语的典型特征，也受到了后来学者们的普遍认可。他同时指出中介语当中存在一种独特现象——石化现象（fossilization），这也成了最让语言学家们感兴趣的研究对象。Adjemian（1976）提出的三项特征也颇具代表性，除了可渗透性、石化现象之外，他还强调了中介语的反复性。这种反复性也常被看作是中介语石化现象的一种表现。其他一些中外学者对于中介语的特征也进行过总结，归纳来看主要还是以上述几个特点为主，下面我们对于重点特征进行分述。

1. 系统性

中介语的系统性从 Corder（1971）、Nemser（1971）、Selinker（1972）等学者对中介语的定义及本质认识即可看出。三者对中介语的称法及研究角度有所不同，却都提到了中介语的系统性。第二语言学习者所使用的目的语不再被视为孤立的错误的集合，而是被看作一种语言（方言）、一个系统，那系统性自然成为其首要特征。事实也证明，中介语作为相对独立的语言系统，它同一般的自然语言一样具有语音、语法和词汇规则体系。Selinker 认为，学习者的言语行为是可以预测的，母语迁移、目的语规则泛化等现象是普遍存在的且有规律可循。Nemser 还强调了学习者的"近似系统"是具有"内在结构"的语言系统，这表明中介语具有系统的内在一致性。而在此之前，Corder（1967）最初强调了学习者的"偏误"不同于"失误"，"失误"是偶然的、非系统性的，而"偏误"具有系统性，且系统偏误可以反映学习者的内在大纲。尽管此时他的理论还带有较强的偏误分析的色彩，并未明确将学习者的语言系统看作一个独立的系统，但在他看来，学习者的偏误并不是以往人们认为的一种偏离目的语规则的、消极的现象，而是可以用来表明学习者习得过程特定阶段的证据，是学习者语言表现的一部分，那么这些系统偏误自然也成为中介语系统性的一种表现。

Adjemian（1976）也认为，中介语是自然语言，不应被看作是一些语言实例的随意罗列。要对中介语进行研究，首先必须承认它是有系统的一种自然语言，和其他自然语言一样，有着自己内在连贯的结构。并且他强调"系统性"这一概念应该严格地限制在其语言学意义上。如果我们承认中介语是一种自然语言，那么系统性就意味着构成中介语的语言规则与特征具有内在的一致性。Tarone（1982）认为，中介语的系统性主要体现在使用形式上的内在一致性（internal consistency）上。Sharwood Smith（1994）评价早期中介语理论的基本特征时也指出，学习者的语言系统是一个独立的系统，且这个语言系统存在着内在的连续性。

王建勤（2000b）认为，中介语的系统性首先表现为语言规则的系统性，而语言规则的系统性反映了学习者运用学习策略的普遍性。蔡金亭和朱立霞（2004）认为系统性是指中介语在任何发展阶段都具有内部系统性，从一个阶段向另一个阶段的发展也是规则有序的。周平和张吉生（2004）认为，尽管中介语当中存在一些"自由变数"，但研究表明，中介语具有系统性，或者说中介语是受规则支配的。比如 Mclaughlin（1987）就提到 Huebner 曾就英语学习者使用冠词的情况进行了研究，起初并未发现学习者在使用冠词时显示出系统性，在仔细研究分析了统计数据之后才发现了这一点。因此他强调，学习者在二语习得过程中的某个特定阶段使用的非标准化语言不是个别的、独立的、任意的，而是系统的、受内在规则支配的。系统性概念是中介语研究中最重要的理论之一。对这一点认识不足，就很难理解"习得顺序""进展阶段"等概念的含义。

2. 可渗透性

Selinker（1972）首先提出"可渗透性"这一特性，认为中介语不是一个一成不变的封闭的体系，而是开放的。正是这种开放性决定了它具有可渗透性。第二语言学习者的学习过程就是不断地接受新的目的语输入的过程。随着新的语言规则不断地渗入到中介语当中，二语习得者不断吸收和内化新的语言形式，不断地假设、检验，不断修正旧规则，建立新规则。也正是由于中介语的可渗透性，中介语才能不断丰富、完善，并逐步向目标靠近。依据 Adjemian（1976）的观点，中介语的可渗透性特征主要表现在两个方面：一是来自母语规则或形式的渗透，二是来自目的语规则或形式的渗透。

鲁健骥（1993）也认为中介语可以受到来自母语和目的语规则及形式的渗透。从母语方面来的渗透，就是正负迁移和干扰的结果；从目的语方面来的渗透，则是对已学过的目的语规则或形式的过度泛化的结果。他认为一个人的母语是不具有这种可渗透性的。徐海铭（1997）认为渗透性是针对中介语语法形成的特点而言的。中介语语法很容易被母语或目的语的语法规则渗透。它不像成人语言那样有着稳定的终极状态，对其他语言有抵御能力，不易受到侵扰。相反它不断受到外在因素的冲击，其结果是它把目的语的语法规则吸收了一部分，有时还对目的语规则作不恰当的概括。他认为渗透性是过渡语独有的与其他自然语言不同的一个特点。王建勤（2000b）认为，"permeability"这个概念可以作两种解释：一是所谓"可塑性"，就学习者的整个语言系统而言，它是不断发展变化的，所谓中介语的连续统（continuum）正是中介语可塑性的线形表现；二是"可渗透性"，渗透是指规则的渗透，表明中介语系统的开放性，也正是基于这一点，学界很多人将中介语这一特点概括为"开放性""可塑性"等，实际都是"可渗透性"的不同称法。

3. 动态性

上面提到的可渗透性就是中介语系统的动态特征的表现之一。学习者不断接受来自母语或目的语的渗透，逐渐增改已有的语言规则以适应目的语新规则，这就使得中介语呈现出一个不断变化的状态。动态性也是中介语固有的特性。尽管说任何一种自然语言都处在动态发展之中，但中介语的变化与其他自然语言均有所差异。这种差异体现在两个方面：第一是中介语的变化速度、幅度都要远远超过自然语言，一般说来，二语习得者一般会在一两年之内完成大部分目的语规则的学习，因此其语言发展变化的速度较快，初级阶段的学习者与高级阶段相比语言表现差异也很大；第二，中介语的变化是随着学习的发展逐步靠近目的语的过程，语言学家往往称这种变化为中介语的"渐进性"。从 Nemser（1971）使用的术语"近似系统"就可以明显看出，他认为中介语系统是不断向目的语系统靠近的过程。Corder 和 Selinker 二人也都接受 Nemser 提出的三方面假说：（1）学习者在特定时间的言语（La）是一个语言系统的产物，它不同于母语，也不同于目的语，而是在内部构建的；（2）La 不断发展变化，从 La 1 到 La N，越到最后越接近目的语；（3）同一阶段中，学习者的目的语熟练程度与学习经历中的主要差别是基本吻合的。学习者在习得过程的不同阶段的近似系统构成了一个不断变化的连续统。Corder（1971）所强调的"过渡"也是指中介语向目的语系统过渡。Ellis（1997）再次指出，中介语是可变系统，是一个不断吸收新的形式，找出形式与功能的关系，随后去除多余的形式的优化的动态过程。

鲁健骥（1984）、吕必松（1993）在解释中介语概念的同时也指出中介语这种语言系统在语音、词汇、语法、文化和交际等方面既不同于学习者自己的第一语言，也不同于目的语，而是一种随着学习的进展向目的语的正确形式逐渐靠拢的动态的语言系统。孙德坤（1993）认为中介语这一概念实际上包含两层意思：第一层意思是指学习者语言发展的任何一个阶段的静态语言状况；第二层意思是指学习者从零起点开始不断向目的语靠近的渐变过程，也就是学习者语言发展的轨迹，这个过程是动态的。如果借用"共时"和"历时"这两个语言学术语来说明这两层意思的话，那么静态的语言状况相当于"共时"，而动态的发展过程相当于"历时"，中介语理论要研究的是这个"历时"的动态过程。很显然，这种"历时"的研究必须建立在对"共时"的描写基础之上。戴炜栋和牛强（1999）也认为中介语是外语学习过程中学习者使用的介于母语和目的语之间的语言体系，它兼有学习者母语和目的语的特征，并逐渐向目的语靠近。

4. 其他特征

除了以上三点最为典型的特征之外，还有一些学者对中介语的其他特征进行了总结，如中介语的不完整性和创造性等。这些特性多是国内的学者从国外的中介语理论当中提炼并加以概括的。

　　王魁京（1992）认为中介语的深层有一定的结构，但其结构常常是不完整的、不完善的。中介语介于母语和目的语之间，与自然语言相比显得不够完整。这种不完整性具体表现在较慢的语速、简化的结构、有限的使用功能及各种各样的错误上。可以说错误伴随着中介语的全过程（李炯英，1999）。闫丽莉（2003）认为中国学生英语冠词的误用伴习得的全过程等特点是由于中介语的不完备性造成的。这种不完备性具体体现在简化的结构、有限的使用功能以及各种类型的差错上。彭仁忠和吴卫平（2009）也认为中介语的不完整性表现在简化的结构、语言破碎性以及语言规则应用不完整性三方面。

　　Sharwood Smith（1994）评价早期中介语理论的基本特征时指出，三位学者的观点有三个共同的特征，其中之一就是学习者拥有一个复杂的、创造性的学习机制。胡荣（1998）提出中介语理论的突出特点在于强调第二语言学习者的心理过程以及这些过程的表现形式，将第二语言学习过程看作是一个创造性地建立一种语言系统的过程。李炯英（1999）也总结了中介语的创造性，认为学习者在第二语言或外语学习过程中，并不仅仅照搬母语的语法规则，也不硬套目的语的语法规则，而是创造性地形成一种学习者语言所独有的语言系统。这种语言系统具有独特的语言形式和语言规则。刘业信（2005）也认为中介语是一个反映学习者学习心理过程的语言系统，学习者利用自己创建的规则系统去生成他们从未接触到的话语。

　　总体来看，正如戴炜栋和蔡君梅（2006）所指出的那样，国内围绕中介语的概念阐释、特征描述、理论述评等方面进行的综合研究理论重复处较多，缺乏原创性。实证研究更是少见，这一点国外的研究也是如此。对于上述中介语的本质特征往往都是综合在一起进行理论的描述和解释，单项研究比较少。而在中介语的众多特性当中，变异性和石化现象在国内外都是学界研究的热点，以此进行的单项研究比较丰富，其中也包括一些实证性研究。

中介语的变异性也称"多变性""可变性"等，从名称上来看也是侧重强调"变化"，但这种特性与上文提到的中介语的"动态性"研究角度不同，并不是同一个概念。Tarone（1998）指出，中介语变异是指二语习得者在试图表达自己观点时，其语言在语法和发音准度上随具体环境的改变而表现出的系统的语言变化，其产生缘由包括语言环境、心理过程、社会因素及语言功能等。变异性研究更多的是侧重语用及学习者方面的研究，因此并不在本书研究范围之内。但是有一些学者因为中介语当中存在变异现象而否定中介语的系统性，这一点我们是不赞同的。正如 Ellis（1994）所说，中介语的变异可划分为系统变异和非系统变异，但不少学者认为那些表面看起来十分"自由"的变异现象也可能是有规律可循的，只是目前所使用的研究方法不恰当或缺乏足够的资料来进行分析而已（杨连瑞、赖艳，2006）。

石化现象也被称"僵化现象""化石化"现象，Selinker（1972）首次提出中介语这一概念的同时，就指明了石化现象是中介语当中特有的现象，之后对于这个概念他又在不同时期作过多次阐释和修正（Selinker, Lamendella, 1978；Selinker, 1992）。他认为二语学习者也许只有5%的人能最终达到目的语的水平，即绝大多数二语学习者的中介语不能到达其连续体的终点。他称这种现象为中介语中的石化或僵化，是中介语当中的独特现象。一些学者所讨论的中介语的"反复性""顽固性"等都可以看作是石化现象的表现，都证明了中介语不是直线向目的语靠拢的，而是曲折地发展的。目前能够证明石化现象的实证证据很少，石化还只是一种假想，缺乏纵观研究。这也是由于对石化现象进行实证研究的条件要求较高，所需时间跨度也较大。因此，对于这一部分，我们在研究中所发现的一些回退及僵化现象也仅仅是尝试提出中介语石化现象的一些表现，而并非系统的实证支持。

（三）小结

通过考察我们发现，也有个别学者对中介语当中某类语法项目进行了基于语料库的研究。从这些研究所得出的一些结论中我们也可以看出上述中介语的某些特点,比如中介语当中存在着一些偏误现象,从初级到高级是变化发展的等等。但研究者的重心更多的是关注该语言项目本身的习得及偏误情况,很少借助所得结论对中介语理论进行验证。更重要的是,这些研究选取的语法项目都很有限,仅仅是对语言系统中个别项目的零星研究,不能代表中介语全貌。此外,一些研究或语料库规模不够大,或只有横向研究而无纵向比较,更多的是仍然将目光投放在偏误之上,而忽视对中介语当中正确部分的描述。如闫丽莉(2003)通过对中国学生英语冠词的习得情况进行的定量研究发现,不同层次学习者在冠词的偏误上表现出一定的规律性。大体上,冠词使用错误随着学习层次的提高而减少,不同层次学习者在冠词习得的难点上是相似的,同时在所犯错误的类型和数量上又各有特点。她认为这些特点多表现出中介语的不完备性、系统性、不稳定性等特性。该文明确对中介语理论提出假设并进行验证,这一点很值得肯定。遗憾的是该文同样只是研究了冠词使用的偏误部分,且仅仅是以冠词为研究对象,覆盖面小,因此尚缺乏对中介语理论验证的说服力。肖奚强(2011)就指出,中介语理论认为学生所产生的中介语既包括正确的部分(符合目的语的部分),也包括偏误的部分(不符合目的语的部分)。因此,真正意义上的中介语研究,不仅要进行偏误分析,更得观察、描写、解释学生语言的正确的部分,这样才能发现中介语的系统规律。

由此可见,尽管中介语理论自产生以来有了长足深入的发展,但迄今为止,国内外尚未有人对其进行系统的实证研究,人们对中介语系统的认识仍停留在理论层面。现有的中介语理论研究主要都是采用非材料性的方法,理论性研究远多于实证性研究,定性分析远多于定量研究。尤其是国内基于语料库的中介语研究起步较晚,成果有限,总体水平落后于国外,因此我们还需加大实证研究的力度。

吕必松(1993)也指出,在现阶段,中介语理论还只是一种假设。因为到目前为止还没有人描写出任何一种中介语的语言系统。因此,他提出发现并描写中介语系统是中介语研究的基本目标,因为只有发现了某种中介语系统并作出具体描写,中介语理论才能最终被证实。然时至今日，国内外除了对中介语少量的语素、语音、词汇和语法作过偏误分析或中介语状况研究外，尚未有人对一定数量的语料进行穷尽性的统计分析，以全面描述、解释中介语的语音、词汇或语法方面的系统性，仅从理论上或局部的例证中说明中介语具有系统性还远远不够。中介语的系统性仍然是一种假设而缺乏实证研究的支持（肖奚强，2011）。所以时至今日中介语系统究竟是怎样的，中介语特点在具体的语料当中是如何表现的，它与目的语以及教学输入语言之间究竟存在多大的差异，都还缺乏具体的研究报告，中介语的本质和特性仍然都是一种假设，缺乏实证研究的支持。

综上所述，无论是国外还是国内，当前关于中介语理论的研究主要有两个问题：第一，定性研究远远多于定量研究，中介语本质及众多特性被反复分析，但却始终缺乏实证的支持；第二，已有的定量研究或考察的范围小，或考察项目单一，其结论的普遍性不强，无法代表中介语的整体面貌。建立较大规模的中介语语料库，并在此基础之上进行分国别的学习者习得状况的考察是中介语研究的总趋势。同时我们也看到，国内围绕中介语理论进行的研究多集中在外语教学领域，即以中国学生英语中介语作为研究对象，而以留学生的汉语中介语作为研究对象进行的理论研究还很缺乏。因此，我们通过对一定规模的、同一母语背景学习者的汉语中介语语料进行封闭性、全面性的句型、句式统计分析，来证实中介语的各种特性，就显得十分必要。

1.1.2 汉语中介语句型、句式习得研究综述

汉语中介语句型、句式习得研究是建立在汉语本体研究的基础上的。汉语句型、句式本体研究历史悠久，成果丰厚，我们在此仅作简单的背景介绍。

（一）汉语句型、句式本体研究

从1898年《马氏文通》开始，汉语语法研究已经有100多年的历史，

其中句型研究一直是一个十分重要而又相当复杂的课题，因此也成为一个热点。而句型研究的难点，也是引发汉语学界最多争议的焦点，便是现代汉语句型系统的确立。

20世纪50年代的《暂拟汉语教学语法系统》第一次全面地归纳了汉语的句子格式，提出了现代汉语句型系统。此后，吕叔湘（1979）、林杏光（1980）、邢福义（1983）、陈建民（1986）、李临定（1986）、张斌和胡裕树（1989）、范晓（1998，2009，2010，2013）等学者都曾致力于汉语句型分类及系统确立方面的研究，这些学者多是从句子的结构出发来划分句型的。申小龙（1988，2002，2012，2013）更注重的是句子的表达功能，提出了功能句型系统。此后，温云水（1999，2001）、王美馨（2012）、王擎擎和金鑫（2013）等人也都对构建汉语功能句型体系进行过相关研究。另外，陆丙甫（1993）、邱震强（1999，2000）、张黎（1995，2012）、魏志成（2010）等人也都对建立汉语句型系统提出过新的想法。这些研究尽管没有在学界引起什么反响，但却使得现代汉语句型系统的发展思路不断拓宽。

总的来看，学界对如何确定汉语句型、如何建立汉语句型系统在指导理论和实际处理上都还存在着分歧。在现代汉语当中句型是客观存在的，但学者们各自的研究角度、研究目的、研究方法等不一致，对语言事实的侧重点不一致，那么对于确定句型的原则也就不完全相同。目前学术界比较认可的句型系统是按照句子的结构进行分类。因为从结构角度的分类，能将语言里无限的句子归入有限的框架当中，使汉语句型类型及层次清晰可见，对于中文信息处理和对外汉语教学都十分有益。下面是张斌、胡裕树两位先生的句型系统框架：

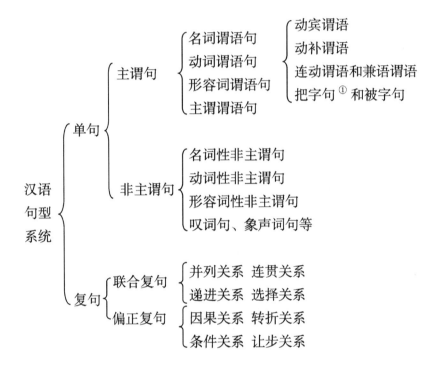

至于"句式"这个术语在汉语语法研究中流行开来是在1978年以后。朱德熙、吕叔湘等语言学家的论著对语法学界影响巨大，引领了20世纪八九十年代国内的汉语句式研究。之后，"句式"这个术语在语法学界逐渐流行开来，研究句式的论著越来越多。1985年举行的"句型和动词学术讨论会"重点讨论了句型和句式的关系及如何处理这两个术语的问题。学界比较认可的区分标准是：句型是从句子整体结构入手进行的分类，而句式是以局部的特殊结构或标记为标准的分类。张斌和胡裕树（1989）就称上述句型系统当中的把字句、被字句等为句式。另外，存现句、兼语句、连动句、双宾句等也是语法学界研究的热点句式。

总的来说，尽管本体研究一般说来是严格区分句型及句式的，但却没有建立过明确的单独的现代汉语句式系统，大多研究都是个体研究，或将若干特殊句式附着在句型系统中进行分析。如黄伯荣、廖序东《现代汉语（增订五版）》（2011）也只将句子分成两个系统——句型和句

---

① 此处应不包括如"把他美死了"这种特殊的以非动词为中心词的用法。

类（依照语气分类），认为所谓句式是包含在句型里的。

在整个 20 世纪，从研究层面看，句式的研究日新月异，取得了许多成果，但是在教材体现的语法体系里，句式基本上是没有地位的，多数只是举例，是个可有可无的"附属品"。这可能是因为当时的语法体系深受结构主义语法理论的影响，比较重视结构形式，而对句子的语义、功能不太重视，或者说很不重视。这一境况一直到邵敬敏主编的《现代汉语通论》（2001）问世，才得以改善。该教材第一次把句式单独列为一个系统，第一次把句式跟句型、句类并列为句子的三个最重要的类型系统，形成三足鼎立的格局，并且明确提出句式的定义以及鉴别句式的标准。这三者的区分在于：（1）句型系统，即按照句子的结构模式划分出来的类型系统；（2）句式系统，即按照句子的局部特点划分出来的类型系统；（3）句类系统，即按照句子的语气功能划分出来的类型系统（邵敬敏，2014）。

邵先生认为，汉语的句式也是一个系统，是一个开放式的系统，有其自身的特殊价值，是跟句型、句类并行的另外一个独立的句子系统。建构汉语句式系统具有一定的价值与意义且十分必要，这不仅有助于强化对汉语句子系统完整性、科学性和系统性的认识，更对汉语句法教学尤其是对外汉语教学有着重要意义。尤其是在对外汉语教学当中，句式教学的重要性绝对不亚于句型和句类，从语言应用角度而言，甚至于超过了前两者。这也是本书进行句式系统研究的重要原因。

（二）汉语句型、句式习得研究综述

20 世纪 80 年代，随着现代汉语本体研究在句型、句式理论方面的深入探索，对外汉语教学界的句型、句式研究也开始起步。与本体研究一样，对外汉语学界针对外国学生习得个别句型、句式的研究成果最为丰富，研究方法及所得结论也各有所长，由于数量众多，不便在此逐一分析。下面我们重点总结一下针对对外汉语教学句型系统以及多种句式进行的综合研究。

总的来看，针对对外汉语教学的句型、句式系统研究多数是将句型、句式归在一起进行讨论的，句式一般归在某句型内作为其下位类型或特殊类型进行分析，有时也称"特殊句型"（温云水，1999）。徐子亮（1995）比较了对外汉语教学语法的句型与母语（汉语）教学语法的句型的异同，认为对外汉语教学语法不区分句型、句类和句式。"尽管母语（汉语）教学语法严格区分二者的概念，但对外国学生来说，句型和句式之分无关紧要。而具体格式，特别是一些特殊句型的结构以及用法才是重要的。再则，对外汉语教学语法并不强调严格的句型系统，它的重点不在于分析主干句型，而在于注重具体的格式和具体的用法。"李芳杰（1999）提出对外汉语教学宜采用"句型为体，字词为翼"的语法体系，其中讨论的句型涉及范围更广，是指"句子和句群按结构、语义、语气、功能等多标准划分出来的类型"。所以我们以下提到的对外汉语句型系统也包括了句式系统。

针对对外汉语教学的句型系统研究起步较晚，成果也比较少，但有很多学者还是认识到了建立句型系统对于对外汉语教学的重要意义。"从汉语本体研究的角度考虑，建立一个完整的句型系统，就等于得出了汉语句子的构造规律，这对汉语研究无疑意义重大。从汉语教学的角度考虑，能给学生提供一个完整的汉语句型系统，就能使学生更快地习得汉语。"（李晟宇等，2006）李芳杰（1999）也认为句型从结构、语义等角度将句子模式化，标示主语、宾语，施事、受事等，凸现了句子的结构和语义信息，利于识记。因此，句型能够成为汉语作为第二语言教学的速成工具，与种种语法单位相比较更适合充当对外汉语教学语法体系的主体。这些学者同时也认识到，汉语本体研究和汉语教学研究的目的不同，所面对的对象也不同，所以对外汉语教学必须在汉语本体研究的基础上建立自己特殊的句型、句式系统。汉语句型系统的习得研究主要集中在如何建立教学句型系统以及如何选择确立句型及其排序方面。

北京语言学院句型研究小组的《现代汉语基本句型》（1989a、b、c，1990，1991）按照句子谓语的性质，从教学需要出发，一共整理了219个句型。该文共发表了5篇系列论文，最早发表在1989年第1期《世界汉语教学》上，可以说是最早提出比较详细的对外汉语句型体系的研究。1996年出版了刘英林主编的《汉语水平等级标准与语法等级大纲》，将句型体系进行了进一步的规范化和等级化处理，其目的是便于对外汉语教学的实践。与此同时，各种教材都不同程度地采纳了句型研究的成果，推动了句型教学向深度和广度发展。

随着句型教学的发展，一些学者对如何建立对外汉语句型体系提出了各自新的看法。赵淑华（1992）、吴勇毅（1994）、吕文华（1998）、卢福波（2005）等人认为要想对句子进行全面的分析，就必须从句法、语义、语用三个不同的平面去观察。应该说，结构句型理论确实存在一些问题，句型研究也可以从语义、语用等角度进行，而不是单单从形式出发，因为句型结构本来也表达一定的语义框架。只是"在目前还没有成熟条件去建立语义、语用分类系统的情况下，从对外汉语教学的需要出发，只能先考虑怎样建立一套科学而又简明、实用的结构分类系统"（赵淑华，1992）。

对于如何选择确立句型并进行教学排序，徐子亮（1995）、赵淑华等（1995，1997）、施家炜（1998，2002）、卢福波（2005）、李晟宇等（2006）、肖奚强等（2009）都作出了突出的贡献。这部分研究主要是围绕以下三个方面进行的：一是从理论角度提出建立对外汉语教学语法句型系统应该遵循的具体原则；二是建立明确的针对对外汉语教学的句型、句式系统；三是借助语料库等手段通过统计分析对句型、句式的选择排序提出建议。

徐子亮（1995）提出对外汉语教学语法的句型系统应以实用性和简明性作为自己的原则。句型的实用性具体表现在对句子必须既有形式的分类又有功能的分类，而句型的简明性原则即要用尽可能少的语法术语概括出尽可能多的语法特点。由此建立的对外汉语教学语法的句型系统首先把句型分成两大类：形式类和功能类。形式类再分出结构句型和标记句型；功能类再分出语气句型和意义范畴句型。

赵淑华等（1995，1997）主持的《现代汉语句型统计与研究》课题统计与研究了国内中小学课本的句型，同时还对北京语言学院当时正在使用的初级、中级、高级汉语精读教材的主课文约34万字的语料进行了句型统计与分析，建立了小学语文课本句型语料库和北京语言文化大学现代汉语教材主课文句型语料库，并对教材中出现的难句，从句法结构、语义关系、语用范围三方面进行分析，为教学提供了参考。这是目前所能看到的唯一一个具有一定规模的汉语句型语料库，遗憾的是该项目并未同时建成汉语中介语句型语料库，可见国内关于句型语料库的建设还比较滞后。

施家炜（1998，2002）通过语料库研究、测试及问卷调查、个案跟踪三种语料收集手段和研究方法，横向规模研究与纵向个案研究相结合，探讨了外国留学生习得22类现代汉语句式的顺序，发现运用这三种研究方法得出的留学生22类现代汉语句式习得顺序是一致的。文章还采用聚类分析中的变差平方和法划分了留学生22类句式的主客观习得等级，与教学用语法等级进行了对比，其结论对于语法等级大纲的修订可起到一定的参考作用。施家炜的研究样本容量足够大，时间跨度足够大，统计分析方法科学有效。对语料的研究采用的正确使用相对频率法、阶段计分法和蕴含量表三种方法为学界其他相关研究提供了很好的借鉴，影响深远。但该研究涉及的句式类型数量虽然有22类之多，但一是将句式和句类放在一起进行讨论，没有各自形成系统，二是22类实际包含了一些下位句式，也就是说涉及的句式数量较少，仍无法代表中介语句式系统的全貌。

卢福波（2005）也认为对外汉语教学基本句型的确立应以实用性原则为根本原则。她认为句型本身并非一个个单一孤立的结构式，而是相互有联系、有层次的系统。所以确定句型时，建立一个独立的对外汉语教学基本句型系统框架是非常必要的。文章以汉语句型习得的难度分析、汉语句型系统内部的相互制约因素、句型在实际语言运用中的使用频率与排序的关系为依据，对基本句型进行了排序。可以说卢福波（2005）对对外汉语教学基本句型的研究是比较全面细致的，且研究方法也比较客观，但仍存在一些遗憾。比如说在分析句型难度时文章仅对93个留学生作了部分相关句型习得情况的问卷调查。调查范围小，样本少，势必会使结论的可靠性受到影响，这也是现阶段研究多使用大规模语料库的原因所在。此外，在考察各句型在实际语言运用中的使用频率时，仅针对中介语语料进行了考察，并未参照各句型在同等规模的本族语语料中的使用频率，这也使得结论说服力不强。

李晟宇等（2006）指出对外汉语教学句型研究的关注焦点并非完全集中在句型的"概括力"上，有时可能在概括力较低的下位句型上。对外汉语教学句型系统的范围应包括从结构角度划分的句型、带有特殊词语的句型、带有特殊标记的特殊句式、复句句型以及从语气角度划分的句类。在选择、确定对外汉语教学句型方面，该文提出了实用原则、层级原则等十项原则，但对于依据这些原则应该确定多少个句型，这些句型构成怎样的体系，在教学中怎样安排句型的顺序等实际问题并没有进行深入研究。

肖奚强等（2009）对有汉语特色的20种句式的下位分类和习得难度的分级排序进行了深入细致的研究。该研究是基于大规模的外国学生汉语中介语语料库进行的，研究对象不仅包含偏误用例，还包括各类句式的正确使用情况，其研究成果为教学大纲和考试大纲的研制以及教材的编写和教学都提供了切实可行的参考。尽管基于语料库对语法项目进行难度分析和分级排序并非首例，但该研究采用了中介语对比分析法比较了本族语者语料和中介语语料，并进一步对照教学大纲和教材中相关语言项目的分级排序，最终得出各句式的分级排序。这种研究方法在语法项目的分级排序研究方面处于国内领先水平。

但该研究也存留了一些可以继续展开的后续工作。第一是基本上没有进行分国别的学生习得情况的讨论。分国别的汉语习得研究可以通过两种语言的对比预测语法项目的学习难度，分析某些习得现象的成因，同时所得结论也会对该语言背景学习者的汉语学习起到一定的指导作用。第二，尽管该研究涉及的句型、句式类型比一般的研究要多，但仍然不是穷尽式的统计，且句型、句式也不是从系统的角度加以分析的，而仍然只是将各类句型、句式作为一个个独立的对象进行研究，这样就无法在总体面貌上对中介语理论进行验证。此两点正是本书的研究方向和主要内容。

（三）小结

可以看到，随着中介语理论的发展，越来越多的学者已经开始从宏观的角度来考察汉语句型、句式的习得情况，而不再如最初阶段那样仅仅从个别句式的偏误情况出发来研究中介语。借助语料库进行的定量研究也越来越多，这些都是汉语中介语研究得到长足发展的表现。但正如张宝林（2011）总结的那样，当前句式习得研究的症结，主要还是两个问题。第一，考察的范围小，结论的普遍性不强，对习得情况认识不清。调查范围小，样本少，这必然导致两个后果：一是观察到的现象不全面，所得结论的普遍性、稳定性不强；二是难以准确地判断与把握外国人学习汉语的实际情况。第二，囿于主观判断，缺乏实证研究。国内的汉语习得研究在研究理念与研究方法上普遍缺乏客观性、普遍性与稳定性观念，大多数研究者未能掌握统计分析及实证研究的方法。以往的研究大多停留在偏误分析阶段，而对偏误原因、教学对策的研究常常是基于研究者个人的内省思辨与主观判断，而不是在统计分析和实验基础上得出结论。

针对此种情况，他提出若干应采取的研究策略，其中重点强调的是要利用语料库，摸清外国人汉语句式习得的基本情况，注重定量分析，把研究从偏误分析提升为表现分析，或称为语言运用分析，即在考察偏误的同时，应特别注重考察学习者正确的汉语表达，并将这两方面的表现结合起来进行研究。而本书借助大规模语料库封闭性、全面地对韩国留学生的汉语中介语系统进行考察，正是尝试从这些角度丰富、完善中介语习得研究。

1.2 预期假设

通过 1.1.1 中介语理论研究综述可以看到，中介语理论自提出以来在学界得到了普遍认可。第二语言学习者所使用的目的语不再被看作是毫无规律的语言表现或是偏误现象的集合，而是一个独立的语言系统，在各阶段呈现出较强的系统性和内部一致性，而偏误只是这个系统当中的一部分。同时，学习者拥有一个复杂的、创造性的学习机制，这使得中介语系统往往也会表现出不完全等同于目的语及输入语言的特性。此外，该系统具有开放性、可渗透性，因此始终处于连续、稳定的发展变化之中。随着学习的深入，中介语系统逐渐完善并整体呈逐步靠近目的语发展的趋势。但最终只有极少数学习者能达到与本族语者相同的语言水平，中介语在总体上很难达到与目的语完全一致的程度，在很多方面会出现反复、回退乃至僵化的现象。

基于这些关于中介语本质及特征的基本理论，并结合本书具体的研究内容，我们提出以下十项预期假设：

1. 既然中介语并非杂乱无章的语言现象的集合，而是一个介于母语和目的语之间的、独立的语言系统，且有较强的内部一致性和连续性，那么：

（1）中介语句型、句式系统的整体面貌与目的语应既有总体的相似性，又有其自身的特性；

（2）各级中介语句型、句式系统之间应具有较强的内部一致性，且相邻两级之间的一致性应表现得更为明显。

2. 既然中介语具有动态性、渐进性的特征，那么：

（1）从初级到高级的中介语句型、句式系统应是变化发展的；

（2）中介语句型、句式系统各方面的表现应呈现从初级到高级逐渐靠近目的语的趋势。

3. 中介语不同于标准的目的语系统，具有不完整性，那么：

（1）中介语当中也应存在句型、句式的各种偏误情况；

（2）作为中介语的一部分，句型、句式偏误在各级的表现也应同样具有系统性、渐进性等特征。

4. 既然学习者拥有一个复杂的、创造性的学习机制，那么：

（1）中介语句型、句式各方面的语言表现及特点应不完全受教学输入语言的影响；

（2）三级中介语各类句型、句式发展变化趋势或与三级教材间句型、句式数量的变化不同，而是遵循其自身的发展规律。

5. 既然中介语当中存在着石化现象，那么：

（1）在中介语呈系统变化的同时，也会有个别句型、句式的习得情况出现反复、回退发展的现象；

（2）即使在高级阶段，中介语句型、句式系统当中也尚存一定的偏误，且与目的语有明显的差异。

本研究将详细地描述、总结并解释韩国留学生汉语中介语句型、句式系统，以此来验证以上各项假设。

第二章

韩国留学生汉语中介语句型系统研究

本章对韩国留学生汉语中介语句型系统的研究从两方面进行：一是考察中介语当中各类句型的使用情况，二是考察中介语句型系统的复杂度。

句型的具体分类我们采用20世纪80年代以后学界比较认可的句子分类方法，将句型与句式区分开来讨论。我们仅研究从句子的结构入手来确定的句子类型，包括主谓句和非主谓句两大类。

本书研究的主谓句包括4类：动词谓语句、形容词谓语句、名词谓语句、主谓谓语句。

相关说明——关于主谓谓语句的划类问题

在主谓句的分类当中，动词谓语句、形容词谓语句、名词谓语句一般没有争议。关于主谓谓语句的类别问题，学界主要有两种不同的归类方法。简单来说，一种观点将其作为句式，另一种将其视为句型。邵敬敏《现代汉语通论》（2001）将主谓谓语句算作一种特殊的动词谓语句，是将其当作句式来看待的。黄伯荣、廖序东《现代汉语（增订五版）》

（2011）也将主谓谓语句归为句式，即一种特殊的动词谓语句，而在前四版当中，主谓谓语句都是和动词谓语句、形容词谓语句、名词谓语句并列作为主谓句的一种，是根据句法成分的配置格局分出来的类，即句型。胡裕树《现代汉语（重订本）》（1995b）、刘月华等《实用现代汉语语法（增订本）》（2001）、齐沪扬《对外汉语教学语法》（2005）也都是将其视为主谓句的一类，属于句型。另外，张斌《汉语语法学》（2003）按照句中小谓语的性质将主谓谓语句分别归入动词谓语句、形容词谓语句和名词谓语句。为了使句型系统的描述更为细致，我们采取后一种分类标准，将主谓谓语句作为句型的一种。

本书研究的非主谓句包括3类：动词性非主谓句、形容词性非主谓句、名词性非主谓句。

在非主谓句的分类当中，动词性非主谓句、形容词性非主谓句、名词性非主谓句是主要的类型。除此之外，一般教材还涉及叹词性非主谓句、拟声词性非主谓句以及副词性非主谓句等，由于这些句型不涉及复杂的语法结构，且数量较少，本书未予考虑。

相关说明——关于非主谓句和省略句的界定问题

非主谓句与省略句如何区分，学界看法不一。张中行（1984）认为："无主句和单词句是非主谓句，省略句从表面看虽然常常像是非主谓句，但本质上常常是主谓句，只是经过省略罢了。"北大中文系《现代汉语》（1993）称之为"不完全主谓句"，顾名思义，它是主谓句的一种，只是主语在句子里没有出现而已。黄伯荣、廖序东《现代汉语（增订五版）》（2011）认为省略句是在语言环境（包括上下文）中省略了某些成分的句子。赵元任、陈建民则认为省略句也是非主谓句。赵元任（1979）将诸如"你认得那个人吗？——认得。""他几时来？——初三来。""他要吃什么？——要吃肉。"当中的答语都认为是"零句"，而这些按张中行、胡裕树、黄伯荣和廖序东等人的观点来看则是省略句。可见，赵元任把省略句归为非主谓句。陈建民（1990）也指出："省略主语和谓语的句子都是非主谓句。"张修仁（1996）认为省略句、存现句和独立成分的一大部分都应归于非主谓句。他指出，汉族人思维习惯并没有将一句句话都按主谓句来表述,来理解。如"买什么?""书包。""钱包呢?""放在车上。"这几句意思很清楚,结构也完整,都是非主谓句。我们大可不必把"买什么?"和"放在车上。"划为主谓句,认为是"你买什么?"和"钱包放在车上。"主谓句的省略形式。

本书采取第二种观点,即将省略句归为非主谓句。但并不是所有的省略句都如此,而是那些"无须补充"出其他成分的句子。例如:

(1)小白兔似乎发现了我,<u>连忙跑出我的视线</u>。
(2)他觉得很疑惑,<u>便问爸爸为什么没钓到鱼却如此高兴</u>。

例(1)、例(2)画线小句都是语篇中使用零形回指的情况,前提是有名词指代形式如"小白兔"或代词指代形式如"他"先行出现,若有需要可以明确补充出省略的主语"小白兔"和"他",因此我们看作是一般的省略句,而不是非主谓句。而例(3)至例(6)画线小句则完全不需要补充主语:

(3)<u>没有坎坷的道路的阻碍</u>,<u>又怎么能看到彩虹</u>?
(4)<u>别以为水用之不尽,取之不竭</u>。
(5)朋友们,<u>希望你们坚守自我</u>。
(6)能看见的只有树干那高大的身躯。<u>走近一看</u>,呵,<u>真美啊</u>!

我们将上面的画线小句认定为非主谓句。

2.1 韩国留学生汉语中介语句型系统考察

早在20世纪70年代,Larsen-Freeman(1976)、Hamayan和Tucker(1980)等人就曾在研究中将本族语者言语中的语素频率与第二语言学习者使用这些语素的正确性、与习得目的语特征的顺序进行比较(Richards,1990a、b)。因为对比中介语与目的语对于全面了解中介语有着重要的作用,尤其是在确定某一形式使用不足或回避使用时,更需要与目的语进行对比。Ellis(1994)在论著中总结Seliger(1989)的观点,若要确定学习者在语言环境中回避了某个形式,不但要确保学习者必须具备与该形式有关的知识，同时必须能够证明本族语者在该语境中的确使用该形式。刘颂浩（2003）在研究"把"字句回避现象时也提出，确认回避行为时，必须有足够的来自学习者本人或其言语表现的证据。

从20世纪90年代中期开始，基于学习者语料库的中介语对比分析（Contrastive Interlanguage Analysis，简称CIA）成为二语习得研究的新方法（Granger等，2002）。Granger（1998）认为这种对比分析方法能为外语教学提供极有价值的资源和信息，并称其为一切基于学习者语料库研究的中心。尤其是比较本族语者和第二语言学习者的语料，可以了解中介语的真实面貌，包括正确使用、过度使用、使用不足、未使用和错误使用等情况。借助学习者语料库对中介语进行分析，一方面我们可以从目的语语料库中获得典型信息，另一方面我们可以从本族语者与学习者语言的比较得到学习者的离差。典型的语言信息可以作为教学的重点，而对学习者离差的分析又可以促进对典型语言的学习，这样使外语教学既有重点又有的放矢，从而可以极大地提高教学效率。典型、可靠的目的语信息对教学大纲设计、教材编写也有重要的参考价值（秦旭、严华，2006）。

此外，肖奚强（2011）也指出："中介语研究必须有一定的语言学理论和语言习得理论作为研究的基础。""进行汉语中介语研究，必须以语言理论，特别是汉语本体研究的理论和成果作为分析框架或参考。否则，在语言要素的分析方面将无所依托、难以深入。"因此，在对韩国留学生汉语中介语句型系统进行具体的分析描写之前，我们先对依据现代汉语句型理论对本族人语料中的句型分类及使用情况进行细致的描写和统计，以期为中介语研究提供对比的参照和标准。

2.1.1 汉语本族语句型系统考察

（一）汉语本族语主谓句使用情况

本书研究的主谓句包括动词谓语句、形容词谓语句、名词谓语句和主谓谓语句。句中是否涉及特殊句式并不影响句型的判定，下面分别举例：
    1. **动词谓语句**
        我们俩都笑了。（无特殊句式）
        我被如此拥挤嘈杂的人群困住。（含特殊句式——被动句/结果补语句）

    2. **形容词谓语句**
        嘈杂的声音也安静了。（无特殊句式）
        窗外的阳光明媚得刺眼。（含特殊句式——状态补语句）

    3. **名词谓语句**
        孙女今年七岁。（无特殊句式）
        脸上好多好多岁月的皱纹。（含特殊句式——存现句）

    4. **主谓谓语句**
        我的弟弟名叫门俊舟。（无特殊句式）
        这个人上次小杨在家的时候也看到过。（含特殊句式——结果补语句）

在40万字本族人语料当中，共有主谓句28 729句，其中动词谓语句25 410句，形容词谓语句2 397句，名词谓语句244句，主谓谓语句678句。动词谓语句是数量最多的句型，同时也是最为复杂、特点最多的句型。对于其中常用的、有结构特点的句式我们将在第四、五章着重分析。

（二）汉语本族语非主谓句使用情况

本书研究的非主谓句包括动词性非主谓句、形容词性非主谓句和名词性非主谓句。句中是否带有特殊句式也不影响句型判定。下面分别举例：

    1. **动词性非主谓句**
        救命！（无特殊句式）
        让地球母亲快快乐乐地在银河系自由自在地成长吧！（含特殊句式——兼语句）

2. 形容词性非主谓句

太糟糕了！（无特殊句式）

慢点儿！（含特殊句式——程度补语句）

3. 名词性非主谓句

好烂的借口！（无特殊句式）

在40万字本族人语料当中，共有非主谓句4 587句。其中动词性非主谓句3 956句，形容词性非主谓句311句，名词性非主谓句320句。同样是动词性非主谓句数量最多。

汉语本族语7类句型使用数量及使用率数据如下表：

表2-1 汉语本族语句型使用情况

句型使用	主谓句				非主谓句			总计
	动谓[①]	形谓	名谓	主谓	动非	形非	名非	
使用量（例）	25 410	2 397	244	678	3 956	311	320	33 316
使用率（％）	76.27	7.19	0.73	2.04	11.87	0.93	0.96	100[②]

注：句型使用率=各类句型使用句数（例）/各级总句数（例），取百分位。

在40万字汉语本族语料中这7种句型共有33 316句，其中主谓句要远远多于非主谓句。数量最多的自然是动词谓语句，占了76.27%，这在任何一门语言当中应该都是一致的。其次是动词性非主谓句，占11.87%，超过了形容词谓语句的7.19%。可见在汉语当中，叙述性表述要远多于描写性表述。排第四位的是主谓谓语句，占2.04%。最后三位依次是名词性非主谓句、形容词性非主谓句和名词谓语句，所占比例都不足1%，数量较少。本族人各句型使用量排序如下：动谓 > 动非 > 形谓 > 主谓 > 名非 > 形非 > 名谓。

---

① 下文有时采用此表中的简称。

② 本书中涉及比率的数据均为多位小数，为了便于列表和统计，经四舍五入后只保留到小数点后两位，因此精确度有一定缺失，存在某列或某行累积总和为99.99和100.01的现象，在此一并说明。

2.1.2 中介语句型系统考察

我们对韩国留学生初级 20 万字，中、高级各 40 万字的汉语中介语语料中的句型也进行了全面的梳理、标注，发现三个级别的韩国留学生都同样可以正确使用上述各种句型。下面逐级进行举例：

（一）初级中介语句型使用情况

1. 主谓句
（1）动词谓语句
  我喜欢中文。（无特殊句式）
  我是中文系学生。（含特殊句式——是字句）

（2）形容词谓语句
  汉语很难。（无特殊句式）
  在医院急救以后我的脸色慢慢地好起来。（含特殊句式——趋向补语句）

（3）名词谓语句
  她二十二岁。（无特殊句式）
  博物馆里边很多旧的东西。（含特殊句式——存现句）

（4）主谓谓语句
  她个子不高。（无特殊句式）
  导游的话我听不懂。（含特殊句式——可能补语句/结果补语句①）

2. 非主谓句
（1）动词性非主谓句
  好久不见。（无特殊句式）

---

① "听不懂"是可能结果补语句，我们认为学生可以使用该结构证明其掌握了"结果补语句"和"可能补语句"两种特殊句式。因此在统计时将此计为两个特殊句式。下文类似的还有"可能趋向补语句"。

请老师帮助我！（含特殊句式——兼语句）

（2）形容词性非主谓句

真有意思！（无特殊句式）

快点儿！（含特殊句式——程度补语句）

（3）名词性非主谓句

美丽的海南岛！（无特殊句式）

在 20 万字初级中介语语料当中，7 类句型共有 19 254 句，即在我们研究范围内的有效句数为 19 254 句[①]。其中主谓句 18 062 句，包括动词谓语句 14 159 句，形容词谓语句 2 826 句，名词谓语句 659 句，主谓谓语句 418 句。非主谓句 1 192 句，包括动词性非主谓句 1 000 句，形容词性非主谓句 95 句，名词性非主谓句 97 句。

（二）中级中介语句型使用情况

1. 主谓句

（1）动词谓语句

我不相信进化论。（无特殊句式）

我已经去过两次。（含特殊句式——动量补语句）

（2）形容词谓语句

当时的情况不太严重。（无特殊句式）

我父亲，对自己的孩子亲切得跟朋友一样。（含特殊句式——状态补语句）

（3）名词谓语句

最近普通人几乎都双眼皮。（无特殊句式）

额上很多皱纹。（含特殊句式——存现句）

---

① 在各级中介语当中都有个别句子偏误复杂，甚至无法判断其语义，因而我们将其排除在研究范围之外。

（4）主谓谓语句

好几次整容的人我非常讨厌。（无特殊句式）

她汉语水平比我高。（含特殊句式——差比句）

2. 非主谓句

（1）动词性非主谓句

快要到中秋节了。（无特殊句式）

等一下。（含特殊句式——动量补语句）

（2）形容词性非主谓句

真遗憾啊！（无特殊句式）

烦死了！（含特殊句式——程度补语句）

（3）名词性非主谓句

哎呀，天哪！（无特殊句式）

在40万字中级中介语语料当中，7类句型共有33 486句。其中主谓句30 938句，包括动词谓语句25 138句，形容词谓语句4 250句，名词谓语句940句，主谓谓语句610句。非主谓句2 548句，包括动词性非主谓句2 154句，形容词性非主谓句185句，名词性非主谓句209句。

（三）高级中介语句型使用情况

1. 主谓句

（1）动词谓语句

我特别喜欢韩国的春天。（无特殊句式）

春天时很多家庭来公园玩儿。（含特殊句式——连动句）

（2）形容词谓语句

春游结束以后，教室里的气氛更融洽。（无特殊句式）

建筑技术比现在更出众。（含特殊句式——差比句）

（3）名词谓语句

总长度88米，一套表演1400个。（无特殊句式）

那天他家里很多好吃的东西。（含特殊句式——存现句）

（4）主谓谓语句

这么可爱的雪白雪白的小猫，我也想要养。（无特殊句式）

做泡菜每个地方都有自己的特色。（含特殊句式——有字句）

2.非主谓句

（1）动词性非主谓句

终于到了夏天。（无特殊句式）

不要再缠住我！（含特殊句式——结果补语句）

（2）形容词性非主谓句

多么踏实啊！（无特殊句式）

好吃极了！（含特殊句式——程度补语句）

（3）名词性非主谓句

啊！伟大、奇妙的大自然！（无特殊句式）

在40万字高级中介语语料当中，7类句型共有31 035句。其中主谓句28 117句，包括动词谓语句23 778句，形容词谓语句3 195句，名词谓语句641句，主谓谓语句503句。非主谓句2 918句，包括动词性非主谓句2 485句，形容词性非主谓句190句，名词性非主谓句243句。

（四）三级综合情况

三个级别中介语语料中各句型的使用率情况如下表：

表2-2　韩国留学生中介语句型使用情况

语料类别	句型使用	主谓句				非主谓句			总计
		动谓	形谓	名谓	主谓	动非	形非	名非	
初级中介语	使用量（例）	14 159	2 826	659	418	1 000	95	97	19 254
	使用率（%）	73.54	14.68	3.42	2.17	5.19	0.49	0.50	100
中级中介语	使用量（例）	25 138	4 250	940	610	2 154	185	209	33 486
	使用率（%）	75.07	12.69	2.81	1.82	6.43	0.55	0.62	100
高级中介语	使用量（例）	23 778	3 195	641	503	2 485	190	243	31 035
	使用率（%）	76.62	10.29	2.07	1.62	8.01	0.61	0.78	100

注：句型使用率＝各类句型使用句数（例）/各级总句数（例），取百分位。

由于各级语料当中的句子数量有一定差异,因此本研究的数量对比都不是以例数为对象,而是以百分比为对象进行的,在此一并说明。

从 7 类句型使用量的排序来看,三个级别是完全一致的,即动谓＞形谓＞动非＞名谓＞主谓＞名非＞形非。这个顺序与本族人语料略有不同,体现在形容词谓语句和名词谓语句的排序不同。那么韩国留学生各级中介语句型系统与汉语本族语句型系统究竟有哪些差异,具体差异度如何?我们下面将三个级别的数据分别与本族人进行对比分析。

2.1.3 中介语句型系统与汉语本族语对比分析

与汉语本族语的比较,能帮助我们更好地了解中介语句型系统的面貌。下表是初、中、高三级与本族人使用汉语句型情况的对比数据。

表 2-3　韩国留学生中介语与汉语本族语句型使用情况对比

语料类别	句型使用	主谓句				非主谓句			总计[①]
		动谓	形谓	名谓	主谓	动非	形非	名非	
汉语本族语	使用量(例)	25 410	2 397	244	678	3 956	311	320	33 316
	使用率(%)	76.27	7.19	0.73	2.04	11.87	0.93	0.96	100
初级中介语	使用量(例)	14 159	2 826	659	418	1 000	95	97	19 254
	使用率(%)	73.54	14.68	3.42	2.17	5.19	0.49	0.50	100
	使用率差(倍)	0.96	2.04	4.68	1.06	0.44	0.53	0.52	1.00
中级中介语	使用量(例)	25 138	4 250	940	610	2 154	185	209	33 486
	使用率(%)	75.07	12.69	2.81	1.82	6.43	0.55	0.62	100
	使用率差(倍)	0.98	1.76	3.85	0.89	0.54	0.59	0.65	1.00

---

①　如引言中界定的那样,本研究排除了一些独立语、紧缩复句,还有中介语当中错误严重而无法理解原意的句子,因此同等字数的语料在句子总数上的差异并不完全由句长决定。

续表

语料类别	句型使用	主谓句				非主谓句			总计
		动谓	形谓	名谓	主谓	动非	形非	名非	
高级中介语	使用量（例）	23 778	3 195	641	503	2 485	190	243	31 035
	使用率（%）	76.62	10.29	2.07	1.62	8.01	0.61	0.78	100
	使用率差（倍）	1.00	1.43	2.84	0.79	0.67	0.66	0.81	1.00

注：1. 句型使用率＝各类句型使用句数（例）/各级总句数（例），取百分位。
2. 句型使用率差以汉语本族语句型使用情况为基数，按倍数计算，计算方式为"使用率差＝中介语句型使用率/汉语本族语句型使用率"。

结合表中的对比数据，我们可以参照汉语本族语句型系统对韩国留学生汉语中介语的句型系统作如下分析：

1. 使用顺序对比情况

（1）本族人使用四类主谓句的顺序依次为：动谓＞形谓＞主谓＞名谓。而韩国留学生使用四类主谓句的顺序则为：动谓＞形谓＞名谓＞主谓，名词谓语句的用量超过了主谓谓语句。三类非主谓句的使用顺序本族人和韩国留学生是一致的，均为：动非＞名非＞形非。

（2）从总的句型使用顺序来看，汉语本族语的使用顺序为：动谓＞动非＞形谓＞主谓＞名非＞形非＞名谓。而正如上文提到的，三个级别的韩国留学生汉语句型使用顺序是完全一致的，即：动谓＞形谓＞动非＞名谓＞主谓＞名非＞形非。那么对比来看，除了名词谓语句和形容词谓语句之外，其余五种句型的使用顺序与本族人是一致的。

（3）根据以上对本族人与韩国留学生汉语句型使用顺序的对比，我们可以初步得出这样的结论：韩国留学生汉语中介语句型系统并不是任意的，相反，是受到一定的规则制约的。这在数据中表现在两个方面。一是三个级别韩国留学生汉语句型使用顺序是完全一致的。尽管说任何语言系统最主要的句型都理应是动词谓语句，但除此之外其他句型的使用顺序也能保持如此高度的一致性，绝非偶然。这说明中介语系统具有很强的内部一致性。二是中介语与汉语本族语的使用顺序也是大体一致的，7类中仅有2类排位有异。这也表明，韩国留学生中介语句型系统与目的语系统有一致性。

2. 使用率对比情况

（1）尽管从句型使用顺序上来看，各级韩国留学生与本族人的使用差异都不大，然而从各类句型的具体使用量来看，两者还是存在一定差异的，而且三个级别之间也存在着差异。我们将 ± 0.2 倍定为超量和不足标准[①]，那么使用率差处于 0.8—1.2 之间（包括 0.8 和 1.2）则是在适当的差异范围之内，而使用率差低于 0.8 和高于 1.2 的则属于使用不足和使用超量的类型。具体来看：

初级阶段有两种句型使用超量，即形容词谓语句（2.04）、名词谓语句（4.68）；三种句型使用不足，即动词性非主谓句（0.44）、形容词性非主谓句（0.53）、名词性非主谓句（0.52）。

中级阶段有两种句型使用超量，即形容词谓语句（1.76）、名词谓语句（3.85）；三种句型使用不足，即动词性非主谓句（0.54）、形容词性非主谓句（0.59）、名词性非主谓句（0.65）。

高级阶段有两种句型使用超量，即形容词谓语句（1.43）、名词谓语句（2.84）；三种句型使用不足，即主谓谓语句（0.79）、动词性非主谓句（0.67）、形容词性非主谓句（0.66）。

（2）为了进一步对比各类句型使用量与汉语本族语的差异度，我们将上表中使用率差的原始数据（即未四舍五入的数据）换算成 log 以 2 为底的对数，以便数据正负分布更为平衡。具体数值见下表。

表 2-4　韩国留学生中介语与汉语本族语句型使用差异度对比

语料类别	主谓句				非主谓句		
	动谓	形谓	名谓	主谓	动非	形非	名非
汉语本族语	0	0	0	0	0	0	0
初级中介语	−0.05	+1.03	+2.23	+0.09	−1.19	−0.92	−0.94
中级中介语	−0.02	+0.82	+1.94	−0.16	−0.88	−0.76	−0.63
高级中介语	0	+0.52	+1.50	−0.33	−0.57	−0.61	−0.30

[①] 依据肖奚强等（2009）使用的标准，使用量为本族人 80% 以下为使用不足，120% 以上为使用超量。

结合表中数据，我们首先对各级使用超量和使用不足的类型分别加以比较。各级使用超量程度①排序如下：

初级超量：名谓（+2.23）>形谓（+1.03）>主谓（+0.09）

中级超量：名谓（+1.94）>形谓（+0.82）

高级超量：名谓（+1.50）>形谓（+0.52）

由此可知，初、中、高各级使用超量程度排序比较一致，都是名词谓语句超量程度最高，形容词谓语句次之，而且均达到超量标准。初级阶段多一类主谓谓语句，但仅仅是略高于汉语本族语，不处于超量状态。

各级使用不足程度排序如下：

初级不足：动非（-1.19）>名非（-0.94）>形非（-0.92）>动谓（-0.05）②

中级不足：动非（-0.88）>形非（-0.76）>名非（-0.63）>主谓（-0.16）>动谓（-0.02）

高级不足：形非（-0.61）>动非（-0.57）>主谓（-0.33）>名非（-0.30）

从句型使用不足程度的排序来看，各级之间都有所差别，但相同之处是动词性非主谓句和形容词性非主谓句在三个级别的语料中都处于不足的状态。值得注意的是高级阶段名词性非主谓句不再处于不足状态，取而代之的是主谓谓语句，这是在初、中级没有出现的状况。

我们按照7类句型与汉语本族语的差异度进行综合排序，各级情况如下：

初级：名谓（+2.23）>动非（-1.19）>形谓（+1.03）>名非（-0.94）>形非（-0.92）>主谓（+0.09）>动谓（-0.05）

中级：名谓（+1.94）>动非（-0.88）>形谓（+0.82）>形非（-0.76）>名非（-0.63）>主谓（-0.16）>动谓（-0.02）

高级：名谓（+1.50）>形非（-0.61）>动非（-0.57）>形谓（+0.52）>主谓（-0.33）>名非（-0.30）>动谓（0）

（3）我们根据表2-4数据制作出下面的折线图，可以更清晰地看到各级韩国留学生使用各句型与本族语者的差异。

---

① 此处对比的是超量程度，含未达到超量标准的类型。下文关于不足程度的对比，处理方法相同。下同。

② 不足程度的数值取绝对值进行对比。下同。

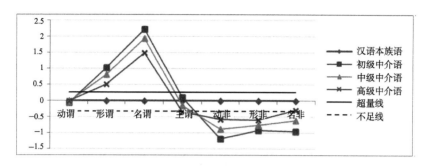

图 2-1　韩国留学生中介语与汉语本族语句型使用差异度对比折线图①

从图中也可以清晰地看到,除了动词谓语句差别不大之外,其他句型与汉语本族语都存在或多或少的差异。直观来看,三个级别的使用量是比较一致的,超量和不足情况也大体相同,只是在程度轻重上有所差异。其中主谓句普遍使用超量,而非主谓句普遍使用不足。这也再次证明了三个级别中介语系统的一致性。

根据对本族人与韩国留学生汉语句型使用量的对比,我们可以初步得出以下结论:

首先,多数句型都存在使用超量或使用不足的情况。各级的使用超量程度要比使用不足严重,超量最多的都是名词谓语句,其次是形容词谓语句。使用不足的几类非主谓句相差不多,初、中级动词性非主谓句的不足程度相对较高。

其次,无论是从具体数据还是从图中折线我们都可以看出,绝大多数句型②在初级阶段的使用超量或不足程度都是最严重的,而中级阶段的差异程度次之,高级阶段相对较轻。包括使用量最为接近的动词谓语句,也是从初级到高级逐渐接近汉语本族语。这些都证明了中介语具有渐进性的特点,即随着学习者学习程度的加深,中介语的面貌呈现出由

---

① 图中超量线是 0.26,即 log 以 2 为底 1.2 的对数;不足线是 -0.32,即 log 以 2 为底 0.8 的对数。下同。

② 只有主谓谓语句是特例,从初级到高级是远离汉语本族语的趋势。对于这种情况,我们在下文具体分析。

初级到高级逐渐接近目的语的动态过程。

（4）我们采用统计学当中的皮尔逊相关系数对以上结论进行验证。在统计学中，零假设是做统计检验时的一类假设。零假设的内容一般是希望证明其错误的假设，与此相反的是研究者想要收集证据予以支持的假设，称为备择假设。比如在相关性检验中，一般会取"两者之间没有关联"作为零假设，那么"两者之间是相关的"即为备择假设。那么，我们先假设三级中介语及汉语本族语这四组句型使用率之间没有关联，而后借助皮尔逊相关系数的计算对此假设进行检验。下表是对汉语本族语和三个级别中介语句型使用率之间的相关性两两检验得出的结果：

表 2-5 中介语与汉语本族语句型分布相关系数检验表

语料类别		汉语本族语	初级中介语	中级中介语	高级中介语
汉语本族语	皮尔逊相关性	1	.988**	.993**	.997**
	Sig.（双尾）		.000	.000	.000
	个案数	7	7	7	7
初级中介语	皮尔逊相关性	.988**	1	.999**	.997**
	Sig.（双尾）	.000		.000	.000
	个案数	7	7	7	7
中级中介语	皮尔逊相关性	.993**	.999**	1	.999**
	Sig.（双尾）	.000	.000		.000
	个案数	7	7	7	7
高级中介语	皮尔逊相关性	.997**	.997**	.999**	1
	Sig.（双尾）	.000	.000	.000	
	个案数	7	7	7	7

**. 在 0.01 级别（双尾），相关性显著。

由表中数据可以看到，四种语料两两之间的相关系数最低的也达到了 0.988，它们的相关系数检验的概率 p 值都近似为 0。相关系数旁边有两个星号，这表明当显著性水平 α 为 0.01 时，都应拒绝相关系数检验的零假设而接受备择假设，即两者之间有强相关关系。因此，我们首先可以判断，中介语句型系统与汉语本族语是具有一致性的，并不是任意的语言系统。初级中介语句型使用量与汉语本族语的相关系数为 0.988，中、高级分别为 0.993 和 0.997，很显然，中介语句型系统具有动态性的特点，而且从初级到高级呈逐渐靠近目的语系统的趋势。

此外，初级和中级的相关系数为 0.999，中级和高级的相关系数也为0.999，初级和高级之间的相关系数为0.997。这一方面说明各级中介语之间的内部一致性更强，另一方面相邻两级的中介语面貌更为接近，初级和高级的差别稍大，也说明学习者的语言系统存在着内在的连续性，第二语言各方面发展往往是逐级变化的。于海军（2007）总结中介语特征时也指出，在语言习得过程中，学习者不会直接从一个阶段跃入更高阶段，这符合中介语发展的过渡性和阶段性。

2.2 韩国留学生汉语中介语句型系统复杂度考察

对比使用频率可以说是从外部来比较中介语和汉语本族语的句型系统，而各句型内部都可能包含着多种特殊类型，我们往往称其为特殊句式。一个语言系统中的特殊句式的使用情况将在很大程度上影响其复杂程度。因此，我们也需要从句型内部对中介语系统加以分析。

人们通常认为，句长是句子复杂度的主要表现，即越长的句子越复杂，越短的句子越简单。"平均句长"的确可以反映句子难度，但它只是判断句子复杂程度的一个变量。有时一个长句的难度未必大于短句，关键还要看句子的语法结构是否复杂。如：

（1）他给了我力量去点亮心中那盏灯。
（2）朝鲜半岛北部的高句丽、西部的百济、南东部的新罗都希望占有中原地区。

例（1）短于例（2），但学习起来却比例（2）困难得多，原因就在于该句涉及的语法结构比较多，包括双宾结构、连动结构、结果补语。因此，若想判断一个句子的复杂度，理应把句长和句子语法结构的复杂程度结合起来。当然，影响句子难度的变量也不止这两种，词汇、语法、功能、语域风格、文化等不同层面上的多种因素均会影响句子难度，只能说句长和语法结构是其中影响力比较大的因素。

本书以特殊句式的数量作为判断句子复杂度的一个参数。我们确定的特殊句式共25类①，包括程度补语句、结果补语句、可能补语句、趋向补语句、状态补语句、动量补语句、时量补语句、比较数量补语句、时间补语句、处所补语句、其他介词补语句、双宾句、存现句、连动句、兼语句、被动句、重动句、差比句、等比句、是字句、有字句、"是……的"句、把字句、由字句、连字句。

我们将所有句子分为两类，即一般句型和复杂句型。一般句型是指句中不涉及以上特殊句式的句子类型，复杂句型是指可分析出至少一个特殊句式的句子类型。下面我们对汉语本族语以及各级中介语句型复杂度情况进行考察。

2.2.1 汉语本族语句型系统复杂度考察

通过对本族语料的全面标注我们发现，本族人使用一般句型和复杂句型的比例基本各占一半。下面我们各举一例②：

（一）一般句型使用情况

40万字本族人语料当中的总句数为33 316句，其中一般句型有16 681句，占50.07%。举例如下③：

1. 一般句型：动词谓语句

由于动词谓语句最为复杂，我们先将一般动词谓语句分为不带宾语、带单宾语以及带小句宾语几种类型。

无宾：您每天为了我们辛勤地工作着、操劳着。
单宾：您从不说一句怨言。
小句宾语：我希望我的姐姐永远都幸福。

2. 一般句型：形容词谓语句

现在的学习生活，真的很累。

---

① 关于各类句式的界定及相关说明我们将在第四章具体阐述。
② 仅以主谓句为例，非主谓句与此同理，故不再赘举。
③ 带双宾语的作为特殊句式在下文讨论。

3. 一般句型：名词谓语句

小男孩一副文质彬彬的样子。

4. 一般句型：主谓谓语句

常见的主谓谓语句有以下三类：

无宾：可是两人一点接触的机会都没有。

单宾：每当读到新的课文时我们大家手捧着带着墨香气味的书本。

形容词作小谓语：90后这个词大家一定都不陌生。

（二）复杂句型使用情况

40万字本族人语料当中复杂句型共有16 635句，占总句数的49.93%。单句当中涉及特殊句式最多为5个。举例如下：

1. 复杂句型：1个特殊句式

我把这个好消息告诉了她。

（把字句）

2. 复杂句型：2个特殊句式

我努力地想挤出一滴眼泪来证明自己的哀伤。

（连动句+趋向补语句）

3. 复杂句型：3个特殊句式

父母让他们出去锻炼一下。

（兼语句+连动句+动量补语句）

4. 复杂句型：4个特殊句式

我连忙把它托到眼前仔细地端详起来。

（把字句+处所补语句+连动句+趋向补语句）

5. 复杂句型：5个特殊句式

让我分不清脸上是泪、是雨，还是流泪的青春。

（兼语句+可能补语+结果补语+是字句+存现句）

2.2.2 中介语句型系统复杂度考察

通过对中介语语料的全面标注,我们发现各级的韩国留学生都有综合运用各种句式的能力,复杂句型中所涉及的特殊句式数量也是由 1 到 5。下面我们具体举例说明。

(一)一般句型使用情况

20 万字初级中介语语料的总句数为 19 254 句,其中一般句型有 12 775 句,占 66.35%。40 万字中级中介语语料总句数为 33 486 句,一般句型有 20 770 句,占 62.03%。40 万字高级中介语语料总句数为 31 035 句,一般句型为 17 344 句,占 55.89%。下面分级举例:

1. 一般句型:动词谓语句

  无宾:她还没结婚。(初级)
    我很快会回来。(中级)
    在我国很多中、高学生常常通宵地学习。(高级)
  单宾:我喜欢中文。(初级)
    游客可以尝尝韩国的风味。(中级)
    人们慢慢失去了读书乐和兴趣。(高级)
  小句宾语:我觉得中国是经济的中心。(初级)
    我们发现很多人要买火车票。(中级)
    人们经常说这边的夏天很好玩。(高级)

2. 一般句型:形容词谓语句

  他的声音非常好。(初级)
  所以那个时候我们俩的交流太难。(中级)
  这世上伟大的事情真的太多太多了。(高级)

3. 一般句型:名词谓语句

  她二十二岁。(初级)
  他的身高一米七五左右。(中级)
  主柱和主柱之间距离 470 米。(高级)

4. 一般句型：主谓谓语句

　　无宾：她什么东西都吃。（初级）
　　　　　人能做的事，动物也能做。（中级）
　　　　　那我们任何困难也不怕。（高级）
　　单宾：海南岛的海菜我觉得特别好吃。（初级）
　　　　　这部分我觉得很奇怪。（中级）
　　　　　所以最北方的天气我不知道到底多么冷。（高级）
　　形容词作小谓语：我汉语不好。（初级）
　　　　　　　　　　哈尔滨天气很冷。（中级）
　　　　　　　　　　一般常常读书的人判断力很强。（高级）

（二）复杂句型使用情况

　　20万字初级中介语语料当中复杂句型共有6 479句，占总句数的33.65%，单句当中涉及特殊句式最多为4个。40万字中级中介语语料当中复杂句型共有12 716句，占总句数的37.97%，单句涉及特殊句式最多为5个。40万字高级中介语语料当中复杂句型共有13 691句，占总句数的44.11%，单句涉及特殊句式最多同为5个。下面分级举例：

1. 复杂句型：1个特殊句式

　　我的专业是中文。（初级）
　　（是字句）
　　但我们应该记住传统的思想。（中级）
　　（结果补语句）
　　可见书给我们带来很多的东西。（高级）
　　（趋向补语句）

2. 复杂句型：2个特殊句式

　　中国动物园比韩国的大得多。（初级）
　　（比字句＋程度补语句）
　　因为有的人的想法是金钱能带来幸福。（中级）
　　（是字句＋趋向补语句）

我们一定抽出时间来欣赏春花。（高级）
（连动句+趋向补语句）

3. 复杂句型：3个特殊句式
爸爸开车把我送到机场。（初级）
（连动句+把字句+处所补语句）
让他们和有家人的孩子一样活下去。（中级）
（兼语句+等比句+趋向补语句）
某一天，我姐捡到了一只小猫带回家来。（高级）
（连动句+结果补语句+趋向补语句）

4. 复杂句型：4个特殊句式
我突然想不起来我把护照放在哪里了。（初级）
（可能补语句+趋向补语句+把字句+处所补语句）
于是我被哥拉到房间里打了一顿。（中级）
（被动句+连动句+处所补语句+动量补语句）
他把毛巾弄湿放在我的额头上。（高级）
（把字句+结果补语句+处所补语句+连动句）

5. 复杂句型：5个特殊句式
在家最后一夜躺在床上翻来倒去睡不着。（中级）
（处所补语句+连动句+趋向补语句+可能补语句+结果补语句）
它吃核桃时，把核桃悬到高空掉下来摔碎了吃。（高级）
（把字句+连动句+处所补语句+趋向补语句+结果补语）

2.2.3 中介语句型系统复杂度与汉语本族语对比分析

从上文我们看到，初级阶段的语料当中没有在一句中使用5个特殊句式的句子出现，这首先就可以印证我们的推测——级别越高，学生使用的特殊句式越多，句型也越为复杂。那么韩国留学生各级的句型复杂度具体如何，我们通过数据对比来了解。

表 2-6　韩国留学生中介语与本族人语料句型复杂度情况对比

语料类别	总句数（例）	一般句型		复杂句型		特殊句式（个）[①]	平均句式（个）
		使用量（例）	使用率（%）	使用量（例）	使用率（%）		
汉语本族语	33 316	16 681	50.07	16 635	49.93	20 057	0.60
初级中介语	19 254	12 775	66.35	6 479	33.65	7 176	0.37
中级中介语	33 486	20 770	62.03	12 716	37.97	14 396	0.43
高级中介语	31 035	17 344	55.89	13 691	44.11	15 556	0.50

注：平均句式是指平均一个单句中包含的特殊句式数量，即平均句式＝特殊句式（个）/总句数（例）。

根据以上数据对比，我们可作如下分析：

1. 从一般句型和复杂句型的使用分布来看，汉语本族语中一般句型略多于复杂句型，但从具体的使用量来看，二者使用数量相差很少，几乎是各占50%。因此我们可以得出结论，在汉语本族语中，有一半的句子可分析出至少一个特殊句式。再看中介语句型系统中一般句型和复杂句型的使用分布，三个级别的两种句型使用分布情况与汉语本族语是一致的，都是一般句型多于复杂句型。这也再次证明中介语并非任意的言语集合体，而是具有一定的系统性。

2. 从具体的使用量来看，中介语却与汉语本族语存在明显的差异，表现在三级中介语语料中的一般句型的数量都远高于复杂句型，并不像汉语本族语那样各占一半。请看下图：

[①] 一个句子中可能涉及不止一个特殊句式，因此这里用"个"为单位来计算语料中总的特殊句式数量。其他单位用"例"是指句子数量。

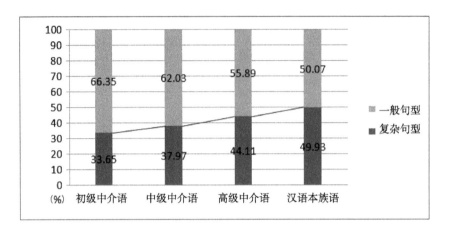

图 2-2　韩国留学生中介语与汉语本族语句型系统复杂度对比柱形图

三个级别一般句型比复杂句型高出的百分比分别为初级阶段 32.70%、中级阶段 24.06%、高级阶段 11.78%，而汉语本族语一般句型比复杂句型仅高出 0.14%。这一数据也证明，尽管中介语系统与目的语系统有相似之处，但同样也会有一些不同之处，有其自身的特性。

3. 从各级使用两种句型的纵向对比数据也可以清楚地看到，从初级阶段到高级阶段，复杂句型所占的比重逐渐增加，一般句型与复杂句型的使用量差距在逐渐缩小。这说明学生随着级别的升高，学习并掌握了越来越多的特殊句式，也越来越倾向于在语言表达当中使用这些句式，那么句型的复杂度也就随之升高，并逐渐向目的语系统靠近。这种表现也恰恰再次证明了中介语的渐进性。

4. 从复杂句型内部来看（如下表），中级和高级阶段中介语中都有单句中出现 5 个特殊句式的用例，而初级阶段一个单句中最多只有 4 个特殊句式，这是由学生的汉语能力决定的。但汉语本族语单句最多也只可分析出 5 个特殊句式，而且只有 3 例。这说明在汉语系统中，正常情况下单句最多可涉及的句式一般不超过 5 个，这也是受汉语句长所限，也说明中介语同样受此规律的制约。关于涉及不同数量句式的复杂句型分布及对比情况请见下表。

第二章 韩国留学生汉语中介语句型系统研究 63

表 2-7 韩国留学生中介语与汉语本族语复杂句型构成情况对比

语料类别	句型使用	1个特殊句式	2个特殊句式	3个特殊句式	4个特殊句式	5个特殊句式	总计
汉语本族语	使用量（例）	13 759	2 435	389	49	3	16 635
	使用率（%）	82.71	14.64	2.34	0.29	0.02	100
初级中介语	使用量（例）	5 874	534	65	6	0	6 479
	使用率（%）	90.66	8.24	1.01	0.09	0	100
中级中介语	使用量（例）	11 276	1 254	172	13	1	12 716
	使用率（%）	88.68	9.86	1.35	0.10	0.01	100
高级中介语	使用量（例）	12 036	1 493	142	18	2	13 691
	使用率（%）	87.91	10.91	1.04	0.13	0.01	100

依据上表横向来看，各级中介语语料和汉语本族语语料中都是涉及1个特殊句式的复杂句型最多，然后从涉及2个特殊句式到涉及5个特殊句式数量依次递减，这也证明了中介语与汉语本族语有相似之处，是一个有规律的语言系统。

纵向来看，我们依然可以清楚地看出中介语的发展轨迹。除了涉及3个特殊句式的用例中级阶段多于高级阶段之外，其他四类均是从初级到高级逐渐向目的语靠拢。具体表现在涉及1个特殊句式即最基础的复杂句型的数量（以"使用率"作为比较对象，下同）随着级别升高逐渐减少，涉及2、4、5个特殊句式的复杂句型数量均逐渐增加。这也说明韩国留学生汉语句型的复杂度是逐渐升高的，这也是学生汉语能力提升的表现。但即使是到了高级阶段，韩国留学生的句型复杂度与本族人相比仍有一定的差距。

至于中级阶段涉及3个特殊句式的用例多于高级阶段的异常表现，我们推测是因为中级阶段的学生刚刚完成大部分特殊句式的学习，可能正处于一个言语喷发期。Swain（1985）的语言输出假说认为，通过可理解输出，学习者可以意识到自己试图表达的内容和实际表达的内容之间的差距，而且有机会认识到自己对某一种语言特征所作的假设是否成立，这是语言习得的一个重要部分。因此，在这个阶段的学生往往会刻意地多应用所学句式，以期检测自我水平，从而使得一些句型复杂度较高，但不排除这其中有误用的情况，我们将在第四章句式系统研究中对此进行详细分析。

5. 从特殊句式的总数量来看，汉语本族语中特殊句式的使用总量也高于中介语，平均每句有 0.60 个特殊句式，而中介语中同样是高级阶段的特殊句式使用最多，平均每句有 0.50 个特殊句式，中级和初级分别只有 0.43 和 0.37 个。这说明韩国留学生使用特殊句式的能力欠缺，或者是回避一些特殊句式，从而使言语表达更简单。由此也可以判断，中介语句型内部的复杂程度比汉语本族语低。第二语言学习者与本族语者这种语言使用能力上的差距是符合逻辑的。

6. 偏误是中介语的重要组成部分，因此中介语中必然存在着各种句式偏误，这其中就包括句式的误加和遗漏。由于这两类偏误会对中介语句型系统的复杂程度带来影响[1]，所以我们考察了三个级别 100 万字中介语语料中特殊句式的遗漏和误加偏误情况。例如：

遗漏偏误——

*我现在∧南师大的学生。（初级）

（遗漏：是字句）

*但是我中国话∧以前一样。（中级）

（遗漏：等比句）

*要去博物馆，我们很容易见∧日本客人。（高级）

（遗漏：结果补语句）

误加偏误——

*我们通过这样的交流互相了解得很。（初级）

（误加：程度补语）

*为什么突然有牙疼？（中级）

（误加：有字句）

*英国气象台的发表更让我们吃惊起来。（高级）

（误加：趋向补语）

---

[1] 在此仅简单举例，其他句式偏误部分将在句式系统研究中详细论述。

下表是各级中介语中误加偏误和遗漏偏误的数据统计。

表 2-8　韩国留学生中介语句式误加、遗漏偏误情况

语料类别	总句数（例）	误加偏误		遗漏偏误		合计（例）[①]	总使用率（%）
		使用量（例）	使用率（%）	使用量（例）	使用率（%）		
初级中介语	19 254	643	3.34	737	3.83	94	0.49
中级中介语	33 486	861	2.57	1 063	3.17	202	0.60
高级中介语	31 035	629	2.03	1 014	3.27	385	1.24

由表中数据可知，句式的误加和遗漏偏误都是在初级阶段出现最多，这说明初级阶段的韩国留学生使用汉语特殊句式还很不成熟，有一定的随意性。两类偏误到了中级阶段都有一定的缓解，其中误加偏误到了高级阶段进一步减少，这都是学生对汉语句式掌握情况逐渐稳定的表现。随着级别的升高，学生对各类句式的使用条件及环境都更为清晰，所以滥用各类句式的情况逐渐减少。但是遗漏偏误到了高级阶段不但没有下降，反而比中级阶段有所上升。我们推测这是由于高级阶段学生所形成的中介语系统比初、中级更为成熟，他们想用目的语表达的内容也更为丰富、复杂，然而其特殊句式的掌控能力毕竟还不完备，因此句式的遗漏正是这种尚不完备的表达能力与过高的表达欲望之间的矛盾造成的。

从上表可以看出，三个级别的中介语当中都是遗漏偏误多于误加，而且相差数量是随着级别升高而增加的。句式遗漏和误加偏误会对句型复杂程度产生一定的影响。从特殊句式的合计数量上来看，三级中介语当中被遗漏的特殊句式分别为 94、202 和 385 个。若将这些特殊句式补充进各级中介语句型系统中，那么各级中介语语料中复杂句型所占比例均有所升高，且平均每句可分析出的特殊句式数量也分别上升为 0.38、0.44 和 0.51 个，我们用中介语 2 代表还原后的中介语句型系统。具体情况详见下表。

---

① 此处合计的数据由遗漏和误加例数相减得出。

表 2-9　韩国留学生中介语还原偏误后句型复杂度情况

语料类别	总句数（例）	一般句型		复杂句型		特殊句式（个）	平均句式（个）
		使用量（例）	使用率（%）	使用量（例）	使用率（%）		
初级中介语2	19 254	12 662	65.76	6 592	34.24	7 270	0.38
中级中介语2	33 486	20 598	61.51	12 888	38.49	14 598	0.44
高级中介语2	31 035	16 926	54.54	14 109	45.46	15 941	0.51
汉语本族语	33 316	16 681	50.07	16 635	49.93	20 057	0.60

注：平均句式是指平均一个单句中包含的特殊句式数量，即平均句式＝特殊句式（个）/总句数（例）。

由此可以看出，还原了偏误的中介语句型复杂度与汉语本族语更为接近，但仍有一定的差距。这种差距主要还是第二语言学习者与本族语者语言表达能力不同造成的，当然这其中也包含学生基于学习策略而选择合理回避一些特殊句式的情况。

2.3 本章小结

1. 关于句型使用分布情况

（1）总体来说，中介语和汉语本族语各类句型的使用率排序大体一致，分布也大体相当，两者具有一致性。三级中介语之间的一致性更为明显。这就首先证明了中介语并非是任意无序的言语集合体，而是与目的语具有一致性，同时也具有内部一致性的语言系统。

（2）我们也发现，中介语各类句型的使用量与汉语本族语之间也存在着一些差异。尤其是名词谓语句、形容词谓语句使用超量比较明显，同时非主谓句普遍使用不足。而且从使用量上也可以看出，从初级阶段到高级阶段，韩国留学生的中介语句型系统内部也存在差异。这说明中介语系统虽然与目的语系统具有一致性，但却不完全相同，具有其自身的规律和特点，是一个独立的语言系统。

（3）各类句型的使用情况在初、中、高三级中介语当中的表现也不完全相同，这也说明中介语不是固定不变的，而是一个动态的语言系统。而且这种变化并不是随意的,而是有着明显的规律性。从本章的研究结论来看,随着学习者学习程度的加深,中介语的句型面貌呈现出由初级到高级逐渐接近目的语的动态过程。

由此可见,中介语是一个合法的语言系统,每个学习者的中介语可能有各自独特的方面,但总体来看他们仍有共性,因此是有规律的。学习者并不是随意使用这种语言,而是遵循一定的规律。这些结论都从实证的角度证明了中介语自身的系统性,与我们从中介语理论出发所作出的预期假设非常吻合。

2. 关于句型复杂度情况

(1)韩国留学生中介语句型系统复杂度与汉语本族语相比同样是有一致性的。表现在一般句型和复杂句型的分布情况与汉语本族语一致,都是一般句型多于复杂句型。同时,中介语单个复杂句型所能容纳的特殊句式数量与汉语本族语一致,都是1—5个,且分别涉及1—5个特殊句式的复杂句型数量分布也与汉语本族语一致,都是由1到5呈递减分布。初、中、高三级中介语句型系统的内部复杂度也比较接近,且有一定的连续性。这些都证明了中介语受一定规则制约,具有系统性。

(2)韩国留学生中介语系统在句型复杂度方面与汉语本族语系统也有不同之处。第一,一般句型和复杂句型所占比重不同。汉语本族语系统中复杂句型和一般句型基本各占一半,而在三个级别的中介语中却都相差较多。第二,中介语系统中特殊句式的总数与本族人有一定差距。也正是这些特殊句式的偏误性遗漏和倾向性少用使得一般句型增多,复杂句型减少。第三,在单句中综合使用几个特殊句式的能力与本族人相比有所欠缺。表现在中介语涉及1个特殊句式的句型数量远高于本族人,而涉及2—5个特殊句式的句型数量则均低于本族人。

(3)从韩国留学生由初级到高级的历时发展来看,各方面统计数据都表明,韩国留学生使用汉语句型的复杂度同样与级别的升高成正比,是一个逐渐靠近目的语的过程。但即使到了高级阶段,中介语句型内部的复杂程度也比汉语本族语低。Selinker(1972)认为只有5%的学习者可以达到与母语使用者相同的心理语法水平,大多数人在半路上停顿下来，即绝大多数二语学习者的中介语不能到达其连贯体的终点。他称这种现象为石化现象。虽然说高级阶段还不算是第二语言习得的最终阶段，但这仍可以看作是中介语石化现象的一个表现。当然，这些仅仅是在特殊句式总的使用量方面考察而得出的结论，韩国留学生使用特殊句式时仍存在很多其他偏误，同时其所选用的具体的特殊句式在数量分布方面与本族人也都存在着很多异同。对于这些问题，我们将在句式部分进行深入研究。

第三章

韩国留学生汉语中介语句型偏误分析

偏误是中介语重要的组成部分,是中介语系统有别于其他语言系统的重要方面。因此我们对各级中介语句型偏误类型、数量及其变化趋势进行了考察。

3.1 句型偏误的确定原则

一般的偏误研究多是以服务教学为目的来进行的,而本研究主要从语言系统的角度出发,重点考察和描写中介语系统中各类句型的数量及使用情况,从而对中介语理论加以实证。因此,本书对句型偏误的界定方法也不同于一般的偏误研究,而是以整个句型系统作为研究对象,从宏观的角度进行考察,下面我们对句型偏误的确定原则加以具体说明。

1. 我们从句子的最终表现形式出发来确定某一句的句型,进而判断是否属句型偏误,而不是先分析偏误原因。下面结合实例来加以说明。

(1) *汉城虽然很繁华的城市。
(2) *郊区是空气好①。

例（1）的正确形式应该是"汉城虽然是很繁华的城市"，属于动词谓语句。但我们从形式出发认为，正因为遗漏了"是"，该句从形式上来看就成了名词谓语句。因此属于句型偏误，即动词谓语句误为名词谓语句。同理，例（2）的正确形式应该是主谓谓语句"郊区空气好"，但从形式上来看却误用为动词谓语句，因此在本书中被认定为句型偏误。

2. 本书研究的句型偏误指的是由于学生的表达偏误造成句子类型变化的情况。也就是说，有些句子尽管是偏误用例，但其句型与正确形式的句型仍保持一致，这种情况在本书中不算作句型偏误。例如：

(3) 昨天我看电视的时候看过了很美丽的黄山。
(4) 我打光棍时只想的是找一个美女，两个人互相恋爱。
(5) *老师们、朋友们，而且一般服务员也都是对我热情。
(6) *韩国的春天∧让国民引人入胜的季节。

例（3）、例（4）从语法的角度来看都是偏误的动词谓语句，但这些偏误是学生对一些词语掌握不足造成的，并未影响该句句型，因此我们暂时不作讨论。而例（5）、例（6）则不同，由于"是"字句使用偏误改变了这两句的句型，例（5）因"是"字冗余由形容词谓语句变为动词谓语句，例（6）因"是"字句的遗漏由动词谓语句变为名词谓语句。这种偏误使得韩国留学生汉语句型系统的格局发生了变化，因此在我们讨论之列。

3. 韩国留学生汉语句型偏误主要是句型之间的相互误用。这里所说的相互误用并非学生有意使用某种句型来替代另一种句型，而是如上面列举的偏误一样，由于某些表达偏误从形式上引起了句型的变化。因此被认定为句型偏误的句子其本身就存在某些语法偏误或语义偏误，往往按本族人的语感是不可接受的。而语法、语义方面都不存在偏误的句子，

---

① 汉语中有"是"用在形容词前面表示强调的用法，但本书举例的同类偏误都是结合上下文可以确定为误用的情况，限于篇幅无法给出完整语境，在此一并说明。

即使韩国留学生选用了不同于本族人倾向的句型，我们也不将其视为偏误。例如：

（7）? 昨天，她的心情很好。

（8）? 反正我只在北方的天津待过，所以最北方的天气我不知道到底多么冷。

例(7)是形容词谓语句，例(8)是主谓谓语句，但遵循语言经济原则，本族人可能更倾向于将例（7）表达为"她心情很好"，即主谓谓语句，将例(8)表达为"所以不知道最北方的天气到底多么冷"，即动词谓语句。但是韩国留学生使用的这两例在语法、语义方面都没有错误，按本族人的语感也可以接受，因此在本书当中不被算作偏误。

3.2 韩国留学生汉语中介语句型偏误分析

偏误类型在三个级别的表现也是基本一致的。我们将出现较多且比较典型的偏误概括为以下几类：（A）动词谓语句误为名词谓语句、（B）名词谓语句误为动词谓语句、（C）形容词谓语句误为动词谓语句、（D）动词谓语句误为形容词谓语句、（E）主谓谓语句误为动词谓语句、（F）动词谓语句误为主谓谓语句、（G）涉及非主谓句的偏误。

其中G类涉及非主谓句的偏误又可再分为：（a）动词谓语句误为动词性非主谓句、（b）动词谓语句误为名词性非主谓句、（c）形容词谓语句误为形容词性非主谓句、（d）动词性非主谓句误为动词谓语句。

此外还有些不够典型或出现较少的句型偏误，我们分别归为"其他"类和"G-其他"类。下面将结合各级实例进行具体分析。

3.2.1 中介语句型偏误类型及分析

（一）动词谓语句误为名词谓语句（A类）

这类偏误在各级都是最主要的偏误类型，往往是因为遗漏了句中的动词造成的。其中遗漏了表判断的动词"是"而使得动词谓语句成为名词谓语句的情况最多。例如：

(9)＊我的辅导老师，她∧南师大的学生。她的名字∧崔鑫。（初级）

(10)＊我姐姐也∧两个孩子的妈妈。（中级）

(11)＊她∧一般男人都喜欢的贤妻良母型的小姐。（高级）

我们知道，名词谓语句一般多在表达年龄、时间、天气、籍贯等情况时使用，而以上各例均不属此列。此外也有一些是遗漏了其他动词，比如例（12）至例（17）可能依次遗漏了"来自/在""去""做""看""有""成为"等动词。

(12)＊我∧韩国的世示大学。（初级）

(13)＊我们有时候一起∧网吧。（初级）

(14)＊我以后∧有关这样的工作。（中级）

(15)＊我喜欢坐公共汽车，<u>因为坐汽车时可以∧车外面大街上的风景、来往人的样子</u>。（中级）

(16)＊虽然高阶层人员也应该∧不少的精神上的压力。（高级）

(17)＊到2000年的中国∧很有成就的国家。（高级）

另外有一些偏误是因为学生在后一小句中错误地承前省略了动词造成的，这也是中介语过度泛化的一个表现。例如下面三例就分别承前省略了"有""是""关心"三个动词造成偏误。

(18)＊我们学校里有很多老师，<u>也∧很多学生</u>。（初级）

(19)＊他是我小学的朋友，<u>而且∧我最亲切的朋友</u>。（中级）

(20)＊妈妈不仅关心我的学习情况，<u>而且∧我的人际关系问题</u>。（高级）

下表为韩国留学生在各阶段出现的A类偏误情况统计：

表 3-1　动词谓语句误为名词谓语句偏误情况

A 类	初级偏误情况	中级偏误情况	高级偏误情况
偏误数（例）	384	524	372
偏误率（%）	1.99	1.56	1.20

注：偏误率＝偏误数量（例）/各级总句数（例），取百分位。

由表中数据可知，随着级别的升高，此类偏误的偏误率呈降低的趋势，但即使在高级阶段，也仍有372例，说明韩国留学生在表达当中极易出现这类偏误，而且也比较顽固，不易通过自省改正，需要教师在教学当中加以注意。

（二）名词谓语句误为动词谓语句（B类）

这类偏误在各级的数量都不多，原因是很多句子既可以用名词谓语句来表达，也可以用动词谓语句来表达，在这种情况下我们不宜将其算作偏误。例如：

（21）？我儿子是小学六年级。（高级）

但仍有一些情况使用动词谓语句表达则错误明显，如例（22）至例（24）。例如：

（22）*她今年24岁。黑色的长发，个子大概一米六五，<u>有大眼睛</u>。（初级）

（23）*现在我是南师大学生，<u>才是二年级</u>。（中级）

（24）*弟弟是才六岁。（高级）

这类偏误多是在表达年龄时误用了"是"字句，如例（24）；有时候也在描述外貌或表示年级时出现此类偏误，如例（22）、例（23）。

下表为韩国留学生在各阶段出现的B类偏误情况统计：

表 3-2　名词谓语句误为动词谓语句偏误情况

B 类	初级偏误情况	中级偏误情况	高级偏误情况
偏误数（例）	73	18	4
偏误率（%）	0.38	0.05	0.01

注：偏误率＝偏误数量（例）/各级总句数（例），取百分位。

由表中数据可以看到，在初级阶段这类偏误出现较多，但到了中级阶段就已经大幅减少，到高级阶段几乎绝迹，可见此类偏误比较容易纠正，学生也对此应有自我纠错能力。

（三）形容词谓语句误为动词谓语句（C类）

此类偏误也是出现频率较高的一种。此类偏误中多数也是由于误用"是"字句而使得原本可以用形容词谓语句的误为动词谓语句。尽管汉语中有"是"用在形容词前面表示强调的用法，但结合上下文背景以及学生的水平可以推测，类似的用例并非学生有意使用。况且这种情况出现的频率也比较高，因此我们将此看作偏误。例如：

（25）*中国语是以后很重要。（初级）
（26）*我为什么要学中文，这个问题是太难了。（中级）
（27）*奶奶的眼睛也是红起来了。（高级）

另外误加了"有"字句的此类偏误也比较多。例如：

（28）*但是中文有美丽。（初级）
（29）*但是他从很久到现在有苦闷。（中级）
（30）*锦江两岸也无数的花满开，都具有五彩缤纷。（高级）

此外还有一些其他情况，如例（31）、例（32）中的"身体"和"我的家"应该与介词"对"和"离"结合作为状语。而例（33）、例（34）则是将形容词误用为动词带了宾语，从而从形式上改变了该句句型，"人格""自己的努力"和"运气"理应为该句主语。

（31）*这样的习惯十分不好身体。（初级）
（32）*公园很近我的家。（初级）
（33）*我们认为直接说别人的错误而容易气的人太不懂礼貌的，还没成熟人格的。（中级）
（34）*我们在生活中也重要自己的努力，但也重要运气。（高级）

下表为韩国留学生在各阶段出现的C类偏误情况统计：

表 3-3　形容词谓语句误为动词谓语句偏误情况

C类	初级偏误情况	中级偏误情况	高级偏误情况
偏误数（例）	145	185	121
偏误率（%）	0.75	0.55	0.39

注：偏误率＝偏误数量（例）/各级总句数（例），取百分位。

由表中数据可以看到，这类偏误数量也比较多，尽管偏误率从初级到高级呈现一个平稳下降的趋势，但高级的偏误数量也仍有百例以上，这也提醒我们在教学当中应该对此类偏误加以重视。结合A类偏误的产生原因，我们要加强对韩教学中"是"字句和"有"字句的练习与纠错。

（四）动词谓语句误为形容词谓语句（D类）

此类偏误与C类偏误相反，是学生将原本应该用动词谓语句表达的句子错用为形容词谓语句，产生偏误的原因复杂多样。例如：

（35）*他穿的衣服破破烂烂的、皱巴巴的，但<u>他的目光∧诚实的，他的风貌∧坚强的</u>。（高级）

（36）*<u>确实他说的∧真的</u>。（中级）

（37）?在生活上男女的合作最重要的。（高级）

例（35）共三个小句，第一个小句无可厚非，因为"破破烂烂""皱巴巴"都是状态形容词，一般可以单独使用，且多在句尾加"的"。而后两个小句中的"诚实"和"坚强"是性质形容词，则往往需要有其他成分修饰。尽管也可以用程度副词来修饰成为形容词谓语句，但在此句当中，应该是遗漏了"是……的"强调格式中的"是"。例（36）也是如此。但在中介语当中，有很多类似的用例无法确认学生的使用倾向，如例（37）既可以认为遗漏了"是……的"，也可以认为是"的"字冗余，本书未将此类归为偏误。还有一些偏误原因比较复杂。例如：

（38）*她觉得阅读写汉字听力和说话都很难，<u>我也∧都很难</u>。（初级）

（39）*这份工作带来的喜事很多，<u>可以∧我的人生更丰富一些</u>。（中级）

例（38）画线小句遗漏了动词"觉得"而误为形容词谓语句，而例（39）画线小句虽也可以理解为能愿动词"可以"的错序，但若在句中加入"使"成为兼语句，则前后两句关系更连贯、更紧密。

下表为韩国留学生在各阶段出现的 D 类偏误情况统计：

表 3-4　动词谓语句误为形容词谓语句偏误情况

D 类	初级偏误情况	中级偏误情况	高级偏误情况
偏误数（例）	4	12	22
偏误率（%）	0.02	0.04	0.07

注：偏误率＝偏误数量（例）/各级总句数（例），取百分位。

D 类偏误数量比较少，但值得注意的是，这类偏误数量从初级到高级呈上升的趋势，这与其他类型的偏误有所不同。

（五）主谓谓语句误为动词谓语句（E 类）

此类偏误中比较典型的一种情况如例（40）至例（42），动词"是"的冗余影响了句型，使得主谓谓语句变为以小句为宾语的动词谓语句。

（40）*我的汉语水平是我觉得一点儿也不进步了。（初级）

（41）*这样的情况是中国也一样。（中级）

（42）*三星的手机是外面的样子也不错。（高级）

另一种常见情况是如下面例（43）、例（44），介词"在"使得小主语"脸上"和"全身"成为一般的介词结构在句中作状语，整个句子便不再是主谓谓语句，因此均属于句型偏误。

（43）*她在脸上总是带着微笑。（中级）

（44）*我在全身上热乎乎地汗出来。（高级）

还有一些情况比较复杂，如例（45）原意应为"我汉语说得不好"，是初级阶段最常见的主谓谓语句用例，而在此却出现了偏误。而例（46）是由于结构助词"的"的冗余构成了一个定中短语作主语。

（45）*但是我说得汉语不好。（初级）

（46）*现代女生的大多数都想当美女。（中级）

下表为韩国留学生在各阶段出现的 E 类偏误情况统计：

表 3-5　主谓谓语句误为动词谓语句偏误情况

E 类	初级偏误情况	中级偏误情况	高级偏误情况
偏误数（例）	21	44	19
偏误率（％）	0.11	0.13	0.06

注：偏误率＝偏误数量（例）/各级总句数（例），取百分位。

总体来看这类偏误数量不多，在初、中级阶段偏误率基本持平，高级阶段有所下降。

（六）动词谓语句误为主谓谓语句（F 类）

这类偏误是将普通的带宾动词谓语句用作了主谓谓语句。尽管这类偏误数量不是最多的，但却是对韩汉语教学当中值得重视的问题。因为这既可能与学生的母语负迁移有关，也可能涉及主谓谓语句的偏误和教学。

汉语主谓谓语句中有这样一种类型，大主语是施事，小主语是受事，全句的语义关系是：施事‖受事—动作，如例（47）。韩国留学生中介语中的例（48）至例（50）从形式上看符合这种类型，然而却是偏误用例。

（47）他什么酒都尝过。（本族语）
（48）*今年十月我乒乓球比赛参加了。（初级）
（49）*我这句话同意了。（中级）
（50）*我学习的东西想起来了。（高级）

原因在于，这种类型的主谓谓语句往往要求小主语（受事）具有周遍性，相应的，句中会有"都"或"也"等副词。如"他任何困难都能克服""他一口水都不喝"等，其中"任何困难""一口水"都是具有周遍性的受事。而例（48）至例（50）中的小主语"乒乓球比赛""这句话""学习的东西"都不具有周遍性，因此不应该使用主谓谓语句。而与汉语的 SVO 结构不同，韩语属于 SOV 型语言，因此习惯性地将宾语置于主语之后、谓语动词之前，很可能是因其母语负迁移所致。此外，有些也可能是由于介词的遗漏造成的。如例（51）至例（55）既可能是受SOV结构影响造成的偏误，也可能是因为遗漏了介词"把"或"对"等。

（51）*我∧带来全家照片的事忘得干干净净的。（初级）
（52）*这边的风仿佛∧我身上的疲劳都拿走。（高级）
（53）*以前的我∧中国经济很关心。（中级）
（54）*第一次来中国时侯我∧这里的生活不习惯。（中级）
（55）*无数的孩子∧家庭环境不满意。（高级）

下表为韩国留学生在各阶段出现的F类偏误情况统计：

表3-6　动词谓语句误为主谓谓语句偏误情况

F类	初级偏误情况	中级偏误情况	高级偏误情况
偏误数（例）	58	81	13
偏误率（%）	0.30	0.24	0.04

注：偏误率＝偏误数量（例）/各级总句数（例），取百分位。

由表中数据可以看到，这类偏误在初级阶段比较常见，中级阶段偏误率已有降低，到了高级阶段则非常少见，说明学生在学习的过程当中认识到汉语与其母语的差别，有意识地注意这种情况，因此偏误大大减少。这也提醒我们应该在对韩汉语教学之初便多加强调韩语SOV格式与主谓谓语句的差异，以减少此类偏误的发生。

（七）涉及非主谓句的偏误（G类）

这类偏误多是学生在表达当中遗漏了主语，有时甚至连同谓语动词一并遗漏，这使得主谓句变为非主谓句，主要类型有动词谓语句误为动词性非主谓句、动词谓语句误为名词性非主谓句、形容词谓语句误为形容词性非主谓句。也有因语序等错误使得一些常规的动词性非主谓句误用为动词谓语句。下面我们逐类进行分析。

1. 动词谓语句误为动词性非主谓句（a类）

这类偏误一般由三种情况造成。首先是遗漏了主语。在语篇当中我们可以采用零形回指的指代形式，但前提是在上文当中已经出现过指代同一事物的名词或代词，否则就会因指代不明而形成偏误。例如：

(56)＊∧为了中医学习来中国。（初级）
(57)＊∧以前在韩国学过一点儿汉语。（中级）
(58)＊我想的跨国婚姻的弊是最大的就是文化上的差异。∧已经很长时间过了不一样的生活，所以容易发生矛盾。（高级）

例（56）、例（57）都是文章的第一句，显然遗漏了主语"我"。而例（58）遗漏的是跨国婚姻的主体"夫妻/两个人"，但在上文中从未提及。

第二种常见情况是主语前的介词冗余造成偏误。例如：
(59)＊<u>在韩国越来越发展</u>，所以美丽的风光越来越少。（初级）
(60)＊<u>在南京大学已开学了</u>。（中级）
(61)＊黑脸丈夫是我和孩子们的好朋友，如果<u>对我发生不好的事情</u>，他等我，不怪我。（高级）

以上各例分别误加了"在"和"对"，使得句首原本应该充当主语的名词性成分变为介宾短语。在汉语里，介词结构不能充当主语。因而整句成为非主谓句。

第三种比较典型的情况是将主语和谓语位置颠倒造成偏误。例如：
(62)＊幸福不在遥远的地方，就是我们的身上。<u>但是不知道很多人</u>。我也还不知道。（初级）
(63)＊她很想亲自上飞船去宇宙，可是她被政府故意地淘汰了。<u>但是幸亏失败了第一次发射</u>，所以她能抓住了上第二次发射的飞船的机会。（中级）
(64)＊其实那时候我也很怕，<u>但是以后不（再）来我的青春</u>。（高级）

以上几例当中"很多人""第一次发射""我的青春"本应是句中的主语，却被置于谓语动词之后，变成了动词性非主谓句的宾语。

2. 动词谓语句误为名词性非主谓句（b类）

这类偏误是学生在表达当中将主语连同谓语动词一并遗漏，只剩下一个名词性成分，从形式上来看则为名词性非主谓句，但通常这种名词性非主谓句不足以清楚地表达原义，所以我们将其视作偏误。最容易遗漏的是"人称＋是"。例如：

（65）*姐姐有一个男朋友，她说，<u>很好的人</u>。（初级）
（66）*跟他第一次见面时、<u>初中一年级</u>。（中级）
（67）*<u>虽然初中学生</u>，深深地反省了。（高级）

有时主语可以理解为承前或蒙后省略，但谓语动词的遗漏仍造成偏误。例如：

（68）*我们通过这样的交流互相了解得很，<u>更亲切的朋友了</u>。（初级）
（69）*<u>尽管好朋友</u>，可是一起住在的话，两个人都有很多让步。（中级）
（70）*虽然学习很难，<u>很多精力很多时间</u>。（高级）

例（68）和例（70）画线小句中隐含的主语实际是上文的"我们"和"学习"，例（69）画线小句隐含的主语则是下文提到的"两个人"，但谓语动词"成为""需要""是"的遗漏，使得句中余下的名词性成分与上下文之间的衔接松散，因此从形式上更易看作是名词性非主谓句。

3. 形容词谓语句误为形容词性非主谓句（C类）

此类偏误与a类偏误相似，因为遗漏了主语、误加了介词或主谓位置颠倒使得形容词谓语句成了形容词性非主谓句。各级都有这三种情况造成的偏误，我们在每级各选取一种类型加以说明：

（71）*因为<u>有意思中国电影</u>。（初级）
（72）*现在我不知道他的消息，<u>在我的记忆中还很清晰</u>。（中级）
（73）*由于暴雪全世界变了白白的样子，<u>在南师大也一样白白的</u>。（高级）

初级的例（71）是将主语置于谓语之后引起的偏误。中级的例（72）实际是一个转折复句,画线部分应该是"但是他在我的记忆中还很清晰"，由于上文中没有主语"他"，因此不应省略这个主语。而高级的例（73）误加了介词"在"，则使得"南师大"成为介词短语中的宾语而不再充当主语。

4. 动词性非主谓句误为动词谓语句（d 类）

此类偏误是在本该用动词性非主谓句的时候添加了主语，造成偏误。此类偏误并不多见，原因在于，有一些用动词性非主谓句表达的句子，有时候也可用动词谓语句表达，即使无须补充主语，但若可以补充出适当的主语，也不能算作偏误。但下面几例的主语补充则不恰当。

（74）*你们请多多关照一下。（初级）
（75）*有一天她在做饭的时候，电话来找她。（中级）
（76）*如果没有阿姨的关心的话，我也没有。（高级）

这三种情况原本都应是典型的动词性非主谓句，却都误将宾语提前作主语了。根据上下文语境，例（74）应为"请你们多多关照一下"，却将兼语结构中的宾语"你们"当作主语了；例（75）画线小句应为"来电话找她"，却将连动句中前一个动词的宾语"电话"当作主语了；例（76）画线小句应该是"也没有我"，然而将整句的宾语"我"当作主语了。

以上四类是在三个级别的中介语语料中出现频率都比较高的偏误类型，除此之外还有一些类型的偏误出现频率不高，比较零散，我们不再一一讨论，而将这些统一归为"G- 其他"类。如例（77）是名词谓语句误为名词性非主谓句，例（78）、例（79）是动词性非主谓句误为名词性非主谓句。

（77）*现在大学三年级，但在这儿不太会说汉语。（初级）
（78）*在上海很多公司。（中级）
（79）*虽然夏天，桂林的天气很好。（高级）

例（77）原句应为"我现在大学三年级"，是比较典型的名词谓语句，而因为遗漏了主语"我"使得语义不明，且成为名词性非主谓句。例（78）、例（79）的正确形式应该都是动词性非主谓句，即"在上海有很多公司"和"虽然是夏天"。但例（78）遗漏了动词"有"，例（79）遗漏了动词"是"，使得原句从形式上都变成了名词性非主谓句。

下表是 G 类偏误的相关统计：

表 3-7　涉及非主谓句的偏误情况

级别	偏误情况	a	b	c	d	G-其他	总计
初级	偏误数（例）	204	12	17	7	2	242
	偏误率（％）	1.060	0.062	0.088	0.036	0.010	1.256
中级	偏误数（例）	295	9	13	21	7	345
	偏误率（％）	0.881	0.027	0.039	0.063	0.021	1.031
高级	偏误数（例）	253	8	7	3	7	278
	偏误率（％）	0.815	0.026	0.023	0.010	0.023	0.896

注：偏误率＝偏误数量（例）/各级总句数（例），取千分位[①]。

从偏误总量上来看，a 类是偏误数量最多的一种类型。上文已经分析过造成 a 类偏误的主要原因，这就提示我们在对韩汉语教学当中，要注意学生主语遗漏的问题，强调介词的使用会影响主语成分，同时要强调汉语语序对句式的影响。另外 b、c、d 三类数量不多，且基本相当。从三级发展变化来看，a、b、c 三类偏误的偏误率都是随学生级别升高而逐渐降低的，d 类偏误虽然在中级的出现率高于初级，但到了高级也同样大幅减少。"G-其他"类偏误是初级最少，我们推测是因为中、高级学生的表达更为复杂，因此涉及的情况也更加复杂多样。

（八）其他类句型偏误

除了上述 A—G 七类典型的偏误之外，还有个别主谓句之间误用的情况，由于数量不多，都出现在初、中级语料当中，不具代表性，偏误原因和类型也无法清晰判定，因此我们将这些零散的偏误归为"其他"类。如以下各例从形式上来看都是其他句型误用为名词性非主谓句或名词谓语句，但原因却有不同的可能。

（80）*当时老人给小孩子钱，<u>那么他们的高兴</u>。（初级）
（81）*我现在很病人。（初级）
（82）*家乡比南京城市。（初级）
（83）*但是他很孝子了。（中级）

[①] 由于此类偏误数量较少，导致表中数据普通偏小，因此取千分位以便看出差异。

（84）*喝茶同吃饭一样重要性。（中级）
（85）*我希望这世界所有的人都互相帮助，彼此相爱，<u>那么这世界更多美丽</u>。（中级）
（86）*<u>因为韩国跟中国亲密的关系</u>，但肯定不一样的国家。（高级）

例（80）画线部分正确的表达形式应该是形容词谓语句，即"那么他们很高兴"，因此是将形容词谓语句误为名词性非主谓句。例（81）中误用名词"病人"充当形容词而引发偏误，但作者的表达意图我们无法准确推测，可有不同的理解。若原意为"我现在病很重"，那么是主谓谓语句误为名词谓语句；若为"我现在病得很严重"或"我现在是病人"则是动词谓语句误为名词谓语句。例（82）原意应为"家乡比南京更城市化"或"家乡比南京更像城市"等，也不应该以名词作为中心语。例（83）、例（84）则基本可以判断是将名词"孝子"和"重要性"当作形容词"孝顺"和"重要"来使用，从而使得形容词谓语句误为名词谓语句。例（85）画线小句原意应为"那么这世界更美丽"或"那么这世界更加美丽"等，而"更多美丽"是名词性结构。例（86）是高级仅有的一例"其他"类偏误，画线部分的原意既可以是"因为韩国跟中国的关系亲密"，即形容词谓语句，也可以是"因为韩国跟中国关系亲密"，即主谓谓语句，还可以是"因为韩国跟中国有着亲密的关系"，即动词谓语句。

3.2.2 中介语句型偏误率对比分析

下表是三个级别韩国留学生汉语所有句型偏误的总体对比情况：

表 3-8 韩国留学生中介语句型偏误情况

级别	偏误情况	A	B	C	D	E	F	G	其他	总计
初级	偏误数（例）	384	73	145	4	21	58	242	9	936
	偏误率（%）	1.99	0.38	0.75	0.02	0.11	0.30	1.26	0.05	4.86
中级	偏误数（例）	524	18	185	12	44	81	345	33	1 242
	偏误率（%）	1.56	0.05	0.55	0.04	0.13	0.24	1.03	0.10	3.71

续表

级别	偏误情况	A	B	C	D	E	F	G	其他	总计
高级	偏误数（例）	372	4	121	22	19	13	278	1	830
	偏误率（%）	1.20	0.01	0.39	0.07	0.06	0.04	0.90	0.00	2.67
总计	偏误数（例）	1 280	95	451	38	84	152	865	43	3 008

注：偏误率＝偏误数量（例）/各级总句数（例），取百分位。

从表中数据我们可以得出以下结论：

1. 我们从各类偏误三个级别出现的总量上来看，从高到低依次为：A 类＞G 类＞C 类＞F 类＞B 类＞E 类＞D 类[①]。其中 A、G、C 类不但是排在前三位的偏误类型，也是三个级别的偏误都在 100 例以上的类型。这说明这三类偏误对韩国留学生来说比较顽固，即使到了高级阶段也经常出现，因此我们在各个级别的教学中都应格外重视，随时加以强调。而 F、B 类偏误虽然在初级阶段出现较多，但到了高级阶段分别减少至 13 例和 4 例，这种情况说明这两类偏误对韩国留学生来说比较容易纠错，这也提醒我们应该在初级阶段的教学当中着重加以强调，这样将会非常有效地降低偏误率。E、D 类数量相对较少，但也应在教学当中加以注意。其中 E 类在初、中级都要加以注意，而 D 类则是到了高级阶段更应加以强调，因为这种类型随着级别升高偏误率反倒逐级上升。我们对比下面根据各级各类偏误所占百分比制作的柱形图可以更清楚地看出上述结论。

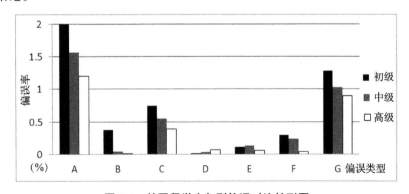

图 3-1　韩国留学生句型偏误对比柱形图

---

① 因"其他"类不具代表性，此处不作详细对比。下同。

2. 我们纵向对比三个级别的偏误数量和比例,可以看出从初级到高级句型偏误的发展变化。从总量来看,初级阶段的偏误占初级总句数的 4.86%,而到了中级阶段下降为 3.71%,到了高级阶段进一步下降为 2.67%,这种变化趋势非常明显,明确说明了随着学生汉语学习的深入,他们对句型的把握逐渐成熟,其偏误率有着明显的下降。从各类偏误的偏误率来看,除了 D 类、E 类之外,其他偏误类型的发展变化同总的趋势都是一致的,下面的折线图可以清晰地看到这一点。

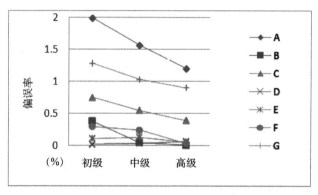

图 3-2　韩国留学生句型偏误率变化趋势折线图

3.3 韩国留学生句型偏误对中介语系统的影响分析

3.2 节是针对韩国留学生汉语中介语句型偏误的类型、数量以及发展变化所作的分析。那么这些偏误表现在整个中介语句型系统当中,必然会对该系统产生一定的影响。我们以偏误率最高的四类为例加以说明。

1. 动词谓语句误为名词谓语句(A 类)是最主要的偏误类型。从偏误表现来看,A 类偏误对中介语句型系统造成的影响就是名词谓语句增多,同时动词谓语句减少,这就在一定程度上解释了上文得出的三个级别的中介语句型系统中名词谓语句都严重超量的结论。

2. 动词谓语句误为动词性非主谓句(G-a 类)数量也较多。这种偏误的表现是动词谓语句减少,动词性非主谓句增多。由上文我们可知,韩国留学生使用动词性非主谓句与本族人相比是不足的,加之此类偏误的影响,我们可以看出韩国留学生并不擅长使用动词性非主谓句。

3. 形容词谓语句误为动词谓语句(C类)也是出现频率相对较高的类型。从偏误表现来看,C类偏误对句型系统带来的影响是动词谓语句增多,形容词谓语句减少。与G-a类偏误带来的影响类似,韩国留学生使用形容词谓语句与本族人相比原本就是超量的,加之C类偏误的影响,可以明显看出韩国留学生更倾向于使用形容词谓语句的特点。

4. 动词谓语句误为主谓谓语句(F类)的偏误表现为动词谓语句减少,主谓谓语句增多。这类偏误在初级阶段是最多的,中级阶段次之,而高级阶段是很少的。我们从三个级别主谓谓语句的使用情况来看也可看出此类偏误的影响。初级阶段的主谓谓语句与本族人相比使用率差为1.06,尽管没有到达我们设立的+0.2的超量标准,但也相对使用超量。而中级阶段主谓谓语句与本族人相比使用率差为0.89,从相对使用过量已经下降为相对使用不足。而到了高级阶段使用率差更是降到了0.79,已经超出了使用不足的标准。

由此分析来看,这几类偏误都会对中介语句型系统产生一定的影响。其余几类偏误数量不多,因此对韩国留学生汉语句型系统的影响并不大,在此我们不作具体分析。我们将所有偏误用例还原为正确形式,可以得到一个新的中介语句型系统。那么对比前后两个中介语系统(下文分别用中介语1和中介语2来表示),我们将可以看出句型偏误对中介语系统的影响。

(一)初级阶段

下表是还原偏误前后的两个初级中介语系统句型使用情况的对比。

表3-9 初级阶段还原偏误前后句型系统与汉语本族语对比

语料类别	句型使用	主谓句				非主谓句			总计
		动谓	形谓	名谓	主谓	动非	形非	名非	
汉语本族语	使用量(例)	25 410	2 397	244	678	3 956	311	320	33 316
	使用率(%)	76.27	7.19	0.73	2.04	11.87	0.93	0.96	100

续表

语料类别	句型使用	主谓句				非主谓句			总计
		动谓	形谓	名谓	主谓	动非	形非	名非	
初级中介语1	使用量（例）	14 159	2 826	659	418	1 000	95	97	19 254
	使用率（%）	73.54	14.68	3.42	2.17	5.19	0.49	0.50	100
	使用率差1（倍）	0.96	2.04	4.68	1.06	0.44	0.53	0.52	1.00
初级中介语2	使用量（例）	14 579	2 988	346	381	799	78	83	19 254
	使用率（%）	75.72	15.52	1.79	1.98	4.15	0.41	0.43	100
	使用率差2（倍）	0.99	2.16	2.45	0.97	0.35	0.44	0.45	1.00

从初级阶段的使用率差1和使用率差2的对比当中我们可以看出，还原了句型偏误之后，有三类句型比之前更接近目的语了，分别是动词谓语句、名词谓语句和主谓谓语句，而其他四类均有进一步偏离。为了考察具体差异度变化，我们仍将使用率差的原始数据（即未四舍五入的数据）换算成log以2为底的对数进行比较，见下面的图表。

表3-10　初级阶段还原偏误前后句型系统与汉语本族语差异度对比

语料类别	主谓句				非主谓句		
	动谓	形谓	名谓	主谓	动非	形非	名非
汉语本族语	0	0	0	0	0	0	0
初级中介语1	-0.05	+1.03	+2.23	+0.09	-1.19	-0.92	-0.94
初级中介语2	-0.01	+1.11	+1.29	-0.04	-1.51	-1.18	-1.15

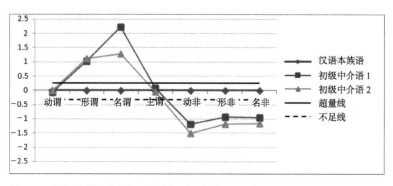

图3-3　初级阶段还原偏误前后句型系统与汉语本族语差异度对比折线图

对比初级中介语 1 和初级中介语 2 两个句型系统，我们可以得出以下结论：

1. 从变化大小来看，波动最明显的是名词谓语句，与汉语本族语差异度由初级中介语 1 的（+2.23）下降为（+1.29），波动幅度为（0.94↓）。各类句型按波动幅度大小排序为：

名谓（0.94↓）＞动非（0.32↓）＞形非（0.26↓）＞名非（0.21↓）＞主谓（0.13↓）＞形谓（0.08↑）＞动谓（0.04↑）

2. 还原偏误之后的初级阶段句型使用超量和不足的程度及排序情况为：

初级 2 超量：名谓（+1.29）＞形谓（+1.11）

初级 2 不足：动非（-1.51）＞形非（-1.18）＞名非（-1.15）＞主谓（-0.04）＞动谓（-0.01）

此排序与初级中介语 1 相比有两个变化：一是原本使用量多于汉语本族语的主谓谓语句现在少于汉语本族语，但还原前后该类型的使用率始终在 ±0.2 之间，不存在明显的超量或不足倾向；二是形容词性非主谓句和名词性非主谓句排序有变，但这两类的不足程度始终相差无几。

3. 初级中介语 2 句型使用超量/不足差异度的综合排序为：

动非（-1.51）＞名谓（+1.29）＞形非（-1.18）＞名非（-1.15）＞形谓（+1.11）＞主谓（-0.04）＞动谓（-0.01）

对比初级中介语 1 来看，综合排序的变化还是比较大的。由于名词谓语句数量的大幅下降，与本族人使用差异度最大的类型已经变为动词性非主谓句，同时形容词性非主谓句和名词性非主谓句的差异度也都超过了形容词谓语句。

（二）中级阶段

下表是还原偏误前后的两个中级中介语系统句型使用情况的对比。

表 3-11　中级阶段还原偏误前后句型系统与汉语本族语对比

语料类别	句型使用	主谓句				非主谓句			总计
		动谓	形谓	名谓	主谓	动非	形非	名非	
汉语本族语	使用量（例）	25 410	2 397	244	678	3 956	311	320	33 316
	使用率（%）	76.27	7.19	0.73	2.04	11.87	0.93	0.96	100
中级中介语 1	使用量（例）	25 138	4 250	940	610	2 154	185	209	33 486
	使用率（%）	75.07	12.69	2.81	1.82	6.43	0.55	0.62	100
	使用率差1(倍)	0.98	1.76	3.85	0.89	0.54	0.59	0.65	1.00
中级中介语 2	使用量（例）	25 792	4 438	428	579	1 884	172	193	33 486
	使用率（%）	77.02	13.25	1.28	1.73	5.63	0.51	0.58	100
	使用率差2(倍)	1.01	1.84	1.75	0.85	0.47	0.55	0.60	1.00

从中级阶段的使用率差 1 和使用率差 2 的对比当中我们可以看出，还原了句型偏误之后，动词谓语句、名词谓语句更接近汉语本族语，而其他五类均有进一步偏离。下面请看各类句型的差异度图表。

表 3-12　中级阶段还原偏误前后句型系统与汉语本族语差异度对比

语料类别	主谓句				非主谓句		
	动谓	形谓	名谓	主谓	动非	形非	名非
汉语本族语	0	0	0	0	0	0	0
中级中介语 1	-0.02	+0.82	+1.94	-0.16	-0.88	-0.76	-0.63
中级中介语 2	+0.01	+0.88	+0.81	-0.23	-1.09	-0.86	-0.74

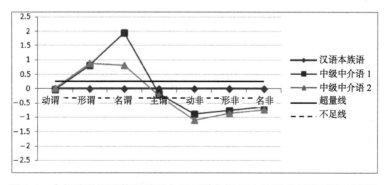

图 3-4　中级阶段还原偏误前后句型系统与汉语本族语差异度对比折线图

对比中级中介语 1 和中级中介语 2 两个句型系统，我们可以得出以下结论：

1. 从变化大小来看，波动最明显的也是名词谓语句。各类句型按波动幅度大小排序为：

名谓（1.13↓）>动非（0.21↓）>名非（0.11↓）>形非（0.10↓）>主谓（0.07↓）>形谓（0.06↑）>动谓（0.03↑）

2. 还原偏误之后的中级阶段句型使用超量和不足的程度及排序情况为：

中级 2 超量：形谓（+0.88）>名谓（+0.81）>动谓（+0.01）

中级 2 不足：动非（-1.09）>形非（-0.86）>名非（-0.74）>主谓（-0.23）

此排序与中级中介语 1 相比有两个变化：一是由于名词谓语句超量程度降低，形容词谓语句的超量程度增加，二者排位发生互换；二是原本使用量少于汉语本族语的动词谓语句现在多于汉语本族语。

3. 中级中介语 2 句型使用超量/不足差异度的综合排序为：

动非（-1.09）>形谓（+0.88）>形非（-0.86）>名谓（+0.81）>名非（-0.74）>主谓（-0.23）>动谓（+0.01）

对比中级中介语 1 来看，综合排序的变化只有名词谓语句，从差异度最大降到了第四位，其他 6 类的排序没有变化。

（三）高级阶段

下表是还原偏误前后的两个高级中介语系统句型使用情况的对比。

表 3-13　高级阶段还原偏误前后句型系统对比

语料类别	句型使用	主谓句				非主谓句			总计
		动谓	形谓	名谓	主谓	动非	形非	名非	
汉语本族语	使用量（例）	25 410	2 397	244	678	3 956	311	320	33 316
	使用率（%）	76.27	7.19	0.73	2.04	11.87	0.93	0.96	100
高级中介语 1	使用量（例）	23 778	3 195	641	503	2 485	190	243	31 035
	使用率（%）	76.62	10.29	2.07	1.62	8.01	0.61	0.78	100
	使用率差 1（倍）	1.00	1.43	2.84	0.79	0.67	0.66	0.81	1.00

续表

语料类别	句型使用	主谓句				非主谓句			总计
		动谓	形谓	名谓	主谓	动非	形非	名非	
高级中介语2	使用量（例）	24 299	3 302	273	508	2 242	183	228	31 035
	使用率（%）	78.30	10.64	0.88	1.64	7.22	0.59	0.73	100
	使用率差2（倍）	1.03	1.48	1.21	0.80	0.61	0.63	0.76	1.00

从高级阶段的使用率差1和使用率差2的对比当中我们可以看出，还原了句型偏误之后，名词谓语句和主谓谓语句更接近汉语本族语，而其他类型均有所偏离。具体见折线图表。

表 3-14　高级阶段还原偏误前后句型系统与汉语本族语差异度对比

语料类别	主谓句				非主谓句		
	动谓	形谓	名谓	主谓	动非	形非	名非
汉语本族语	0	0	0	0	0	0	0
高级中介语1	0	+0.52	+1.50	−0.33	−0.57	−0.61	−0.30
高级中介语2	+0.04	+0.57	+0.28	−0.32	−0.71	−0.67	−0.40

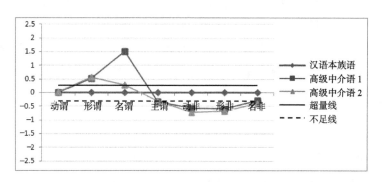

图 3-5　高级阶段还原偏误前后句型系统与汉语本族语差异度对比折线图

对比高级中介语1和高级中介语2两个句型系统，我们可以得出以下结论：

1. 从变化大小来看，波动最明显的仍是名词谓语句。各类句型按波动幅度大小排序为：

名谓（1.22↓）>动非（0.14↓）>名非（0.10↓）>形非（0.06↓）>形谓（0.05↑）>动谓（0.04↑）>主谓（0.01↑）

2. 还原偏误之后的高级阶段句型使用超量和不足的程度及排序情况为：

高级2超量：形谓（+0.57）>名谓（+0.28）>动谓（+0.04）

高级2不足：动非（-0.71）>形非（-0.67）>名非（-0.40）>主谓（-0.32）

此排序与高级中介语1相比发生了四处变化：一是名词谓语句和形容词谓语句因超量程度变化从而排位发生互换；二是原本使用量同于汉语本族语的动词谓语句现在略多于汉语本族语；三是动词性非主谓句的不足程度超过了形容词性非主谓句，也与初、中级一样，成为不足程度最高的类型；四是名词性非主谓句的使用不足程度超过了主谓谓语句，达到了使用不足的标准（低于不足线），同时主谓谓语句不再处于不足状态（高于不足线）。

3. 高级中介语2句型使用超量/不足差异度的综合排序为：

动非（-0.71）>形非（-0.67）>形谓（+0.57）>名非（-0.40）>主谓（-0.32）>名谓（+0.28）[①]>动谓（+0.04）

对比高级中介语1来看，综合排序的变化还是比较大的。名词谓语句排位从首位下降到倒数第二位，动词性非主谓句和名词性非主谓句的不足程度都进一步加大，排位提前。

（四）三级综合对比情况

下面我们将三个级别还原偏误前后的两个中介语句型系统与汉语本族语句型系统统一进行对比，请看折线图。

[①] 此处的异常情况是因为超量/不足线的数值差异造成的。

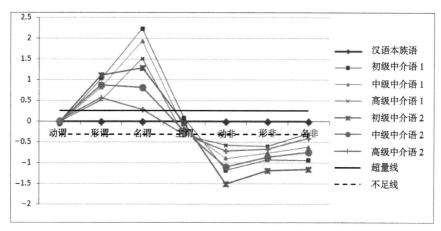

图 3-6　韩国留学生中介语还原偏误前后句型系统与汉语本族语差异度对比折线图

由上面的综合对比图，我们可以得出以下结论：

1. 从各类句型总使用量排序来看，还原偏误后的各级排序仍然保持统一，即：动谓＞形谓＞动非＞主谓＞名谓＞名非＞形非。与还原前的排序发生的变化是一致的，都是名词谓语句排序后移，这再次证明了中介语的内部一致性。

2. 无论是还原偏误之前还是之后，从共时的角度来看，各级使用同一种句型的或超量或不足的情况是大体一致的，只是程度有所不同。而从历时的角度来看，从初级到高级的中介语句型系统在还原偏误前后都表现为逐渐靠近汉语本族语的趋势，这也同样再次证明了中介语的渐进性。

3. 各类句型还原后的使用量变化趋势在三个级别是基本一致的，使用量在各级都有所增加的类型有 2 类，即动词谓语句、形容词谓语句，仅高级阶段又多了一类主谓谓语句，其增幅也仅有 0.01；其余类型的使用量均比中介语 1 有所减少。这说明偏误给中介语系统带来的变化在三个阶段是基本统一的，这也是句型偏误系统性的表现。

通过偏误还原我们可以确定，中介语中的各类偏误对中介语系统确实有一定的影响，个别句型在还原偏误前后与汉语本族语的差异度发生了明显的变化。但整体来看，偏误的存在不会改变中介语系统的整体面貌，更不会打乱其系统性。下面我们借助皮尔逊相关系数对还原偏误前后两个中介语句型系统进行检验：

表 3-15　各级中介语还原偏误前后及汉语本族语句型系统相关系数检验表

语类类别		汉语本族语	初级中介语 1	初级中介语 2
汉语本族语	皮尔逊相关性 Sig.（双尾） 个案数	1 7	.988** .000 7	.986** .000 7
初级中介语 1	皮尔逊相关性 Sig.（双尾） 个案数	.988** .000 7	1 7	1.000** .000 7
初级中介语 2	皮尔逊相关性 Sig.（双尾） 个案数	.986** .000 7	1.000** .000 7	1 7

**. 在 0.01 级别（双尾），相关性显著。

语类类别		汉语本族语	中级中介语 1	中级中介语 2
汉语本族语	皮尔逊相关性 Sig.（双尾） 个案数	1 7	.993** .000 7	.992** .000 7
中级中介语 1	皮尔逊相关性 Sig.（双尾） 个案数	.993** .000 7	1 7	1.000** .000 7
中级中介语 2	皮尔逊相关性 Sig.（双尾） 个案数	.992** .000 7	1.000** .000 7	1 7

**. 在 0.01 级别（双尾），相关性显著。

语类类别		汉语本族语	高级中介语 1	高级中介语 2
汉语本族语	皮尔逊相关性 Sig.（双尾） 个案数	1 7	.997** .000 7	.996** .000 7
高级中介语 1	皮尔逊相关性 Sig.（双尾） 个案数	.997** .000 7	1 7	1.000** .000 7
高级中介语 2	皮尔逊相关性 Sig.（双尾） 个案数	.996** .000 7	1.000** .000 7	1 7

**. 在 0.01 级别（双尾），相关性显著。

从上面三个表中的相关系数可以看到，三个级别还原偏误前后的两个句型系统差异非常小。还原偏误之后的中介语句型系统仍与汉语本族语保持着较强的一致性。这说明尽管中介语当中存在着一定数量的偏误，这些偏误或多或少会对中介语的整体面貌有一些影响。但总体来看，偏误的存在并不影响中介语的系统性。我们还看到，中介语 2 与汉语本族语的相关系数甚至小于中介语1。这就说明，即使韩国留学生在使用汉语的过程当中没有出现句型偏误，所输出的中介语句型系统仍与目的语系统有一定差异，有其自身的特性。

（五）中介语句型系统特性分析

我们已经在上文证实了韩国留学生中介语句型系统与目的语有一致性，同时也有其区别于目的语系统的特性。而且即使还原偏误为正确形式之后，这些特性也依然存在。那么这些特性的形成究竟与哪些因素有关呢？下面我们尝试结合具体语料及相关数据对此进行简要分析。

由上一节可知，中介语句型系统不同于汉语本族语的特点有一些是由各类句型偏误造成的，那么我们借助还原了偏误之后的中介语句型分布统计更能看出韩国留学生汉语句型的使用倾向。

表3-16 韩国留学生中介语句型系统2与汉语本族语使用率差

语料类别	主谓句				非主谓句		
	动谓	形谓	名谓	主谓	动非	形非	名非
初级中介语2	0.99	2.16	2.45	0.97	0.35	0.44	0.45
中级中介语2	1.01	1.84	1.75	0.85	0.47	0.55	0.60
高级中介语2	1.03	1.48	1.21	0.80	0.61	0.63	0.76

从表3-16可以看出，韩国留学生中介语与汉语本族语相比有几个明显的使用倾向：

1. 形容词谓语句、名词谓语句使用超量

由表中数据可知，三个级别的中介语都存在形容词谓语句和名词谓语句超量的问题，尤其是初级阶段超量比较严重，两种句型的使用量都是汉语本族语的2倍以上。针对这种使用倾向我们进一步考察了初级中介语形容词谓语句和名词谓语句的使用情况，发现这种情况很大程度上是由于初级阶段的韩国留学生汉语表达能力有限造成的。在初级阶段，韩国留学生所能表达的多为简单的话题，常涉及介绍自己、朋友、学校以及家乡等方面，所以描述性句子较多，自然会使用更多的形容词谓语句。尤其是介绍自己及他人的年龄、专业、外貌等方面内容较多，导致名词谓语句超量。这种情况到了中、高级阶段有所缓解，缘于学生能使用汉语表达的话题比初级阶段更为丰富一些。

2. 非主谓句使用不足

表义明确是人类共同的认知心理，是各语言的共性，任何人不管使用什么语言，首先追求的都是表义明确。尤其是在学习第二语言之初，学习者往往会尽量保证自己所使用的语言准确到位，因此在语篇表达当中不敢轻易加以省略。徐开妍、肖奚强（2008）曾经对本族人与留学生篇章照应手段进行过对比，研究显示，初、中、高级的留学生使用零形式照应与本族人相比都严重不足，相反，代词照应却使用超量。这也证明，外国学生往往为了保证表达准确更倾向于使用完整的主谓结构。而到了高级阶段，随着学生对目的语的掌控能力提高，零形式照应的使用量也有所增加。

同样的情况也体现在我们所研究的非主谓句的三类句型当中。尽管非主谓句并不是省略了主语成分，但却不需补出或无法补出其他成分，表现在形式上或为无主句，或为独词句，均非完整的主谓结构，在句法分析上无法分析出主语或谓语。因此在学习之初，韩国留学生会倾向于回避使用这类句型。

3. 主谓谓语句使用情况异常

主谓谓语句在韩国留学生中介语系统当中的表现有两个异常之处。第一个异常之处表现在主谓谓语句的使用数量上。在四类主谓句当中，三个级别的学生主要都是使用超量的问题，尤其是形容词谓语句和名词谓语句。但唯独主谓谓语句与其他几类均有所不同，三个级别的韩国留学生使用主谓谓语句都少于本族人，尤其是高级阶段已经达到了使用不足的临界点。第二个异常之处表现在其发展趋势上。在上文我们提到，其他类句型从初级到高级的发展趋势都比较一致，无论使用超量还是使用不足，都是随级别升高逐渐向汉语本族语靠拢的，或者无明显变化（如动词谓语句）。而唯有主谓谓语句是随学生级别的升高反而远离汉语本族语。下面我们将对上述情况进行具体分析。

首先，针对第一个异常表现我们可以作出一个假设。中介语若为一个独立的语言系统，从理论上说，句型句式的使用超量与不足应该呈对立互补分布的状态。以往对本族人语料和中介语语料所进行的分析均非穷尽式的统计,仅仅为考察某一类或几类句式的超量或不足,因此对于超量与不足所呈现的对立互补分布尚无人利用定量分析加以证实。而本书通过对等量的本族人语料和外国学生语料进行穷尽性的句型对比分析发现,三个级别的中介语语料中都是既有使用超量的句型,也有使用不足的句型,这首先从总体上初步证明了几类句型的超量和不足大致应有对立互补的关系。而且上文提到的非主谓句使用不足,也很有可能与几类主谓句使用超量存在这种对立互补的关系。但是因为有些句子既可以用非主谓句表达,也可以用主谓句表达,我们无法判断学生本意究竟是想使用主谓句还是非主谓句,因此这只能作为一种推测,无法考证。

基于这个假设我们仔细观察中介语句型系统的特点。韩国留学生使用主谓谓语句不足,但形容词谓语句超量,这不禁使我们想到,二者之间是否存在此消彼长的关系。通过进一步分析中介语中形容词谓语句的用例我们看到,这其中确有部分用例不太符合本族人的表达习惯。例如:

(87)？我的心情不好。(初级)
(88)？妈妈,你的身体好吗？我的身体很好。(初级)
(89)？现在我写给您信的时候、我的心里很难受。(中级)
(90)？汉城的东边很低。(中级)
(91)？因为春天的天气好。(高级)
(92)？贯穿汉城的汉江水和贯穿庆尚道的洛东江水的污染很厉害。(高级)

这些用例按本族人的表达习惯多使用主谓谓语句,而韩国留学生却使用了偏正短语作主语的形容词谓语句。肖奚强等(2009)也提到,外国学生更习惯于在大小主语之间加助词"的",有的时候使用不当就造成偏误。但我们认为,这些用例只是在使用倾向上与本族人不同,从语法角度来说不能算作偏误。但这种使用倾向却使得主谓谓语句减少,形容词谓语句增多,从而在某种程度上影响了中介语句型的分布。

我们对初、中、高三个级别的形容词谓语句进行细致的分析,经统计初级语料中同样的用例有109例,中级语料中有176例,高级语料中有 132 例，可见这种倾向性也是随着级别升高有所减弱。若我们将这些用例看作主谓谓语句，那么还原后相应数据变化如表 3-17：

表 3-17　中介语形容词谓语句、主谓谓语句还原前后句型分布情况对比

语料类别	句型使用	形谓	主谓
汉语本族语	使用量（例）	2 397	678
	使用率（%）	7.19	2.04
初级中介语	使用量（例）	2 988→2 879	381→490
	使用率（%）	15.52→14.95	1.98→2.54
	使用率差（倍）	2.16→2.08	0.97→1.25
中级中介语	使用量（例）	4 438→4 262	579→755
	使用率（%）	13.25→12.73	1.73→2.25
	使用率差（倍）	1.84→1.77	0.85→1.10
高级中介语	使用量（例）	3 302→3 170	508→640
	使用率（%）	10.64→10.21	1.64→2.06
	使用率差（倍）	1.48→1.42	0.80→1.01

通过分析上表数据可以对上文提到的第二个异常情况进行解释。还原这种使用倾向之后的中介语系统又发生了一些变化。首先是初级、中级、高级韩国留学生主谓谓语句的使用量都从少于本族语者变成多于本族语者，分别为 1.25 倍、1.10 倍和 1.01 倍，中、高级尚未超量，初级已经达到了超量标准。由此可见，除了初级以外，中、高级主谓谓语句的使用量比还原前都更加接近汉语本族语。此外，还原该使用倾向之前，主谓谓语句与其他句型不同，即初级阶段更接近汉语本族语，高级阶段与汉语本族语差异最大。但还原之后我们看到，主谓谓语句也同其他句型一样，由初级到高级呈逐渐向目的语靠拢的状态。同时，三个级别的中介语中形容词谓语句的使用超量程度均进一步下降，这也是更加接近目的语系统的趋势。

综上所述，尽管形容词谓语句的超量不仅仅由这一种情况造成，但根据数据我们仍有理由认为在中介语系统中，形容词谓语句的超量和主谓谓语句的不足之间存在一种对立互补的关系。类似的情况在主谓谓语句和动词谓语句之间也可能存在,如例(93)至例(95)中的两个小句都可相互转换。但与主谓句和非主谓句一样,我们无法对此加以明确判断。

(93)南京的生活我还不习惯。→我还不习惯南京的生活。(初级)

(94)这件事我忘不了。→我忘不了这件事。(中级)

(95)这个问题我真的不明白。→我真的不明白这个问题。(高级)

3.4 本章小结

1. 关于句型偏误

总的来说,韩国留学生使用汉语句型在各个阶段都会出现一定的偏误,这符合中介语不完整性的特征。

(1)从偏误类型上来看,初、中、高级是一致的,都有动词谓语句误为名词谓语句、名词谓语句误为动词谓语句,形容词谓语句误为动词谓语句、动词谓语句误为形容词谓语句,主谓谓语句误为动词谓语句、动词谓语句误为主谓谓语句以及涉及非主谓句的偏误七大类。其中动词谓语句误为名词谓语句、形容词谓语句误为动词谓语句、涉及非主谓句的偏误在三个级别的偏误率都比较高。这既再次证实了中介语系统的内部一致性,同时也说明中介语当中的偏误也具有系统性。

(2)从各类句型的偏误率来看,除了动词谓语句误为形容词谓语句、主谓谓语句误为动词谓语句之外,其他类型偏误从初级阶段到高级阶段呈明显的下降趋势,而且七类偏误的总偏误率也是呈逐级下降的发展趋势。这说明随着汉语学习的深入,韩国留学生的汉语中介语句型系统逐渐完善并向目的语靠拢,这也是中介语渐进性的另一个有力证明。

(3)有些偏误类型在高级阶段仍保持较高的偏误率,如动词谓语句误为名词谓语句。这也可以看作是中介语石化现象的一个例证。

2. 关于还原偏误后的中介语句型系统

（1）还原偏误后的各级中介语句型的总使用量排序都发生一处同样的变化，即名词谓语句排序后移，因此中介语句型系统 2 当中，各级句型使用率排序仍然保持统一，这再次证明了中介语的系统性和内部一致性。

（2）还原偏误后各级别使用同一种句型的或超量或不足的情况仍保持大体一致，只是程度有所不同。从初级到高级的中介语句型系统 2 也表现为逐渐靠近汉语本族语的趋势，这也同样再次证明了中介语的渐进性。

（3）各类句型还原后的使用量变化趋势在三个级别基本一致，这说明偏误给中介语系统带来的变化在三个阶段是基本统一的，这也是句型偏误系统性的表现。

研究证实，三个级别还原偏误前后的两个句型系统差异非常小，也就是说偏误的存在并不会改变中介语系统的整体面貌，更不会打乱其系统性。还原偏误之后的中介语句型系统仍与汉语本族语保持着较强的一致性。而且即使韩国留学生在使用汉语的过程当中没有出现句型偏误，所输出的中介语句型系统也仍与汉语本族语系统有一定差异，这证明中介语系统有其自身的特性。而且通过对这些特性的分析我们发现，在中介语系统当中，部分使用超量和不足的句型之间存在对立互补的可能，这也是中介语系统性的一个佐证。

第四章

韩国留学生汉语中介语句式系统研究

本书确定的特殊句式共 25 类，为了便于比较，我们将其分为三组：

（一）补语句式

补语句式指句子的谓语中心语后带有各类补语。包括程度补语句、结果补语句、可能补语句、趋向补语句、状态补语句、动量补语句、时量补语句、比较数量补语句、时间补语句、处所补语句、其他介词补语句，共 11 类。

一般的汉语语法著作将补语分为结果补语、趋向补语、可能补语、状态补语、程度补语、数量补语、介词补语 7 类，如刘月华等《实用现代汉语语法（增订本）》（2001），黄伯荣、廖序东《现代汉语（增订五版）》（2011）等。为了能够更细致地描写和对比句式系统的面貌，我们在常见补语分类的基础上进一步加以细化。其中数量补语我们再分为动量补语、时量补语以及比较数量补语；介词补语我们再分为时间补语、处所补语和其他介词补语（即除了时、地补语之外的介词补语）。因此本书的补语类型共有 11 类。

相关说明——

A. 关于表结果的动补短语与动词的区分

因为结果补语与中心词结合紧密，且多为单音节形式，因此需要和一般的动词加以区分。区分的标准我们以《现代汉语词典》（第7版）为准，即词典中收录的我们视为词，未收录的我们则视为表结果的动补短语。以"看见""听见"和"看到""听到"的区分为例，《现代汉语词典》（第7版）中收录了"看见""听见"，为动词，而未收录"看到""听到"，因此我们将"看到""听到"视为短语。同理，"遇到""碰到"是短语，"遇见""碰见"是词。而"感到"与"看到""遇到"在形式上看似一致，但"感到"被收录在《现代汉语词典》（第7版）当中，因此不作为结果补语看待。再如"充满"和"挂满"当中，"充满"是词，而"挂满"是短语。

B. 关于动量补语的界定

本书研究的动量补语除了由专用动量词构成的动量补语之外，还包括由借用动量词构成的情况。如例（1）、例（2）都是借自名词的动量词：

（1）天天推开母亲，踢了父亲一脚。

（2）老人不信任地看了妈妈一眼。

此外，我们将"V一V"形式也看作是动量短语的一种形式，即将后一个V看作借自动词的动量词。例如：

（3）做饭在我眼里是个新鲜活，早就想要试一试。

（4）如果这个人受到麻烦或者挫折，就要想一想白杨的精神。

现代汉语借用动量词的研究，关于"V一V"形式中后一个V词类性质的确定存在一定分歧，大概有三种意见：一是将"V一V"看作动词的一种重叠形式，即后一个V的词性为动词，如邢福义（2000）；第二种观点就是将后一个V看作借自动词的动量词，即借用动量词，如丁声树等（1961），黎锦熙、刘世儒（1978），朱德熙（1982），邵敬敏（1996），何杰（2000）等；第三种看法则主张将后一个V一分为二地看待，一部分是动词重叠，一部分是借用动量词，如张静（1979）等。本书采用第二种观点，将"V一V"形式看作是动量补语。

（二）无标句式

这里的"无标"并不是指完全没有标志，而是句式的标志不唯一，不固定，无法直接检索。包括双宾句、存现句、连动句、兼语句、被动句、重动句、差比句、等比句，共8类。

相关说明——

A.关于连动和兼语融合的情况

在汉语当中，有一些用例是介于连动句和兼语句之间的。例如：

（5）儿时的记忆里你总在我身边<u>陪我一起难过</u>。

（6）妈妈白天要<u>帮爸爸干活</u>，晚上还要做家务。

以上句子，从形式上看都是"N1+V1+N2+V2"，既符合兼语句的形式，又符合连动句的形式。从语义上来看，N2是V1的受事，但V2却不仅有N1参与，还包括N2。邢福义（1996）认为这种混合式的V1主要为"引陪"义动词，包括"引""陪""领""帮"等。对于这种情况，有的语法书把它们归入连动句，有的则归为兼语句，更多的研究认为是"连动兼语融合句"，如丁声树等（1961）、邢福义（1996）等。笔者也认为这种情况应视为两种句式的融合句，但鉴于标注及归类的需要，我们暂且将其划入连动句。

B.关于被动句的范围

本书研究的被动句既包括有标记的被动句（包括"叫""让""给"），也包括无标记被动。例如：

（7）经过这些加工工序后，茶叶还要被送往加工车间进行加工、包装，<u>然后才（被）出售到市场上</u>。

（8）<u>路可以（被）阻断</u>，但是阻断不了血脉真情。

C.关于差比句和等比句的范围

差比句既包括一般的"比"字句，也包括"没有/不如……（这么/那么……）"句。等比句除了"跟……一样/不一样……"以外，还包括"跟……差不多"类。介词除了"跟"之外，还可以为"和""与""同"等；"一样/不一样"还可以为"相同/不同"等；"差不多"还可以为"相似""类似""近似"等。

（三）有标句式

这类句式有固定且唯一的标志，可在语料中直接检索。这类句式往往直接用其标志命名，包括是字句、有字句、"是……的"句、把字句、由字句、连字句，共6类。

相关说明——

A. 关于是字句的范围

本书研究的"是字句"并不包括"是"表示强调的情况，主要有两类包含"是"字的用例被排除在是字句之外：一是表"确实"义，用在形容词或动词前表示强调。例如：

（9）那个电影是不错。

（10）我是说过这句话。

二是用在感叹句当中的"是"，用来强调程度高。例如：

（11）那个时候我对您是那么依赖。

（12）昆虫和小鸟的叫声是多么的美妙啊！

此外，"但是""于是""可是"等转折连词以及"还是""总是""只是""特别是""尤其是"等接近凝固为一个成词的情况也不算作是字句。但要注意的是，"还是""总是""只是"要分两种情况考虑。例如：

（13）虽然我知道这是不可能的，但我还是点了点头。

（14）最美的还是那山水相融的图画。

例（13）中的"还是"作为副词出现，其后所接为谓词性短语，所强调的重点是"还"，甚至可以省略"是"。而例（14）"还是"后接的是体词性短语，"是"仍为谓语中心语，不可省略。因此，我们将例（14）视为"还+是"，纳入考察之列。"总是""只是"也与此同理，不再举例说明。包括"是"作为关联词语成对出现的情况，如"是……还是……""不是……就是……"等也是根据实际情况具体分析，若仅为连词则不算作是字句。

B. 关于有字句的范围

本书研究的"有字句"是"有"作为动词使用的情况，还包括"没（有）/无"，但不包括作副词使用的情况。例如：

（15）陈老师，我知道您并没有对我们失望。
（16）爸爸妈妈在旁边照顾了我一夜，一夜都没合眼。

此外，有字句还不包括下面两种情况：其一是用在感叹句当中表示强调。例如：

（17）不论每一年的冬天有多么寒冷，春天都会到来。
（18）世界末日，该有多么可怕。

其二，表示比较的"有/没有"也不算作有字句，而算作比较句。例如：

（19）我的儿子有桌子高了。
（20）我没有他那么爱学习。

4.1 汉语本族语句式系统考察

在对韩国留学生中介语句式系统进行具体的分析描写之前，我们也先对汉语本族语特殊句式的使用情况进行细致的描写和统计，以期为中介语研究提供对比的参照和标准。

（一）补语句式

本书所考察的补语类型包括程度补语句、结果补语句、可能补语句、趋向补语句、状态补语句、动量补语句、时量补语句、比较数量补语句、时间补语句、处所补语句、其他介词补语句，在40万字语料当中共计8 092个。下面各举一例：

（21）我的心情好多了。（程度补语句）
（22）直到2008年的七月份，爸爸的负担变轻了。（结果补语句）
（23）可我却忘不了你。（可能补语句）
（24）太阳升起来，又落下去。（趋向补语句）
（25）晚餐桌上，碗筷都摆得整整齐齐。（状态补语句）

（26）每当走进办公室，我总是会注意一下她在干什么。（动量补语句）
（27）我每天都会欣赏一会儿。（时量补语句）
（28）我哥哥比我大五岁。（比较数量补语句）
（29）毫无疑问，最典型的"现代化金钱理论"就光荣诞生在我们这个年代。（时间补语句）
（30）人类最早就发源在我国北京周口店。（处所补语句）
（31）公司赔偿给他150万美元，他立刻全部捐献给了"杰克逊烧伤中心"。（其他介词补语句）

（二）无标句式

本书所考察的无标句式包括连动句、兼语句、双宾句、存现句、被动句、差比句、等比句、重动句，共计5 136个。下面分别举例：
（32）我转过身看看那顿令我充满怒气的饭菜。（连动句）
（33）不要让过往成为你前进的绊脚石。（兼语句）
（34）亲情给我不一样的幸福与欢乐。（双宾句）
（35）这时门外传来了敲门声。（存现句）
（36）它的一只翅膀被朋友踩在泥里。（被动句之有标记被动句[①]）
（37）"布"印成了紫红色。（被动句之无标记被动句）
（38）街上的人、车都比以前少了。（差比句之比字句）
（39）一切都没有我想的那么简单。（差比句之"没有/不如……这么/那么……"句）
（40）我喜欢的颜色跟他不一样。（等比句之"跟/和/同/与……一样/不一样……"句）
（41）我与别的孩子不同。（等比句之"跟/和/同/与……相同/不同/相似/类似/近似/差不多/相反"句）
（42）那天，放学放得很晚。（重动句）

---

① "被动句"涉及有标、无标两类，为方便统计，均归入"无标句式"考察。

（三）有标句式

本书考察的带有明显特殊标志的句式包括是字句、有字句、"是……的"句、把字句、由字句、连字句，共计 6 829 个。下面分别举例：

（43）图书馆是知识的海洋。（是字句）

（44）我们应该有一颗善良的心。（有字句）

（45）其实，这也是很幸福的。（"是……的"句）

（46）但您也不要把什么事都压在心里啊！（把字句）

（47）人的外表不能由自己决定。（由字句）

（48）现在的我连一分一秒也不可错过。（连字句）

经过分析、标注以及最后的统计，我们得出汉语本族语者在 40 万字当中共使用这 25 类句式 20 057 个，具体分布情况请见下表。

表 4-1　汉语本族语各句式使用情况

类别	句式类型		使用量（例）	使用率（‰）	句式类型		使用量（例）	使用率（‰）
补语句式（8 092 个）	结果补语句	PDJ	2 836	7.090	时量补语句	PSL	134	0.335
	状态补语句	PDZ	701	1.753	比较数量补语句	PNL	13	0.033
	程度补语句	PDD	148	0.370	处所补语句	PDC	1 219	3.048
	趋向补语句	PDQ	2 106	5.265	时间补语句	PDS	30	0.075
	可能补语句	PDK	407	1.018	其他介词补语句	PDP	203	0.508
	动量补语句	PDL	295	0.738				
无标句式（5 136 个）	连动句	PLD	2 393	5.983	被动句	PBB	378	0.945
	兼语句	PJY	1 525	3.813	差比句	PBS	112	0.280
	双宾句	PSB	282	0.705	等比句	PBG	95	0.238
	存现句	PCX	341	0.853	重动句	PCD	10	0.025
有标句式（6 829 个）	是字句	BSZ	3 575	8.938	把字句	BBZ	629	1.573
	有字句	BYZ	1 971	4.928	由字句	BOZ	19	0.048
	"是……的"句	BSD	569	1.423	连字句	BLZ	66	0.165

注：句式使用率 = 句式使用量 / 语料总量（40 万字），取千分位。

从上表可以看到，这 25 类句式在汉语本族语当中的分布彼此差异较大。由于考察句式较多，我们按各句式使用分布的大致情况将使用量分区间进行考察。其好处是，将使用率相近的句式划分到一个区间之内，一方面，在进行语料库之间的对比时，可以排除因微小的使用量差异导致的排序差异问题，使比较结果相对准确；另一方面，在同一区间内又能更清晰地看出各小类的具体使用情况。

我们将 25 类句式划分为六个区间，即 5‰以上，3‰—5‰之间，1‰—3‰之间，0.5‰—1‰之间，0.1‰—0.5‰之间以及 0.1‰以下。划界原则是根据总使用分布情况尽量确保每个区间有 3—6 类句式，不会存在某一区间句式过多或句式过少的情况，以便进行比较。各类句式使用情况按此区间分布如下表。

表 4-2　汉语本族语各句式使用区间分布情况

区间	补语句式（‰）	无标句式（‰）	有标句式（‰）	总计（类）
第一区间 最常用（5‰以上）	结果（7.090） 趋向（5.265）	连动（5.983）	是字（8.938）	4
第二区间 次常用（3‰—5‰）	处所（3.048）	兼语（3.813）	有字（4.928）	3
第三区间 常用（1‰—3‰）	状态（1.753） 可能（1.018）		把字（1.573） 是……的（1.423）	4
第四区间 不常用（0.5‰—1‰）	动量（0.738） 其他①（0.508）	被动（0.945） 存现（0.853） 双宾（0.705）		5
第五区间 少用（0.1‰—0.5‰）	程度（0.370） 时量（0.335）	差比（0.280） 等比（0.238）	连字（0.165）	5
第六区间 极少用（0.1‰以下）	时间（0.075） 比较（0.033）	重动（0.025）	由字（0.048）	4

从表格中可以看到，本族人使用各类句式的具体情况如下：

（1）从 11 类补语句的使用情况可以大致看出各类补语在现代汉语当中各自所占比重。其中最常使用的是结果补语句，达到了 7.090‰，

---

① 第四至第六章图表中的"其他"是"其他介词补语句"的简称，"比较"是"比较数量补语句"的简称，在此一并说明。

其次是趋向补语句，两类同属第一区间，但彼此差异还是比较明显的。处所补语句处第二区间，属次常用补语类型。状态补语句和可能补语句处第三区间，属常用补语类型，二者差异也比较显著。动量补语句和其他介词补语句处第四区间，属不常用补语类型。程度补语句、时量补语句处第五区间，属于使用量较少的补语类型。而极少使用的是时间补语句和比较数量补语句，处第六区间。由于后三个区间内的补语句各自使用率均已不足1‰，因此同区间内小类使用量都基本相当。各类补语句总使用率排序如下：

  1结果补语句＞2趋向补语句＞3处所补语句＞4状态补语句＞5可能补语句＞6动量补语句＞7其他介词补语句＞8程度补语句＞9时量补语句＞10时间补语句＞11比较数量补语句

（2）在本书所考察的8类无标句式当中，连动句是使用最频繁的句式，处于第一区间。其次是兼语句，处于第二区间。而从使用率排第三位的被动句开始，其他同类句式的使用率均不足1‰，分处于第四到第六区间，都属于使用率比较低的句式，且同区间内小类使用量也基本相当。总使用率排序如下：

  1连动句＞2兼语句＞3被动句＞4存现句＞5双宾句＞6差比句＞7等比句＞8重动句

（3）6类有标句式当中，是字句使用量近9‰，是所有特殊句式中使用量最高的一类，处于第一区间。有字句处于第二区间，把字句、"是……的"句处于第三区间，两者数量相差不多。以上四类句式在汉语中都比较常用。而连字句和由字句的使用率均较低，分处于第五、六区间。总使用率排序如下：

  1是字句＞2有字句＞3把字句＞4"是……的"句＞5连字句＞6由字句

总的来看，处于前三个区间的句式共有11类，属于比较常用的句式，处于后三个区间的句式共有14类，属于不太常用的句式。对于使用率较高的句式，我们在语法点的分级排序以及实际教学当中都要予以重视。下图是25类句式使用率的总体排序情况：

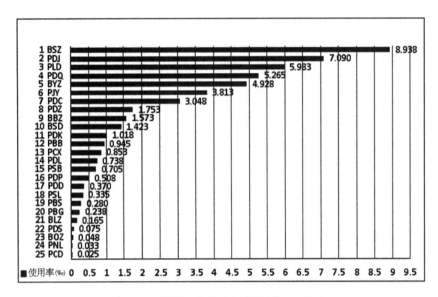

图 4-1　汉语本族语各句式使用率柱形图

4.2 韩国留学生汉语中介语句式系统考察

我们对三个级别共 100 万字的中介语语料中特殊句式的使用情况也进行了全面的梳理及标注。下面我们分级进行描写，并与汉语本族语进行相应对比。

4.2.1 初级中介语句式系统考察

在语料标注过程当中我们发现，除了由字句之外，韩国留学生在初级阶段已经具有使用其他 24 类特殊句式的能力。这可以用各类句式的初现率来进行衡量。"初现率标准"以某一个语言项目在中介语中第一次"有系统"地和非"公式化"地出现和使用作为参数来确定这个语言项目习得过程的开始（Meisel，Clahsen and Pienemann，1981；Larsen-Freeman and Long，1991）。其操作标准一般为非"公式化"的语言项目出现 3 例以上。初现率标准作为一种习得衡量标准，不是为了发现某个语法结构什么时候习得成功,而是旨在确定习得的起始(Pienemann, 1998)。达到初现率标准的语言项目才能进行习得研究,因此本章当中未对初级阶段由字句进行研究。下面对其他句式各举一例:

（一）补语句式

在20万字初级中介语语料当中,11类补语句式共出现1 719个。

（49）中国的交通比美国的交通好得多。（程度补语句）
（50）现在朋友们说的我大部分能听懂。（结果补语句）
（51）最近我听得懂很多的汉语。（可能补语句）
（52）她的眼泪涌了出来。（趋向补语句）
（53）一个小孩子累得哭起来了。（状态补语句）
（54）我想再去一次。（动量补语句）
（55）我们走了一个半小时。（时量补语句）
（56）她比我大一岁。（比较数量补语句）
（57）但是汉语考试前一天,我晚上开夜车学习到凌晨4点。（时间补语句）
（58）我们都住在南大留学生宿舍里。（处所补语句）
（59）我打电话给哥哥。（其他介词补语句）

（二）无标句式

在20万字初级中介语语料当中,8类无标句式共出现1 788个。

（60）她每天来上课。（连动句）
（61）因为他的公司让他在南京工作。（兼语句）
（62）但是我叫她猪。（双宾句）
（63）校园里有很多树和鲜花。（存现句）
（64）我被他们爱心感动了。（被动句之有标记被动句）
（65）但是这封信退回来了。（被动句之无标记被动句）
（66）她比我汉语水平高。（差比句之比字句）
（67）韩国没有这么热。（差比句之"没有/不如……这么/那么……"句）

（68）这个孩子跟别的孩子不一样。（等比句之"跟/和/同/与……一样/不一样……"句）

（69）美国和中国差不多。（等比句之"跟/和/同/与……相同/不同/相似/类似/近似/差不多/相反"句）

（70）他说韩语说得真好。（重动句）

（三）有标句式

在20万字初级中介语语料当中，6类有标句式共出现3 669个。其中由字句没有出现，说明初级学生尚未习得由字句。

（71）幸福是自己的心里决定的事。（是字句）

（72）她的国家只有夏天。（有字句）

（73）我是坐飞机来的。（"是……的"句）

（74）我一定把汉语学好。（把字句）

（75）爬山时连年纪轻的人都很吃力。（连字句）

经过标注统计，20万字初级中介语语料当中共有特殊句式7 176个，初级韩国留学生使用这25类句式的具体情况如下表所示。

表4-3 初级中介语特殊句式使用情况

类别	句式类型		使用量（例）	使用率（‰）	句式类型		使用量（例）	使用率（‰）
补语句式（1 719个）	结果补语句	PDJ	361	1.805	时量补语句	PSL	165	0.825
	状态补语句	PDZ	345	1.725	比较数量补语句	PNL	22	0.110
	程度补语句	PDD	69	0.345	处所补语句	PDC	237	1.185
	趋向补语句	PDQ	161	0.805	时间补语句	PDS	15	0.075
	可能补语句	PDK	187	0.935	其他介词补语句	PDP	60	0.300
	动量补语句	PDL	97	0.485				

续表

类别	句式类型		使用量（例）	使用率（‰）	句式类型		使用量（例）	使用率（‰）
无标句式（1 788个）	连动句	PLD	994	4.970	被动句	PBB	21	0.105
	兼语句	PJY	146	0.730	差比句	PBS	165	0.825
	双宾句	PSB	206	1.030	等比句	PBG	68	0.340
	存现句	PCX	150	0.750	重动句	PCD	38	0.190
有标句式（3 669个）	是字句	BSZ	2 090	10.450	把字句	BBZ	55	0.275
	有字句	BYZ	1 379	6.895	由字句	BOZ	0	0
	"是……的"句	BSD	131	0.655	连字句	BLZ	14	0.070

注：句式使用率 = 句式使用量 / 语料总量（20万字），取千分位。

我们按与上文同样的标准将25类句式按使用率划分为六个区间，见下表。

表 4-4　初级中介语各句式使用区间分布情况[①]

区间	补语句式（‰）	无标句式（‰）	有标句式（‰）	总计（类）
第一区间 最常用（5‰以上）			<u>是字（10.450）</u> <u>有字（6.895）</u>	2
第二区间 次常用（3‰—5‰）		<u>连动（4.970）</u>		1
第三区间 常用（1‰—3‰）	结果（1.805） <u>状态（1.725）</u> 处所（1.185）	双宾（1.030）		4
第四区间 不常用（0.5‰—1‰）	可能（0.935） 时量（0.825） 趋向（0.805）	差比（0.825） 存现（0.750） 兼语（0.730）	是……的（0.655）	7

---

① 表中加下画线的是与汉语本族语同处一个区间的句式，后同。

续表

区间	补语句式（‰）	无标句式（‰）	有标句式（‰）	总计（类）
第五区间 少用（0.1‰—0.5‰）	动量（0.485） 程度（0.345） 其他（0.300） 比较（0.110）	等比（0.340） 重动（0.190） 被动（0.105）	把字（0.275）	8
第六区间 极少用（0.1‰以下）	时间（0.075）		连字（0.070） 由字（0）	3

从表格中可以看到，初级韩国留学生使用各类句式的具体情况如下：

（1）从11类补语句的使用情况可以大致看出，各类补语在初级中介语当中所占比重与汉语本族语有所差异。其中最明显的是第一区间和第二区间均无补语句类型，而汉语本族语当中有三类。仅从这一点我们就可以初步判断，初级中介语与汉语本族语相比，补语使用量不足。具体差异度我们将在下文分析。

在初级中介语当中，最常使用的也是结果补语句，但仅达到1.805‰，其次是状态补语句，二者相差不多。同处第三区间的还有处所补语句，但与前两类的差异还是比较明显的。其他补语句类型主要集中在第四、五区间，使用量都不是很高，且各区间内类别使用量也基本相当。极少使用的是时间补语句，处第六区间，这一点与汉语本族语是相同的。各类补语句总使用率排序如下：

1 结果补语句＞2 状态补语句＞3 处所补语句＞4 可能补语句＞5 时量补语句＞6 趋向补语句＞7 动量补语句＞8 程度补语句＞9 其他介词补语句＞10 比较数量补语句＞11 时间补语句

从区间分布来看，初级韩国留学生使用各类补语句与本族人相比有一定的差异。11类当中仅有3类与汉语本族语相应类型处于同一个区间，即第三区间的状态补语句、第五区间的程度补语句以及第六区间的时间补语句。从使用率排序来看，初级中介语中各类补语句与汉语本族语也有一定相似性，11类当中排位变动在2位以上的类型仅有4类，即趋向补语句（+4位）、时量补语句（-4位）、状态补语句（-2位）、其他介词补语句（+2位），而其他7类排位变化均为±1位之内，变化都不大，且有3类与汉语本族语排位完全一致，即结果补语句、处所补语句和程度补语句。由此我们也可以得出，初级阶段中介语当中的各类补语句的分布和排序同样受到目的语规则的影响和制约，与其相比既有相似性，又有差异。

（2）初级中介语的8类无标句式当中，连动句与汉语本族语一样，同是使用最频繁的句式，但在使用率上却有所差异，仅处于第二区间。其他类型与汉语本族语的区间分布差别较大，仅有2类与汉语本族语相应类型处于同一个区间，即第四区间的存现句、第五区间的等比句。总使用率排序如下：

1连动句＞2双宾句＞3差比句＞4存现句＞5兼语句＞6等比句＞7重动句＞8被动句

与汉语本族语的使用率排序相比，8类当中有4类排位都有较大变动，即被动句（+5位）、双宾句（-3位）、兼语句（+3位）、差比句（-3位）。而仅有2类排位无变化，另外2类变化为±1位。因此总的来看，初级阶段8类无标句式使用情况与目的语差异较大。

（3）从6类有标句来看，初级中介语中排在前两位的与汉语本族语一致，即是字句和有字句。是字句的使用量超过了10‰，是所有特殊句式中使用量最高的一类，与在汉语本族语中一样同处于第一区间。与汉语本族语不同的是，初级中介语中有字句也达到了6.895‰，处于第一区间。可见，初级学生更倾向于使用这两个简单的特殊标记句式。其他4类也与汉语本族语有所差异。在汉语本族语当中，把字句、"是……的"句都处于第三区间，属于比较常用的类型，而在初级中介语当中却下降到第四、五区间。连字句虽同为使用较少的类型，但在初级中介语当中的使用率也有进一步下降，处于第六区间。由字句在初级阶段未见使用，可见学生还尚未习得该句式，因此我们暂不作讨论（下文不再说明）。初级中介语中6类有标句式的总使用率排序如下：

1是字句＞2有字句＞3"是……的"句＞4把字句＞5连字句＞6由字句

从使用排序来看，初级中介语 6 类有标句式与汉语本族语相比有一定相似性，仅有排在中间的两类句式顺序发生互换，其他句式同汉语本族语都完全相同。而从区间分布来看，仍存在较大差异，6 类当中仅有 1 类与汉语本族语相应类型处于一个区间，即是字句。

总的来看，在韩国留学生初级中介语语料当中，处于前三个区间的句式仅有 7 类，其他类型多集中于第四、五区间。由此可初步判断，初级阶段的学生特殊句式的使用量远不如本族人，这一点也证实了第二章句型复杂度部分的相关结论。下图是 25 类句式使用率的总体排序情况：

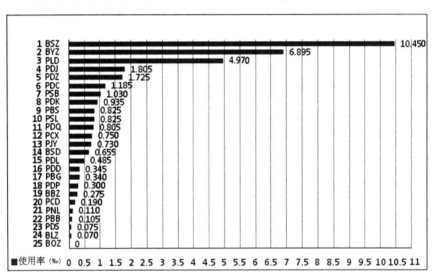

图 4-2　初级中介语各句式使用率柱形图

4.2.2 中级中介语句式系统考察

我们对 40 万字韩国留学生中级中介语语料进行了相关句式标注。中级阶段包括由字句在内的 25 类句式都达到了初现率，下面各举一例：

（一）补语句式

在 40 万字中级中介语语料当中，11 类补语句共有 4 045 个。

（76）家庭主妇的负担轻多了。（程度补语句）
（77）所以你要记住失败是成功之母。（结果补语句）
（78）辣椒酱让我始终忘不了自己是韩国人。（可能补语句）
（79）树叶一片一片地落下来。（趋向补语句）
（80）所以学习上和生活上过得没有规律。（状态补语句）
（81）我来介绍一下我的男朋友。（动量补语句）
（82）我跟他喝了一个晚上。（时量补语句）
（83）因为在山上的东西贵10倍。（比较数量补语句）
（84）现代的成南建于大概五十年以前。（时间补语句）
（85）我的妈妈坐在我的旁边。（处所补语句）
（86）那时候有一个人把成龙的话翻译给大家。（其他介词补语句）

（二）无标句式

40万字中级中介语语料当中，8类无标句式共计3 201个。

（87）所以她来我家给我感冒药。（连动句）
（88）有什么节日的时候，还请我到他们家一起庆祝。（兼语句）
（89）我们应该给他们更好的帮助。（双宾句）
（90）她弯弯的眉毛下面长着一双生气的眼睛。（存现句）
（91）张老师的宿舍被隔离了。（被动句之有标记被动句）
（92）在他付出很多努力的情况下，树砍倒了。（被动句之无标记被动句）
（93）父母的爱比海洋还深。（差比句之比字句）
（94）但是在交通方面中国没有韩国发展得好。（差比句之"没有/不如……这么/那么……"句）
（95）可是他跟我一样二十一岁。（等比句之"跟/和/同/与……一样/不一样……"句）
（96）开始的时候的风俗跟现在差不多。（等比句之"跟/和/同/与……相同/不同/相似/类似/近似/差不多/相反"句）

（97）我现在想她想得不得了。（重动句）

（三）有标句式

40万字中级中介语料当中，6类有标句式共计7 150个。

（98）我要介绍的人就是我的外婆。（是字句）
（99）可是现在我没有证据。（有字句）
（100）再说孩子的天性是爱玩好动的。（"是……的"句）
（101）汉江把首尔的江南和江北连接起来。（把字句）
（102）这里有许多商业大厦，由一个个摊位组成。（由字句）
（103）为了供我们上学她自己连一件衣服也舍不得买。（连字句）

中级中介语25类句式的使用总量为14 396个。具体见下表。

表4-5 中级中介语特殊句式使用情况

类别	句式类型		使用量（例）	使用率（‰）	句式类型		使用量（例）	使用率（‰）
补语句式（4 045个）	结果补语句	PDJ	1 430	3.575	时量补语句	PSL	214	0.535
	状态补语句	PDZ	589	1.473	比较数量补语句	PNL	22	0.055
	程度补语句	PDD	146	0.365	处所补语句	PDC	326	0.815
	趋向补语句	PDQ	657	1.643	时间补语句	PDS	14	0.035
	可能补语句	PDK	356	0.890	其他介词补语句	PDP	89	0.223
	动量补语句	PDL	202	0.505				
无标句式（3 201个）	连动句	PLD	1 572	3.930	被动句	PBB	150	0.375
	兼语句	PJY	479	1.198	差比句	PBS	258	0.645
	双宾句	PSB	322	0.805	等比句	PBG	184	0.460
	存现句	PCX	199	0.498	重动句	PCD	37	0.093
有标句式（7 150个）	是字句	BSZ	3 990	9.975	把字句	BBZ	222	0.555
	有字句	BYZ	2 444	6.110	由字句	BOZ	5	0.013
	"是……的"句	BSD	454	1.135	连字句	BLZ	35	0.088

注：句式使用率=句式使用量/语料总量（40万字），取千分位。

我们按与上文同样的标准将25类句式按使用率划分为六个区间，

见下表。

表 4-6　中级中介语各句式使用区间分布情况

区间	补语句式（‰）	无标句式（‰）	有标句式（‰）	总计（类）
第一区间 最常用（5‰以上）			是字（9.975） 有字（6.110）	2
第二区间 次常用（3‰—5‰）	结果（3.575）	连动（3.930）		2
第三区间 常用（1‰—3‰）	趋向（1.643） 状态（1.473）	兼语（1.198）	是……的（1.135）	4
第四区间 不常用（0.5‰—1‰）	可能（0.890） 处所（0.815） 时量（0.535） 动量（0.505）	双宾（0.805） 差比（0.645）	把字（0.555）	7
第五区间 少用（0.1‰—0.5‰）	程度（0.365） 其他（0.223）	存现（0.498） 等比（0.460） 被动（0.375）		5
第六区间 极少用（0.1‰以下）	比较（0.055） 时间（0.035）	重动（0.093）	连字（0.088） 由字（0.013）	5

从表格中可以看到，中级韩国留学生使用各类句式的具体情况如下：

（1）从 11 类补语句的使用情况来看，中级中介语与汉语本族语首先一个差别表现在没有任何一个补语句类型的使用量达到第一区间，而汉语本族语却有两类。在中级中介语当中，使用量最高的类型与汉语本族语一致，均为结果补语句，但其使用量仅处于第二区间。另外两种处于常用区间的类型是趋向补语句和状态补语句，都处于第三区间。其余 8 类使用量都不高，有 4 类集中在第四区间。极少使用的是比较数量补语句和时间补语句，处第六区间，这一点与汉语本族语是相同的。各类补语句总使用率排序如下：

1 结果补语句＞2 趋向补语句＞3 状态补语句＞4 可能补语句＞5 处所补语句＞6 时量补语句＞7 动量补语句＞8 程度补语句＞9 其他介词补语句＞10 比较数量补语句＞11 时间补语句

从各补语句类型的区间分布来看，中级 11 类当中有 5 类与汉语本族语相应类型处于同一个区间，已接近半数，具体为第三区间的状态补语句、第四区间的动量补语句、第五区间的程度补语句以及第六区间的比较数量补语句和时间补语句。从使用率排序来看，中级中介语中各类补语句与汉语本族语仍具有一致性，11 类当中排位变动在 2 位以上的类型仅有 3 类，即处所补语句（+2 位）、时量补语句（-3 位）、其他介词补语句（+2 位），而其他 8 类排位变化均为 ±1 位之内，变化都不大，且有 3 类与汉语本族语排位完全一致，即结果补语句、趋向补语句和程度补语句。由此我们也可以得出，中级阶段中介语当中的各类补语句分布与汉语本族语相比同样既有一致，又有不同。

（2）中级中介语的 8 类无标句式当中，连动句和兼语句是使用量排在前两位的句式，这与汉语本族语一致，但在使用量上却仍有一定差距，二者分别处于第二区间和第三区间。第一区间没有句式类型。使用率最低的为重动句，处第六区间，这与汉语本族语也是完全一致的。从区间分布来看，8 类当中有 3 类与汉语本族语相应类型处于同一个区间，即第四区间的双宾句、第五区间的等比句和第六区间的重动句。各类句式使用率排序如下：

1 连动句 > 2 兼语句 > 3 双宾句 > 4 差比句 > 5 存现句 > 6 等比句 > 7 被动句 > 8 重动句

与汉语本族语的使用率排序相比，8 类当中有 3 类排位有较大变动，即被动句（+4 位）、双宾句（-2 位）、差比句（-2 位）。而仅有 3 类排位无变化，另外 2 类变化为 ±1 位。因此总的来看，中级阶段 8 类无标句式使用情况与目的语有一定差异，但也有相似。

（3）在 6 类有标句式当中，排在前两位的也与汉语本族语一致，即是字句和有字句。是字句的使用量在本级所有特殊句式中最高，与在汉语本族语中一样同处于第一区间。不同的是，中级中介语中有字句使用量也较高，处于第一区间。这与初级阶段是一致的。其他 4 类当中，与汉语本族语所处区间一致的为"是……的"句和由字句。连字句的使用频率虽有所增加，但仍与由字句同处第六区间，未升到第五区间。所以从区间分布来看，中级中介语与汉语本族语 6 类有标句式的使用情况也有一定差异，有 3 类与汉语本族语相应类型同处一个区间，即是字句、"是……的"句和由字句。中级中介语中 6 类有标句式的总使用率排序如下：

1 是字句＞2 有字句＞3"是……的"句＞4 把字句＞5 连字句＞6 由字句

这个排序与初级阶段是完全一致的，也再次证明了中介语系统内部是具有一致性的。从使用率排序来看，中级中介语 6 类有标句式也与汉语本族语相比有一定相似性，仅有排在中间的两类句式顺序发生互换，其他句式同汉语本族语都完全相同。

总的来看，在韩国留学生中级中介语语料当中，处于前三个区间的句式上升为 8 类，但多数仍集中于后三个区间，尤其是第四区间。下图是 25 类句式使用率的总体排序情况：

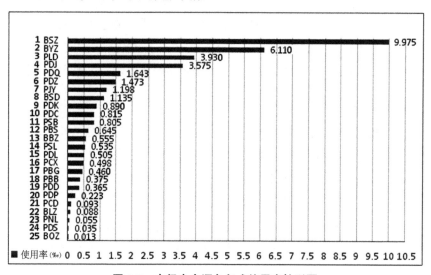

图 4-3　中级中介语各句式使用率柱形图

4.2.3 高级中介语句式系统考察

我们对 40 万字韩国留学生高级中介语语料进行了相关句式标注。高级阶段韩国留学生已经能够比较熟练地运用本书所考察的 25 类特殊句式，下面各举一例：

（一）补语句式

在40万字高级中介语语料当中，11类补语句式共计4 552个。

（104）总的来说，跨国婚姻的弊比利多得多。（程度补语句）
（105）因此空气中放出污染物质的成分也渐渐地变成碳酸化合物、一氧化碳等。（结果补语句）
（106）连我的爸爸也抱不动我的狗。（可能补语句）
（107）那样我们才能把我们的爱情永久地保存下去。（趋向补语句）
（108）到晚上他们吵得越来越厉害。（状态补语句）
（109）那么我就被妈妈打了一顿。（动量补语句）
（110）现在我的父母在农村住了十几年。（时量补语句）
（111）中年的他比结婚初胖了十五公斤。（比较数量补语句）
（112）它建于2000多年前的春秋战国时期。（时间补语句）
（113）他们把国旗发到人们的手里。（处所补语句）
（114）富裕的生活取决于努力不努力学习。（其他介词补语句）

（二）无标句式

在40万字高级中介语语料当中，8类无标句式共计3 706个。

（115）我还有时间报答父母的恩情。（连动句）
（116）是你给了它生存的机会。（兼语句）
（117）第二天，老师告诉我一个办法。（双宾句）
（118）农村的周围都是稻田和旱地。（存现句）
（119）空气、水、土地都被人类污染了。（被动句之有标记被动句）
（120）那个不道德的县长也抓起来了。（被动句之无标记被动句）
（121）上海经济发展速度一年比一年快。（差比句之比字句）
（122）现代人没有过去那样的兢兢业业。（差比句之"没有/不如……这么/那么……"句）
（123）其他地方跟一般公园一样，很一般。（等比句之"跟/

和／同／与……一样／不一样……"句）

（124）而且博物馆外面的风景跟他们很相似。(等比句之"跟／和／同／与……相同／不同／相似／类似／近似／差不多／相反"句）

（125）他唱歌唱得非常难听。（重动句）

（三）有标句式

在40万字高级中介语语料当中，6类有标句式共计7 296个。

（126）这是韩国歌坛历史上从来没有的事情。（是字句）

（127）长城的一个个台阶、一个个石头他们都有自己的故事。（有字句）

（128）垃圾是不可避免要产生的。（"是……的"句）

（129）我们把在石头上爬着的田螺一个一个抓到瓶子里。（把字句）

（130）公州的三面由大大小小的山和丘陵构成。（由字句）

（131）这家伙连这点小事情也解决不了。（连字句）

高级中介语25类句式的使用总量为15 554个。具体见下表。

表4-7 高级中介语特殊句式使用情况

类别	句式类型		使用量（例）	使用率（‰）	句式类型		使用量（例）	使用率（‰）
补语句式（4 552个）	结果补语句	PDJ	1 558	3.895	时量补语句	PSL	179	0.448
	状态补语句	PDZ	423	1.058	比较数量补语句	PNL	14	0.035
	程度补语句	PDD	170	0.425	处所补语句	PDC	486	1.215
	趋向补语句	PDQ	1 004	2.510	时间补语句	PDS	25	0.063
	可能补语句	PDK	351	0.878	其他介词补语句	PDP	110	0.275
	动量补语句	PDL	232	0.580				
无标句式（3 706个）	连动句	PLD	1 706	4.265	被动句	PBB	228	0.570
	兼语句	PJY	744	1.860	差比句	PBS	235	0.588
	双宾句	PSB	335	0.838	等比句	PBG	125	0.313
	存现句	PCX	320	0.800	重动句	PCD	13	0.033

续表

类别	句式类型		使用量（例）	使用率（‰）	句式类型		使用量（例）	使用率（‰）
有标句式（7 296个）	是字句	BSZ	4 162	10.405	把字句	BBZ	288	0.720
	有字句	BYZ	2 211	5.528	由字句	BOZ	17	0.043
	"是……的"句	BSD	558	1.395	连字句	BLZ	60	0.150

注：句式使用率＝句式使用量／语料总量（40万字），取千分位。

我们按与上文同样的标准将25类句式按使用率划分为六个区间，见下表。

表 4-8 高级中介语各句式使用区间分布情况

区间	补语句式（‰）	无标句式（‰）	有标句式（‰）	总计（类）
第一区间 最常用（5‰以上）			是字（10.405）有字（5.528）	2
第二区间 次常用（3‰—5‰）	结果（3.895）	连动（4.265）		2
第三区间 常用（1‰—3‰）	趋向（2.510）处所（1.215）状态（1.058）	兼语（1.860）	是……的（1.395）	5
第四区间 不常用（0.5‰—1‰）	可能（0.878）动量（0.580）	双宾（0.838）存现（0.800）差比（0.588）被动（0.570）	把字（0.720）	7
第五区间 少用（0.1‰—0.5‰）	时量（0.448）程度（0.425）其他（0.275）	等比（0.313）	连字（0.150）	5
第六区间 极少用（0.1‰以下）	时间（0.063）比较（0.035）	重动（0.033）	由字（0.043）	4

结合表中数据，我们对高级韩国留学生使用各类句式的具体情况作如下分析：

（1）从 11 类补语句的使用情况来看，高级中介语也没有任何一个补语句类型的使用量达到第一区间。但从各补语句类型的区间分布来看，高级 11 类当中有 6 类与汉语本族语相应类型处于同一个区间，已超过半数，具体为第三区间的状态补语句，第四区间的动量补语句，第五区间的时量补语句、程度补语句以及第六区间的时间补语句和比较数量补语句。各类补语句总使用率排序如下：

1 结果补语句＞2 趋向补语句＞3 处所补语句＞4 状态补语句＞5 可能补语句＞6 动量补语句＞7 时量补语句＞8 程度补语句＞9 其他介词补语句＞10 时间补语句＞11 比较数量补语句

从使用率排序来看，高级中介语中各类补语句与汉语本族语的一致性表现得更为明显，11 类当中只有时量补语句和其他介词补语句与汉语本族语相比位置发生互换，其他 9 类排位都完全一致。由此我们也可以得出，到了高级阶段，中介语受目的语影响更为明显，或者说高级阶段中介语已经非常接近目的语系统了。

（2）高级中介语的 8 类无标句式当中，有 5 类与汉语本族语相应类型处于同一个区间，也超过了半数。具体为第四区间的双宾句、存现句、被动句，第五区间的等比句和第六区间的重动句。各类句式使用率排序如下：

1 连动句＞2 兼语句＞3 双宾句＞4 存现句＞5 被动句＞6 差比句＞7 等比句＞8 重动句

与汉语本族语的使用率排序相比，8 类当中也只有双宾句和被动句位置互换，其他 5 类完全一致。因此总的来看，高级阶段 8 类无标句式使用情况与目的语有一定差异，但也有明显的一致性。

（3）在 6 类有标句式当中，已经有 4 类同汉语本族语相应类型处于同一区间。其中 2 类是与中级阶段一样的是字句和"是……的"句，此外，连字句在高级阶段的使用率也上升到了第五区间，与汉语本族语一致。由字句也仍保持与汉语本族语一致。高级中介语中 6 类有标句式的总使用率排序如下：

1是字句＞2有字句＞3"是……的"句＞4把字句＞5连字句＞6由字句

这个排序与初、中级阶段都是完全一致的，也再次证明了中介语系统内部是具有一致性的。因此从使用率排序来看，高级中介语6类有标句式与汉语本族语相比也同样有明显的一致性。

总的来看，在韩国留学生高级中介语语料当中，处于前三个区间的句式上升为9类，其他也多数集中于四、五区间。下图是25类句式使用率的总体排序情况：

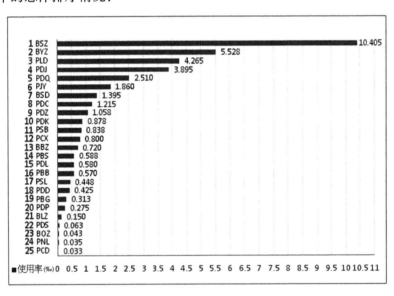

图4-4　高级中介语各句式使用率柱形图

4.3 韩国留学生汉语中介语句式系统与汉语本族语对比分析

4.3.1 中介语与汉语本族语句式分布区间及排序对比分析

1. 我们首先综合对比一下三个级别中介语与汉语本族语25类句式区间分布情况。请见下表：

表 4-9 韩国留学生中介语与汉语本族语各句式使用区间分布情况对比

类别	与汉语本族语区间相同类型	数量（类）	与汉语本族语区间不同类型	数量（类）
初级中介语	Ⅰ：状态 程度 时间 Ⅱ：存现 等比 Ⅲ：是字	6	Ⅰ：结果 处所 可能 时量 趋向 动量 其他 比较 Ⅱ：连动 双宾 差比 兼语 重动 被动 Ⅲ：有字 是……的 把字 连字	18[①]
中级中介语	Ⅰ：状态 动量 程度 比较 时间 Ⅱ：双宾 等比 重动 Ⅲ：是字 是……的 由字	11	Ⅰ：结果 趋向 可能 处所 时量 其他 Ⅱ：连动 兼语 差比 存现 被动 Ⅲ：有字 把字 连字	14
高级中介语	Ⅰ：状态 动量 时量 程度 时间 比较 Ⅱ：双宾 存现 被动 等比 重动 Ⅲ：是字 是……的 连字 由字	15	Ⅰ：结果 趋向 处所 可能 其他 Ⅱ：连动 兼语 差比 Ⅲ：有字 把字	10
三级一致类型	Ⅰ：状态 程度 时间 Ⅱ：等比 Ⅲ：是字	5	Ⅰ：结果 处所 可能 趋向 其他 Ⅱ：连动 差比 兼语 Ⅲ：有字 把字	10

从汇总表可以看出，与汉语本族语所处区间相同的特殊句式在初级阶段仅有6类，中级阶段上升为11类，而到了高级阶段已经达到了15类。这一数据充分说明，中介语系统是不断变化的动态系统，外国学生学习目的语越深入，其语言表现越接近于目的语。到了高级阶段，已经有五分之三的句式类型与汉语本族语所处区间相同。这些都说明中介语句式系统并非任意的，无论其表现形式还是其变化趋势都具有一定的系统性、规律性。另外，我们对比了三个级别的句式区间分布情况，发现尽管初、

---

① 由字句在初级阶段未见使用，此处不作统计。

中级与汉语本族语相同的类型比较少，但初级和中级中介语区间分布相同的句式类型达到了 13 类，而中级和高级中介语区间分布相同的句式达到了 20 类。这也说明，中介语各级语言系统是具有一定的内部一致性和连续性的。

同时我们也看到，与汉语本族语所处区间不同的特殊句式即使到了高级阶段，也仍有五分之二。这说明中介语尽管是逐渐靠近目的语的语言系统，但仍与之有明显差异，有其自身的特点。在三个级别都与汉语本族语区间分布相同的句式类型仅有 5 类，而不同的类型却有 10 类。这说明这 10 类与汉语本族语的使用量差异较大，具体情况我们将在下一节重点分析。

2.下面我们看一下 25 类句式在各语料当中总使用排序的对比情况。

表 4-10 韩国留学生中介语与汉语本族语 25 类句式排位对比

句式类型	汉语本族语	初级中介语	中级中介语	高级中介语	本初排位差[①]	本中排位差	本高排位差
是字句	1	1	1	1	0	0	0
结果补语句	2	4	4	4	+2	+2	+2
连动句	3	3	3	3	0	0	0
趋向补语句	4	11	5	5	+7	+1	+1
有字句	5	2	2	2	−3	−3	−3
兼语句	6	13	7	6	+7	+1	0
处所补语句	7	6	10	8	−1	+3	+1
状态补语句	8	5	6	9	−3	−2	+1
把字句	9	19	13	13	+10	+4	+4
"是……的"句	10	14	8	7	+4	−2	−3
可能补语句	11	8	9	10	−3	−2	−1
被动句	12	22	18	16	+10	+6	+4

---

① 排位差 = 中介语排位 − 汉语本族语排位。所得结果为正数，说明某一句式在中介语中的排位比在汉语本族语当中靠后；所得结果为负数，说明该句式在中介语中的排位比在汉语本族语当中靠前。数字越大表示排位差异越大。

续表

句式类型	汉语本族语	初级中介语	中级中介语	高级中介语	本初排位差	本中排位差	本高排位差
存现句	13	12	16	12	−1	+3	−1
动量补语句	14	15	15	15	+1	+1	+1
双宾句	15	7	11	11	−8	−4	−4
其他介词补语句	16	18	20	20	+2	+4	+4
程度补语句	17	16	19	18	−1	+2	+1
时量补语句	18	10	14	17	−8	−4	−1
差比句	19	9	12	14	−10	−7	−5
等比句	20	17	17	19	−3	−3	−1
连字句	21	24	22	21	+3	+1	0
时间补语句	22	23	24	22	+1	+2	0
由字句	23	25	25	23	+2	+2	0
比较数量补语句	24	21	23	24	−3	−1	0
重动句	25	20	21	25	−5	−4	0

从上表可以看出，初级阶段共有9类句式与汉语本族语的排位差超过了±3位[①]，其中比汉语本族语排位靠前的类型有4类，比汉语本族语排位靠后的类型有5类。中级阶段共有7类句式与汉语本族语排位差超过了±3位，其中排位靠前的有4类，排位靠后的有3类。而高级阶段仅有5类句式与汉语本族语排位有明显差异，其中2类排位靠前，3类排位靠后。另外，初级排位差距很大，最高达到了相差10位，而中级最高相差7位，高级最高相差5位。可以看出，初级阶段韩国留学生中介语句式系统与汉语本族语差异最大，高级阶段差异最小。

我们使用斯皮尔曼等级相关对三个级别中介语及汉语本族语句式使用量顺序的相关性进行检验。见下表。

[①] 由于句式较多，很难达到精确的统一，所以我们将使用率排序在±3位之内认可为顺序大体一致。

表 4-11　韩国留学生中介语与汉语本族语 25 类句式排序等级相关检验表

语料类别		汉语本族语	初级中介语	中级中介语	高级中介语
斯皮尔曼 Rho	汉语本族语 相关系数 Sig.（双尾） N	1.000 . 25	.755** .000 25	.910** .000 25	.954** .000 25
	初级中介语 相关系数 Sig.（双尾） N	.755** .000 25	1.000 . 25	.901** .000 25	.854** .000 25
	中级中介语 相关系数 Sig.（双尾） N	.910** .000 25	.901** .000 25	1.000 . 25	.969** .000 25
	高级中介语 相关系数 Sig.（双尾） N	.954** .000 25	.854** .000 25	.969** .000 25	1.000 . 25

**.在 0.01 级别（双尾），相关性显著。

由表中数据可知，尽管各级别 25 类句式的使用排序都与本族人有一些差异，但总体来看，韩国留学生使用这些特殊句式的情况与本族人还是具有一致性的。三个级别的等级相关系数分别达到了 0.755、0.910 和 0.954，P 值都近似于 0，都属于显著相关。因此，我们可以判断，与句型一样，中介语句式的使用情况与汉语本族语也是具有一致性的，这也证明了中介语的系统性。而且很显然，中介语句式系统同样具有动态性的特点，从初级到高级，相关系数呈明显的梯度增加，这也体现出了中介语系统的渐进性，即韩国留学生中介语句式系统从初级到高级呈逐渐靠近目的语系统的趋势。

此外，初级和中级的相关系数为 0.901，中级和高级的相关系数也为 0.969，初级和高级之间的相关系数为 0.854。这一方面说明各级中介语之间的内部一致性更强，另一方面也说明学习者的语言系统存在着内在的连续性，第二语言各方面发展往往是逐级变化的。

4.3.2 中介语与汉语本族语句式具体使用率对比分析

由排位的差别可以大致看出各级各类句式与汉语本族语的使用量差异，排位靠前的多数是使用量比汉语本族语多的类型，同样，排位靠后的则多是使用量比汉语本族语少的类型。下面我们将结合具体使用量情况对各级中介语句式系统加以分析。

（一）补语句式具体使用量对比分析

我们将三个级别韩国留学生与汉语本族语者11类补语句式的具体使用量进行详细对比，仍依照句型使用量对比的标准，将使用率差在0.8以下视为使用不足，在1.2以上视为使用超量。具体情况见下表。

表 4-12　韩国留学生中介语与汉语本族语补语句式使用情况对比

句式类型	汉语本族语		初级中介语			中级中介语			高级中介语		
	使用量（例）	使用率（‰）	使用量（例）	使用率（‰）	使用率差（倍）	使用量（例）	使用率（‰）	使用率差（倍）	使用量（例）	使用率（‰）	使用率差（倍）
结果	2 836	7.090	361	1.805	0.25	1 430	3.575	0.50	1 558	3.895	0.55
状态	701	1.753	345	1.725	0.98	589	1.473	0.84	423	1.058	0.60
程度	148	0.370	69	0.345	0.93	146	0.365	0.99	170	0.425	1.15
趋向	2 106	5.265	161	0.805	0.15	657	1.643	0.31	1 004	2.510	0.48
可能	407	1.018	187	0.935	0.92	356	0.890	0.87	351	0.878	0.86
动量	295	0.738	97	0.485	0.66	202	0.505	0.68	232	0.580	0.79
时量	134	0.335	165	0.825	2.46	214	0.535	1.60	179	0.448	1.34
比较	13	0.033	22	0.110	3.33	22	0.055	1.67	14	0.035	1.06
处所	1 219	3.048	237	1.185	0.39	326	0.815	0.27	486	1.215	0.40
时间	30	0.075	15	0.075	1.00	14	0.035	0.47	25	0.063	0.84
其他	203	0.508	60	0.300	0.59	89	0.223	0.44	110	0.275	0.54

注：1. 句式使用率=句式使用量/语料总量（20或40万字），取千分位。
　　2. 句式使用率差以汉语本族语句式使用情况为基数，按倍数计算，计算方式为"使用率差=中介语句式使用率/汉语本族语句式使用率"。

根据表4-12，我们可以作如下分析：

1. 在初级阶段，11类补语句当中有4类与汉语本族语使用量基本相当，分别是状态补语句、程度补语句、可能补语句以及时间补语句，其他7类句式的使用量均与汉语本族语有较大差异。我们依旧以±0.2倍作为超量和不足标准，那么初级阶段有2类补语句使用超量，即时量补语句（2.46）和比较数量补语句（3.33），5类补语句使用不足，即结果补语句（0.25）、趋向补语句（0.15）、动量补语句（0.66）、处所补语句（0.39）、其他介词补语句（0.59）。

在中级阶段，11类补语句当中有3类与汉语本族语使用量相当，分别是状态补语句、程度补语句和可能补语句。使用超量的2种类型与初级阶段一致，即时量补语句（1.60）和比较数量补语句（1.67）。其余6类均使用不足，即结果补语句（0.50）、趋向补语句（0.31）、动量补语句（0.68）、处所补语句（0.27）、时间补语句（0.47）、其他介词补语句（0.44）。

在高级阶段，11类补语句当中有4类与汉语本族语使用量相当，分别是程度补语句、可能补语句、比较数量补语句以及时间补语句。仅有1类使用超量，即时量补语句（1.34），其余6类使用不足，即结果补语句（0.55）、状态补语句（0.60）、趋向补语句（0.48）、动量补语句（0.79）、处所补语句（0.40）、其他介词补语句（0.54）。

2. 为了进一步对比各类补语句式的使用量与汉语本族语的差异度，我们将上表中使用率差的原始数据（即未四舍五入的数据）换算成log以2为底的对数，以便数据正负分布更为平衡。具体数值见下表。

表 4-13　韩国留学生补语句式使用量与汉语本族语差异度对比

语料类别	结果	状态	程度	趋向	可能	动量	时量	比较	处所	时间	其他
汉语本族语	0	0	0	0	0	0	0	0	0	0	0
初级中介语	-1.97	-0.02	-0.10	-2.71	-0.12	-0.61	+1.30	+1.74	-1.36	0	-0.76
中级中介语	-0.99	-0.25	-0.02	-1.68	-0.19	-0.55	+0.68	+0.74	-1.90	-1.10	-1.19
高级中介语	-0.86	-0.73	+0.20	-1.07	-0.21	-0.35	+0.42	+0.08	-1.33	-0.25	-0.89

结合表中数据，我们首先对各级使用超量和不足的类型分别加以比较。

（1）各级使用超量程度排序如下：

初级超量：比较（+1.74）＞时量（+1.30）

中级超量：比较（+0.74）＞时量（+0.68）

高级超量：时量（+0.42）＞程度（+0.20）＞比较（+0.08）

从超量类型上来看，初、中、高三级具有一致性，比较数量补语句和时量补语句在三个阶段的使用量都高于汉语本族语。在初、中级阶段，两种类型都达到了使用超量的标准，前者超量程度高于后者。而在高级阶段，比较数量补语句不再处于超量状态，而且程度补语句在高级阶段的使用量也比汉语本族语略高，这都说明高级阶段韩国留学生的补语句使用量与初、中级相比已经有了一定的提高。

（2）各级使用不足程度排序如下：

初级不足：趋向（-2.71）>结果（-1.97）>处所（-1.36）>其他（-0.76）>动量（-0.61）>可能（-0.12）>程度（-0.10）>状态（-0.02）

中级不足：处所（-1.90）>趋向（-1.68）>其他（-1.19）>时间（-1.10）>结果（-0.99）>动量（-0.55）>状态（-0.25）>可能（-0.19）>程度（-0.02）

高级不足：处所（-1.33）>趋向（-1.07）>其他（-0.89）>结果（-0.86）>状态（-0.73）>动量（-0.35）>时间（-0.25）>可能（-0.21）

从不足类型上来看，初、中、高三级同样具有一致性，趋向补语句等7类在三个阶段的使用量均少于汉语本族语，其中趋向补语句、结果补语句、处所补语句、其他介词补语句和动量补语句5类在三个阶段都达到使用不足标准。从使用不足程度的排序来看，中、高级一致性较强，表现在前三位的排序是完全一致的。差异在于，中级阶段时间补语句使用不足明显，这在初、高级都是没有的。而高级阶段状态补语句使用不足，这在初、中级阶段也是没有的。初级与中、高级阶段有差异的最主要类型是结果补语句，其不足程度比中、高级更严重，排在第二位。而其他介词补语句不足程度却比中、高级都轻，排在第四位。此外，三个级别处于使用不足状态的类型当中，动量补语句的程度都是最轻的，这也是中介语内部一致性的一个表现。

3. 我们根据表4-13数据制作出下面的折线图，可以更清晰地看到各级韩国留学生使用各类补语句与汉语本族语者的差异及各级之间的发展变化趋势。

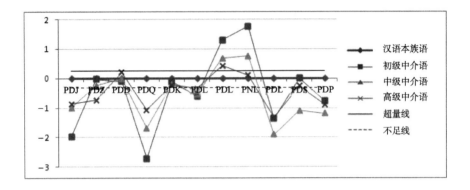

图 4-5　韩国留学生中介语与汉语本族语补语句式使用情况对比折线图

结合图表，我们可以看到，中介语补语句的具体使用量情况在各级之间以及与汉语本族语的比较来看，也是既有一致性，又有差异性。我们先看一致性。

（1）中介语与汉语本族语补语句式使用情况有一定的相似性。初级和高级各有4类句式处于超量线和不足线之间，中级有3类，其中程度补语句和可能补语句在三个级别都没有使用超量或不足的情况。

（2）从三个级别的使用量可以看出中介语系统内部的一致性。各类补语句使用量多于汉语本族语还是少于汉语本族语的情况在三个阶段大体一致，只是在程度轻重上有所差异。

下面我们具体看一下各级中介语系统之间以及与目的语系统在补语句使用方面的差异。

（1）与汉语本族语相比，中介语多数补语句式都存在使用超量或使用不足的情况，各级的使用不足现象都要比使用超量严重。25类句式中在各级都存在超量现象的只有2类，即时量补语句和比较数量补语句，其中时量补语句三个级别都达到使用超量标准，而比较数量补语句则是在初、中级达到使用超量标准，到高级接近汉语本族语。使用不足的类型较多，其中有5类在三个级别都达到使用不足标准，比较严重的是趋向补语句和处所补语句。如图4-5所示，绝大多数补语句在三个阶段的使用量均少于汉语本族语，且多数已经达到使用不足的程度，表现在图中即多类句式折线都分布在不足线以下。这充分说明，初、中、高三个级别的韩国留学生汉语补语句的使用量普遍低于汉语本族语者。

（2）对比初、中、高三级中介语来看，各类补语句式在三个阶段发展变化的规律性没有句型变化的规律性强。只有5种补语句式从初级到高级呈规律性变化，即从初级到高级表现为逐渐靠近汉语本族语的趋势，具体为结果补语句、趋向补语句、动量补语句、时量补语句和比较数量补语句。而有2类与上述规律正好相反，从初级到高级逐渐偏离汉语本族语，即状态补语句和可能补语句。另有处所补语句、时间补语句和其他介词补语句3类在初级、高级使用量相当，而中级阶段与汉语本族语差距最大，呈现U型的发展趋势[①]。程度补语句则与此相反，呈倒U型，虽然从初级到高级的使用量呈增加趋势，但在中级阶段的时候最接近汉语本族语。总的来看，各类补语句式在三个级别的发展变化趋势比较复杂。这就提醒我们在中级阶段更要加强各类补语的教学。

4. 下面我们对三个级别11类补语句式的总使用情况进行系统比较，借助皮尔逊相关系数来考察11类句式的具体使用率之间的相关性。请看下表：

表4-14　韩国留学生中介语与汉语本族语补语句式使用量相关系数检验表

语料类别		汉语本族语	初级中介语	中级中介语	高级中介语
汉语本族语	皮尔逊相关性	1	.692*	.919**	.984**
	Sig.（双尾）		.018	.000	.000
	个案数	11	11	11	11
初级中介语	皮尔逊相关性	.692*	1	.830**	.728*
	Sig.（双尾）	.018		.002	.011
	个案数	11	11	11	11
中级中介语	皮尔逊相关性	.919**	.830**	1	.966**
	Sig.（双尾）	.000	.002		.000
	个案数	11	11	11	11
高级中介语	皮尔逊相关性	.984**	.728*	.966**	1
	Sig.（双尾）	.000	.011	.000	
	个案数	11	11	11	11

*. 在0.05级别（双尾），相关性显著。
**. 在0.01级别（双尾），相关性显著。

从表中数据可以看出，在与汉语本族语的比较当中，中级中介语和

---

① "U-shaped behavior" 的相关论述请参见 Kellerman（1983），Larsen-Freeman & Long（1991）。

高级中介语与汉语本族语的相关系数达到了 0.919 和 0.984，且 P 值近似于 0，呈强相关。但初级中介语与汉语本族语的相关系数仅为 0.692，且仅在显著性水平 α 为 0.05 时可拒绝零假设（一个 *），P<0.05。尽管也呈正相关，但其相关度远小于中级和高级与汉语本族语的相关度。这一结论说明，初级阶段的韩国留学生使用汉语各类补语的情况与本族人相比差异度较大，但总的来看仍有一定相关度，这也是中介语系统性的表现。中、高级相对来说使用情况与本族人相关性更强，而且从初级到高级的相关系数变化也体现了中介语系统的动态性和渐进性。

从中介语三个级别的内部比较来看，初级和中级、中级和高级之间的相关度都比较高，而初级和高级之间尽管相关，但其相关度同样大幅下降。这也比较明显地证明了中介语系统的内部一致性及其发展的连续性。

（二）无标句式具体使用量对比分析

下表是三级中介语与汉语本族语 8 类无标句式的具体使用量对比情况。

表 4-15　韩国留学生中介语与汉语本族语无标句式使用情况对比

句式类型	汉语本族语 使用量（例）	汉语本族语 使用率（‰）	初级中介语 使用量（例）	初级中介语 使用率（‰）	初级中介语 使用率差(倍)	中级中介语 使用量（例）	中级中介语 使用率（‰）	中级中介语 使用率差(倍)	高级中介语 使用量（例）	高级中介语 使用率（‰）	高级中介语 使用率差(倍)
连动	2 393	5.983	994	4.970	0.83	1 572	3.930	0.66	1 706	4.265	0.71
兼语	1 525	3.813	146	0.730	0.19	479	1.198	0.31	744	1.860	0.49
双宾	282	0.705	206	1.030	1.46	322	0.805	1.14	335	0.838	1.19
存现	341	0.853	150	0.750	0.88	199	0.498	0.58	320	0.800	0.94
被动	378	0.945	21	0.105	0.11	150	0.375	0.40	228	0.570	0.60
差比	112	0.280	165	0.825	2.95	258	0.645	2.30	235	0.588	2.10
等比	95	0.238	68	0.340	1.43	184	0.460	1.93	125	0.313	1.32
重动	10	0.025	38	0.190	7.60	37	0.093	3.72	13	0.033	1.32

注：1. 句式使用率 = 句式使用量 / 语料总量（20 或 40 万字），取千分位。
　　2. 句式使用率差以汉语本族语句式使用情况为基数，按倍数计算，计算方式为"使用率差 = 中介语句式使用率 / 汉语本族语句式使用率"。

根据表 4-15，我们可以作如下分析：

1. 在初级阶段，8 类句式当中有 2 类与汉语本族语使用量基本相当，分别是连动句和存现句。使用超量的有 4 类，即双宾句（1.46）、差比句（2.95）、等比句（1.43）和重动句（7.60）。使用不足的有 2 类，即兼语句（0.19）和被动句（0.11）。

中级阶段仅有 1 类与汉语本族语使用量相当，即双宾句。使用超量的有 3 类，即差比句（2.30）、等比句（1.93）和重动句（3.72）。其余 4 类均使用不足，即连动句（0.66）、兼语句（0.31）、存现句（0.58）和被动句（0.40）。

在高级阶段也有 2 类与汉语本族语使用量相当，分别是双宾句和存现句。使用超量的 3 类与中级阶段完全一致，即差比句（2.10）、等比句（1.32）和重动句（1.32）。另有 3 类使用不足，即连动句（0.71）、兼语句（0.49）和被动句（0.60）。

2. 为了进一步对比各类补语句式的使用量与汉语本族语的差异度，我们将上表中使用率差的原始数据换算成 log 以 2 为底的对数，以便数据正负分布更为平衡。具体数值见下表。

表 4-16　韩国留学生无标句式使用量与汉语本族语差异度对比

语料类别	连动	兼语	双宾	存现	被动	差比	等比	重动
汉语本族语	0	0	0	0	0	0	0	0
初级中介语	-0.27	-2.38	+0.55	-0.19	-3.17	+1.56	+0.51	+2.93
中级中介语	-0.61	-1.67	+0.19	-0.78	-1.33	+1.20	+0.95	+1.90
高级中介语	-0.49	-1.04	+0.25	-0.09	-0.73	+1.07	+0.40	+0.40

结合表中数据，我们首先对各级使用超量和不足的类型分别加以比较。

（1）各级使用超量程度排序如下：

初级超量：重动（+2.93）＞差比（+1.56）＞双宾（+0.55）＞等比（+0.51）

中级超量：重动（+1.90）＞差比（+1.20）＞等比（+0.95）＞双宾（+0.19）

高级超量：差比（+1.07）＞等比（+0.40）＝重动（+0.40）＞双宾（+0.25）

从超量类型上来看，初、中、高三级均为 4 类，且完全一致，即重动句、差比句、等比句以及双宾句。在初级阶段，4 种类型都达到了使用超量的标准，而在中、高级阶段，双宾句的使用量已经下降到正常差异范围内。此外,重动句在初、中级阶段超量情况最为严重,而到了高级阶段则大幅下降。

(2)各级使用不足程度排序如下:

初级不足:被动(-3.17)>兼语(-2.38)>连动(-0.27)>存现(-0.19)

中级不足:兼语(-1.67)>被动(-1.33)>存现(-0.78)>连动(-0.61)

高级不足:兼语(-1.04)>被动(-0.73)>连动(-0.49)>存现(-0.09)

从不足类型上来看,初、中、高三级同样具有一致性,被动句、兼语句、连动句、存现句在三个阶段的使用量均少于汉语本族语,其中被动句、兼语句在三个阶段都达到了使用不足的标准。从使用不足程度来看,中级阶段达到使用不足的句式类型最多,而初级最少。其中兼语句、被动句的不足程度在三个阶段都排在前两位,存现句仅在中级阶段处于使用不足状态,在初、高级都是与汉语本族语差异最小的类型。连动句则是在初级阶段与汉语本族语差异最小,在中、高级阶段都处于使用不足的状态。

3. 我们根据表4-16数据制作出下面的折线图,可以更清晰地看到各级韩国留学生使用各句式与汉语本族语者的差异及各级之间的发展变化趋势。

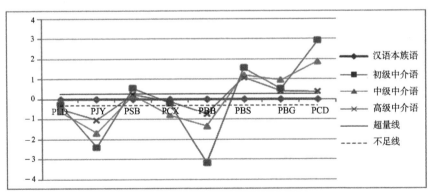

图4-6 韩国留学生中介语与汉语本族语无标句式使用情况对比折线图

结合图表,我们可就三个级别8类无标句式的具体使用量情况作如下分析:

首先可以明确看出的是中介语内部的系统性,具体表现在各类句式使用量多于汉语本族语还是少于汉语本族语的情况在三个阶段是完全一致的，仅仅是在程度轻重上有所差异。但与汉语本族语比较来看，没有任何一类句式在三个级别都未超出超量或不足标准，相对来说使用情况与汉语本族语较为接近的是双宾句和存现句。双宾句仅在初级阶段处于超量状态，存现句仅在中级阶段处于不足状态。这说明中介语与汉语本族语在这8类句式使用量方面有较大的差异性。

下面我们具体看一下中介语系统与目的语系统在无标句式使用方面的差异。

（1）与汉语本族语相比，8类句式都存在或多或少的使用超量或使用不足的情况，且双方各有4类，程度大体相当。使用超量类型当中，差比句、等比句和重动句在三个级别都超出使用超量标准。使用不足类型当中，被动句和兼语句在三个级别不足程度比较严重。

（2）对比初、中、高三级中介语来看，有半数无标句式在三个阶段的变化符合中介语发展的规律。8类当中有4类从初级到高级表现为逐渐靠近汉语本族语的趋势。具体为兼语句、被动句、差比句和重动句。连动句、双宾句、存现句均呈现U型的发展趋势，等比句呈倒U型发展。总的来看，有6类在高级阶段与汉语本族语系统最接近，1类在中级阶段最接近，1类在初级阶段最接近。这说明从使用量上看，高级阶段中介语各有标句式分布情况仍然最接近目的语系统。

4. 下面我们借助皮尔逊相关系数来考察各级语料8类句式的具体使用率之间的相关性。请看下表：

表4-17　韩国留学生中介语与汉语本族语无标句式使用量相关系数检验表

语料类别		汉语本族语	初级中介语	中级中介语	高级中介语
汉语本族语	皮尔逊相关性	1	.838**	.919**	.969**
	Sig.（双尾）		.009	.001	.000
	个案数	8	8	8	8
初级中介语	皮尔逊相关性	.838**	1	.981**	.943**
	Sig.（双尾）	.009		.000	.000
	个案数	8	8	8	8
中级中介语	皮尔逊相关性	.919**	.981**	1	.984**
	Sig.（双尾）	.001	.000		.000
	个案数	8	8	8	8
高级中介语	皮尔逊相关性	.969**	.943**	.984**	1
	Sig.（双尾）	.000	.000	.000	
	个案数	8	8	8	8

**. 在0.01级别（双尾），相关性显著。

从表中数据可以看出，在与汉语本族语的比较当中，三级中介语与汉语本族语的相关系数分别达到了 0.838、0.919 和 0.969，且 P 值小于 0.01，均呈正相关，体现了中介语的系统性，而且从初级到高级的相关系数变化也很好地体现了中介语系统的动态性和渐进性。

中介语内部的比较也与之前的结论一致，三级之间均呈强相关，相邻两级相关度更高，体现了中介语内部的一致性和连续性。

（三）有标句式具体使用量对比分析

下面是三级中介语与汉语本族语 6 类有标句式具体使用量的对比分析情况。

表 4-18　韩国留学生中介语与汉语本族语有标句式使用情况对比

句式类型	汉语本族语		初级中介语			中级中介语			高级中介语		
	使用量（例）	使用率（‰）	使用量（例）	使用率（‰）	使用率差（倍）	使用量（例）	使用率（‰）	使用率差（倍）	使用量（例）	使用率（‰）	使用率差（倍）
是字	3 575	8.938	2 090	10.450	1.17	3 990	9.975	1.12	4 162	10.405	1.16
有字	1 971	4.928	1 379	6.895	1.40	2 444	6.110	1.24	2 211	5.528	1.12
是……的	569	1.423	131	0.655	0.46	454	1.135	0.80	558	1.395	0.98
把字	629	1.573	55	0.275	0.17	222	0.555	0.35	288	0.720	0.46
由字	19	0.048	0	0	—	5	0.013	0.27	17	0.043	0.90
连字	66	0.165	14	0.070	0.42	35	0.088	0.53	60	0.150	0.91

注：1. 句式使用率＝句式使用量/语料总量（20 或 40 万字），取千分位。
　　2. 句式使用率差以汉语本族语句式使用情况为基数，按倍数计算，计算方式为"使用率差＝中介语句式使用率/汉语本族语句式使用率"。

根据表 4-18，我们可以作如下分析：

1. 在初级阶段，6 类有标句式当中仅有是字句 1 类与汉语本族语使用量基本相当。使用超量的有 1 类，即有字句（1.40）。其他 3 类使用不足，即"是……的"句（0.46）、把字句（0.17）和连字句（0.42）。由字句在初级阶段未见使用，不作统计。

中级阶段仅有 2 类与汉语本族语使用量相当，即是字句和"是……

的"句。使用超量的有 1 类，即有字句（1.24）。使用不足的有 3 类，即把字句（0.35）、由字句（0.27）和连字句（0.53）。

在高级阶段与汉语本族语使用量相当的句式已达到 5 类，分别为是字句、有字句、"是……的"句、由字句和连字句。使用不足的有 1 类，即把字句（0.46）。高级阶段没有使用超量的有标句式。

2. 为了进一步对比各类补语句式的使用量与汉语本族语的差异度，我们将上表中使用率差的原始数据换算成 log 以 2 为底的对数，以便数据正负分布更为平衡。具体数值见下表。

表 4-19　韩国留学生有标句式使用量与汉语本族语差异度对比

语料类别	是字	有字	是……的	把字	由字	连字
汉语本族语	0	0	0	0	0	0
初级中介语	+0.23	+0.48	−1.12	−2.52	—	−1.24
中级中介语	+0.16	+0.31	−0.33	−1.50	−1.88	−0.91
高级中介语	+0.22	+0.17	−0.03	−1.13	−0.16	−0.14

结合表中数据，我们首先对各级使用超量和不足的类型分别加以比较。

（1）各级使用超量程度排序如下：

初级超量：有字（+0.48）＞是字（+0.23）

中级超量：有字（+0.31）＞是字（+0.16）

高级超量：是字（+0.22）＞有字（+0.17）

从超量类型上来看，初、中、高三级均为 2 类，且完全一致，即有字句和是字句。在初、中级阶段，有字句都达到了使用超量的标准，而在高级阶段则下降到正常差异范围内。

（2）各级使用不足程度排序如下：

初级不足：把字（−2.52）＞连字（−1.24）＞是……的（−1.12）

中级不足：由字（−1.88）＞把字（−1.50）＞连字（−0.91）＞是……的（−0.33）

高级不足：把字（−1.13）＞由字（−0.16）＞连字（−0.14）＞是……的（−0.03）

从不足类型上来看，初级有3类，而中、高级均有4类。但达到使用不足标准的类型初、中级各有3类，高级仅有1类。从使用不足程度排序来看，把字句在三级使用不足程度都较高，由字句在中级使用不足最为严重，在高级阶段使用量基本与本族人一致。另外，"是……的"句不足程度在各级都是最低的，仅在初级阶段达到了不足标准。

3. 我们根据表4-19数据制作出下面的折线图，可以更清晰地看到各级韩国留学生使用各有标句式与汉语本族语者的差异及各级之间的发展变化趋势。

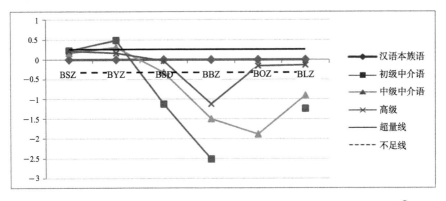

图4-7 韩国留学生中介语与汉语本族语有标句式使用情况对比折线图[①]

结合图表，我们就三个级别6类有标句式的具体使用量情况作如下分析：

首先可以明确看出的同样是中介语的内部一致性，表现在各类句式使用量多于汉语本族语还是少于汉语本族语的情况在三个阶段是完全一致的，仅在程度轻重上有所差异。与汉语本族语比较来看，初、中级阶段差异明显，分别只有1类句式和2类句式使用量与汉语本族语相当，但到了高级阶段则上升为5类。这说明高级阶段中介语系统受目的语规则制约更明显。

下面我们具体看一下中介语系统与目的语系统在有标句式使用方面的差异。

---

① 初级阶段由字句未习得，因此图中没有显示。

（1）与汉语本族语相比，在初、中级多数句式都存在使用超量或不足的现象，如图所示，使用不足的类型和程度都比使用超量明显。尤其是把字句，使用不足情况比较严重，在三个级别都超出使用不足标准。

（2）对比初、中、高三级中介语来看，绝大多数有标句式在三个阶段的变化都符合中介语发展的规律。6类当中除了是字句在中级阶段使用量最接近汉语本族语之外，其他5类从初级到高级都呈现逐渐向汉语本族语靠拢的趋势。

4.下面我们借助皮尔逊相关系数来考察各级语料6类句式的具体使用率之间的相关性。请看下表：

表 4-20　韩国留学生中介语与汉语本族语有标句式使用量相关系数检验表

语料类别		汉语本族语	初级中介语	中级中介语	高级中介语
汉语本族语	皮尔逊相关性	1	.982**	.991**	.995**
	Sig.（双尾）		.001	.000	.000
	个案数	6	6	6	6
初级中介语	皮尔逊相关性	.982**	1	.998**	.989**
	Sig.（双尾）	.001		.000	.000
	个案数	6	6	6	6
中级中介语	皮尔逊相关性	.991**	.998**	1	.996**
	Sig.（双尾）	.000	.000		.000
	个案数	6	6	6	6
高级中介语	皮尔逊相关性	.995**	.989**	.996**	1
	Sig.（双尾）	.000	.000	.000	
	个案数	6	6	6	6

**.在0.01级别（双尾），相关性显著。

从表中数据可以看出，在与汉语本族语的比较当中，三级中介语与汉语本族语的相关系数分别达到了0.982、0.991和0.995，且P值都近似于0，均呈极其显著的正相关，体现了中介语的系统性。而且从初级到高级的相关系数变化也很好地体现了中介语系统的动态性和渐进性。中介语内部的比较也与之前的结论一致，三级之间均呈强相关，相邻两级相关度更高，体现了中介语内部的一致性和连续性。

最后，我们对各级语料25类句式的总使用量情况进行比对，请看皮尔逊相关系数的检验情况：

表 4-21　韩国留学生中介语与汉语本族语 25 类句式使用量相关系数检验表

语料类别		汉语本族语	初级中介语	中级中介语	高级中介语
汉语本族语	皮尔逊相关性	1	.786**	.868**	.908**
	Sig.（双尾）		.000	.001	.000
	个案数	25	25	25	25
初级中介语	皮尔逊相关性	.786**	1	.977**	.956**
	Sig.（双尾）	.000		.000	.000
	个案数	25	25	25	25
中级中介语	皮尔逊相关性	.868**	.977**	1	.992**
	Sig.（双尾）	.001	.000		.000
	个案数	25	25	25	25
高级中介语	皮尔逊相关性	.908**	.956**	.992**	1
	Sig.（双尾）	.000	.000	.000	
	个案数	25	25	25	25

**. 在 0.01 级别（双尾），相关性显著。

此检验结果与上文对 25 类句式排序的检验结果一致。尽管各级别 25 类句式的使用量都与本族人有一定差异，但总体来看，韩国留学生特殊句式的使用率与汉语本族语也具有一致性。三个级别的相关系数分别达到了 0.786、0.868 和 0.908，P 值都近似于 0，属显著相关。因此，我们可以再次判断，韩国留学生中介语特殊句式的使用情况与汉语本族语具有一致性，这是中介语系统性的一个有力证明。而且从初级到高级，相关系数呈明显的梯度增加，也证明了中介语系统的动态性和渐进性，即韩国留学生中介语句式系统从初级到高级呈逐渐靠近目的语系统的趋势。

此外，初级和中级的相关系数为 0.977，中级和高级的相关系数为 0.992，初级和高级之间的相关系数为 0.956，也能够充分证明各级中介语之间的内部一致性和学习者语言系统的内在连续性。

4.4 本章小结

从句式分布区间的情况来看，中介语与汉语本族语所处区间相同的句式在三个阶段分别为 6 类、11 类和 15 类，这一数据充分说明，中介语系统是不断接近于目的语的动态系统。此外，尽管初、中级与汉语本族语相同的类型较少,但初、中级之间分布区间相同的句式类型达到了13类,而中、高级之间达到了20类。这也说明中介语系统的变化是有连续性的,且各级语言表现具有内部一致性。同时我们也看到,与汉语本族语所处区间不同的特殊句式即使到了高级阶段,也仍有五分之二。三个级别都与汉语本族语区间分布相同的类型仅有5类,而不同的类型却有10类。这说明中介语尽管是逐渐靠近目的语的语言系统,但仍与之有明显差异,有其自身的特点。

从句式使用率的总排序情况来看,初级阶段共有9类句式与汉语本族语的排位差异较大,中级阶段有7类,高级阶段仅有5类。总的来看,三个级别与汉语本族语的等级相关系数分别达到了0.755、0.910和0.954,都属于显著相关。中介语句式使用情况与汉语本族语也具有明显的一致性,这也证明了中介语的系统性。从初级到高级,相关系数呈明显的梯度增加,这也体现出了中介语系统的渐进性,即韩国留学生中介语句式系统从初级到高级呈逐渐靠近目的语系统的趋势。由等级相关系数也可以看出各级中介语之间的内部一致性更强,这说明学习者的语言系统存在着内在的连续性,第二语言各方面发展往往是逐级变化的。

从各类句式的使用率情况来看,中介语句式系统与汉语本族语也具有总体的一致性。三个级别句式总使用率与汉语本族语的相关系数分别达到了0.786、0.868和0.908,而且初级和中级的相关系数为0.977,中级和高级的相关系数也为0.992,初级和高级之间的相关系数为0.956。这些都可以再次证明中介语系统的动态性、渐进性以及学习者语言系统的内部一致性和内在连续性。但是结合各类句式的具体使用率来看,多数句式与目的语都存在着一定的差异,且各级间的使用超量和不足的句式数量差别不大:初级使用不足的句式有10类,使用超量的有7类;中级使用不足的句式有13类,使用超量的有6类;高级使用不足的句式有10类,使用超量的有4类。

第五章

韩国留学生汉语中介语句式偏误分析

第四章我们通过与汉语本族语各类句式使用数量的对比,对中介语句式系统面貌有所了解。从 25 类特殊句式的使用情况可以看出,中介语是一个与目的语系统既有一致性,又有其自身特性的动态的语言系统。然而我们必须清楚,尽管中介语从其外在表现来看具有系统性,但构成这个系统的言语并非都是准确的,偏误是中介语系统区别于一般语言系统的一个重要特征。中介语系统当中也存在若干句式偏误,下面我们将对此进行具体分析。

5.1 句式偏误的确定原则

一般的偏误研究多是以服务教学为目的来进行的,而本研究主要从语言系统的角度出发,重点考察和描写中介语系统中各类句式的数量及使用情况,从而对中介语理论进行实证。因此,本书对句式偏误的界定方法也不同于一般以个别句式为对象进行的针对教学的偏误研究,而是以整个句式系统作为研究对象,从宏观的角度进行考察。下面对本书句式偏误的确定原则及统计方式加以具体说明。

1. 句式偏误类型的确定。本书重点研究的句式偏误是能够对中介语句式系统的整体面貌产生影响的偏误。目前,学术界比较认可并通行的偏误分类方法是鲁健骥(1984)引进的误加、遗漏、替代和错序。在这四种偏误之中,误加和遗漏是肯定会对某种句式的使用量产生影响的偏误类型,因此也是我们重点分析的偏误类型,但我们确定句式误加和遗漏的原则与一般的研究有所不同。对于另外两种偏误类型——替代和错序,则要视其是否对句式系统产生影响而判定。此外,我们还补充了一类偏误——错用偏误。具体情况我们将在下文分别加以说明。

2. 句式偏误确定的原则。我们采取与句型偏误一致的确定原则,即从句子的最终表现形式出发来确定该句是否属偏误句式,而不是先推测偏误原因。例如:

(1) *他在住南师大宿舍。(初级)
(2) *他每天认真地跑步在校内运动场。(中级)
(3) *它制造时好多次失败了。(高级)

按照传统的偏误分类方法,例(1)至例(3)属于错序类偏误。"在住"应为"住在","跑步在校内运动场"应为"在校内运动场跑步","好多次失败了"应为"失败了好多次"。这是从犯错原因出发确定的偏误类型。但我们从形式出发认为,例(1)的正确表达形式应为"他住在南师大宿舍",所以应是带处所补语的动词谓语句。然而从学生的错误表现形式上看,该句并不含处所补语,因此我们认为此句遗漏了处所补语。同样,例(2)中"在校内运动场"并非不可用,但应作为状语使用,即"他每天认真地在校内运动场跑步"。但按本书从形式出发来判断的原则来看,"在校内运动场"所处位置说明这一介词短语在本句中属于处所补语,而本句正确的表达形式却不应有处所补语,因此我们将这句判断为处所补语的误加。同理,从形式上来看,我们认为例(3)是动量补语"好多次"的遗漏。

所以说,即使我们判断为遗漏的某个句式在句中存在,但若因为其他原因使得该句从形式上无法分析出此句式，我们仍然认为该语言系统中遗漏了此句式。误加偏误同样如此。因此，对句式系统有影响的错序类偏误，我们将其归在误加或遗漏偏误之中，而对句式系统没有影响的错序类偏误本书不予考虑。这样更便于我们从宏观的角度来考察中介语句式系统的整体面貌。

3. 基于上述原则，本书确定的误加和遗漏偏误是看某个句式本身在语篇当中是否应当出现。不该出现而（形式上）出现的，我们算作该句式的误加偏误；该出现而（形式上）未出现的，我们算作遗漏偏误。本书不考虑与该句式相关的其他成分的遗漏或误加，这与以往的很多偏误研究是不同的。例如：

（4）*（他）把孩子杀∧。
（5）*怎么能把这两个都<u>实现下来</u>呢？
（6）*一只猴子在冬天为了能有阳光，∧自己的房子旁的大树砍倒了。
（7）*所以我和朋友们<u>把旅游打算</u>了。

把字句一般要求谓语部分为动词的复杂形式，因此例（4）是一个不完整的把字句，动词后面遗漏了完句成分"了"。相反，例（5）则是误加了趋向补语"下来"。以往一些研究将这两种情况算作把字句相关成分的遗漏和误加，但我们认为，这两句在适当的语境中使用了把字句，因此不属于把字句的遗漏或误加偏误。例（6）、例（7）则不同，例（6）是该用而未用，属把字句遗漏，例（7）是不该用而用，属把字句误加。

对于句中其他相关成分的误加和遗漏情况，我们将区别对待。

第一，若误加或遗漏的成分与本书研究的句式无关，我们不予考虑。如例（6）中"自己的房子旁的大树"应改为"自己房子旁的大树"，"的"属误加，但与本书所研究的句式无关，因此我们对此不作标注分析。

第二，若误加或遗漏的成分属本书所研究的其他句式，我们将此算为另一种句式的误加或遗漏偏误。如例（5）则属于趋向补语的误加偏误。

第三，若其他成分的误加或遗漏是由于对本书所研究句式使用规则掌握不到位而引起的，我们将此算作该句式的错用偏误。如例（4）遗漏的"了"并不在我们研究的范围之内，但却是由于学生对把字句使用条件不够明晰造成的，因此我们将此例算作把字句错用。

4.遗漏偏误和误加偏误分类。遗漏和误加是最主要的两大类偏误类型，各自均包含以下三种情况：

A. 句中本不该用甲句式①，韩国留学生却用了，即甲句式的误加，这类偏误我们用 R1 来表示。例如：

（8）*中国语是以后很重要。（初级）——R1BSZ 是字句误加

（9）*我们都把交通法规遵守吧！（中级）——R1BBZ 把字句误加

（10）*我听到这句话已经听腻了。（高级）——R1PDJ 结果补语句误加

例（8）至例（10）分别为是字句误加、把字句误加和结果补语句误加。同样，句中该用乙句式，韩国留学生却没有用，即乙句式的遗漏，这类偏误我们用 Y1 来表示。例如：

（11）*我回国前对他送给一张照片。（初级）——Y1PSB 双宾句遗漏

（12）*在中国我一定要找∧我的未来。（中级）——Y1PDJ 结果补语句遗漏

（13）*这种想法在现在的社会上∧不合理的想法。（高级）——Y1BSZ 是字句遗漏

例（11）的正确形式应该是"送给他一张照片"，所以此处为遗漏双宾句。例（12）、例（13）分别为遗漏结果补语句和是字句。

B. 句中本该用乙句式，韩国留学生却用甲句式替代，我们将此种情况算作甲句式的误加，同时是乙句式的遗漏，分别用 R2 和 Y2 来表示②。例如：

---

① 甲、乙句式均为本书 25 类句式之一。
② 下文我们仍会对 R2 和 Y2 进行具体分析。

（14）*八年前我高中的时候我有一个好想做的事，这件事是我（要）走在韩国所有的地方。（初级）——R2PDC Y2PDJ 处所补语句误加 结果补语句遗漏

（15）*上帝使这个消息很感动了。（中级）—— R2PJY Y2PBB 兼语句误加 被动句遗漏

（16）*所以祥林嫂忘起来过去的悲哀。（高级）—— R2PDQ Y2PDJ 趋向补语句误加 结果补语句遗漏

例（14）中"走在韩国所有的地方"从形式上来看是处所补语，但按上下文语义来看，作者本意是"走遍韩国所有的地方"，因此我们将此句判断为处所补语句的误加，结果补语句的遗漏。例（15）正确形式应该是"被这个消息感动"，所以此处遗漏了被动句，而误加了兼语句。例（16）应为"忘掉"，因此是趋向补语句的误加，结果补语句的遗漏。也就是说，替代偏误在本书当中也被归至误加和遗漏偏误之中。

C. 按照本书的标注原则，处于主语、宾语（小句宾语除外）、定语、状语、补语内部的特殊句式不予考虑。因此有些句式本身使用合理，但由于学生的其他偏误使其转而处于或不再处于上述句法成分之中，因而使得整个中介语句式系统中多出或缺少该句式。我们也将此种情况算作误加或遗漏偏误，分别用 R3 和 Y3 来表示。例如：

（17）*他反正没有很多钱，可是他是有孩子妻子。（初级）—— Y3BYZ 有字句遗漏

（18）*动物是给人类幸福的生活。（中级）—— Y3PSB 双宾句遗漏

（19）*公州秋天是美丽极了。（高级）—— Y3PDD 程度补语句遗漏

以上各例都是因为学生误加了是字句，使得原本应该在句子主干中的句式转而成为宾语部分，因此三句当中的有字句、双宾句、程度补语句无法被统计在句式系统当中。但是同样的情况在误加偏误中比较少见，初、中级都没有出现，请看高级中介语中的实例。

（20）*如果阿Q在21世纪的话，生活过得不好的原因中一个∧没有自信。（高级）——R3BYZ 有字句误加

例（20）由于遗漏了是字句，使得原本应作为宾语出现的"没有自信"处于句子主干当中，从而使得句式系统当中多出了一个有字句。因此我们将此算作有字句的误加。

需要说明的是，句式R3、Y3类偏误并不是学生本身对该句式掌握不足造成的，仅仅是因为从形式上看无法统计在系统之中，因此在下文分析该句式偏误率的时候我们不将其算作偏误，而在对句式系统进行整体分析的时候才算作句式的遗漏或误加。

5.错用偏误的确定。句式错用偏误是指某句式既非误加，也未遗漏，但是因为学生对该句式的使用规则掌握不熟练而导致偏误的产生，我们用C来代表此类偏误。例如：

（21）*南京的天气很好，<u>比我们家很冷</u>。（初级）——CPBS 差比句错用

（22）*我们南京熊猫电视机厂已经<u>收好了</u>你们的信。（中级）——CPDJ 结果补语句错用

（23）*决定自己把孩子的人工呼吸器拿下来，<u>把孩子杀</u>。（高级）——CBBZ 把字句错用

例（21）中选用比字句是正确的，但却在比字句中错误地使用了程度副词，因此属于错用比字句。例（22）确实应该使用结果补语，但学生却将"收到"误为"收好"。例（23）则是没有掌握把字句的使用规则而造成的偏误。

综上所述，本书的句式偏误分析一方面借鉴传统的分类方法，另一方面结合自身研究需要和研究目的对偏误的具体确定及分类原则均有所调整。我们将句式偏误归为三大类型，即误加、遗漏、错用。其中错用偏误对中介语句式系统没有影响，因此我们研究的重点是误加偏误和遗漏偏误。另有一类替代偏误，我们将其归在误加和遗漏偏误之内。

5.2 韩国留学生汉语中介语句式偏误分析

5.2.1 中介语句式误加偏误分析

（一）韩国留学生各类句式误加偏误列举分析

1. 结果补语句误加偏误

结果补语句误加在初级阶段共出现 13 例，中级阶段出现 56 例，高级阶段出现 30 例。请看具体用例：

（24）*我要<u>改成</u>生活方式。（初级）
（25）*于是他决心带着儿子孙子一起把这座山搬走。他那天以后，常常跟他们一起<u>搬走</u>。（中级）
（26）*我她的病室门口前面站<u>住</u>了很长时间。（高级）

例（24）画线部分应为动词"改变"，表达一种愿望，而学生误用为"改成"，意味着已有结果；例（25）前一小句中的"搬走"是正确的，表示想得到的结果，但后一小句"常常"后接的应该是经常性的动作，此处的结果补语"走"便是多余的；例（26）需要强调的是动作"站"的持续性，因此不应该加"住"作为结果补语。

2. 状态补语句误加偏误

状态补语句误加在初级阶段共出现 12 例，中级阶段出现 19 例，高级阶段出现 12 例。请看具体用例：

（27）*他的太太在床上躺着，确实她<u>看得不舒服</u>。（初级）
（28）*虽然韩国比中国法规<u>遵守得好</u>。（中级）
（29）*第二个习惯是他喜欢跑步。每天跟车<u>比赛得太厉害</u>。（高级）

例（27）应为"看起来不舒服"；例（28）原意应为"韩国比中国遵守法规"，可见学生是误用状态补语来表达程度，不免"避简就繁"，多此一举；例（29）原意应该用两句表达，即"每天跟车比赛，太厉害（了）"，而学生却将两句用状态补语的形式合成一句，使得句子不通。

3. 程度补语句误加偏误

程度补语句误加在初级阶段出现 6 例，中级阶段出现 8 例，高级阶段出现 2 例。请看具体用例：

（30）*我希望他的身体<u>快好点儿</u>。（初级）
（31）*不过在韩国人们的交通<u>遵守得很</u>。（中级）
（32）*到了 21 世纪，跟以前时代不一样的东西<u>发生得很</u>。（高级）

例（30）正确形式应为"快点儿好"，"（一）点儿"虽然也可看作在"快"的后面作程度补语，但"快点儿"在句中是状语，所以该句不应该是程度补语句。例（31）和例（32）都是在动词后误用"得很"表示程度。

4. 趋向补语句误加偏误

趋向补语句误加在初级阶段共出现 9 例，中级阶段出现 42 例，高级阶段出现 45 例。此类偏误在中、高级阶段的出现数量远多于初级阶段。通过具体考察我们发现，中、高级阶段出现的偏误多是对趋向补语引申用法掌握不足造成的，而初级阶段学生对这种引申用法还不太熟悉，多使用的是趋向补语的本义用法，因此偏误也少一些。请看具体用例：

（33）*现在我想（知道了），考试时一定要<u>带去</u>护照。（初级）
（34）*怎么能把这两个都<u>实现下来</u>呢？（中级）
（35）*英国气象台的发表更让我们<u>吃惊起来</u>。（高级）

例（33）至例（35）分别误加了趋向补语"去""下来""起来"，将其去掉便为正确形式。

5. 可能补语句误加偏误

可能补语句误加在初级阶段共出现 9 例，中级阶段出现 11 例，高级阶段出现 9 例。请看具体用例：

（36）*汉语能力<u>达得到</u>提高。（初级）
（37）*总算考过考试，然而我<u>考不上</u>大学，只好再学习。（中级）

（38）*我跟他要走时，我家狗不知道什么时候跟得上我。（高级）

例（36）是学生生造了一个可能补语"达得到"，而其他两例中的可能补语确有此形式，但在句中却使用不当。例（37）既有"考过考试"，又有"再学习"，可推测原意应是"没考上"大学这一事实，而"考不上"是对能力的评价。例（38）同样如此，应该用"跟上我（了）"。

6. 动量补语句误加偏误

动量补语句误加在初级阶段共出现 7 例，中级阶段出现 12 例，高级阶段出现 6 例。这类偏误主要是借用动量词的误加，即"V—V"形式的误用。请看具体用例：

（39）*我们到山上的时候看见日出。我们都笑一笑了。（初级）

（40）*十年以后他还带着儿子、孙子一起搬走，神惊一下。（中级）

（41）*我突然想一想，为什么冬天下雨呢？（高级）

"V—V"形式一般被认为有少量、短暂、轻微的语义，而例（39）和例（41）都无此意，应该分别改为"我们都笑了""我突然想"。例（40）想表达的是"神很惊讶"的语义，也不应该使用动量补语"一下"。

7. 时量补语句误加偏误

时量补语句误加在初级阶段共出现 4 例，中级阶段出现 7 例，高级阶段出现 1 例。请看具体用例：

（42）*我在韩国的时候最远的地方也可以到 7 个小时左右。（初级）

（43）*甚至房租也是很贵，所以没付了 3 个月。（中级）

（44）*她回家以后一直躺着不吃饭，不上学，哭了整天。她已经三天不上课了。（高级）

例（42）、例（43）中的时量短语很明显都应该是在句中作状语使用的，而在句尾则在形式上成为时量补语，因此是偏误用例。例（44）虽然也可以修改为"哭了一整天"，仍为时量补语结构，但从上下文来看,"一直躺着不吃饭,不上学",且"已经三天不(没去)上课了",说明作者想表达的是"她"不做其他事,一直在哭,而且并非一天,因此正确形式应为"整天哭",这样"整天"即作状语,此句不应含时量补语。

8. 处所补语句误加偏误

处所补语句误加在初级阶段共出现 48 例,中级阶段出现 14 例,高级阶段出现 10 例。请看具体用例:

(45)*她准备举行很大晚会,当然我要参加,但是晚会开<u>在韩国</u>。(初级)
(46)*每天认真地跑步<u>在校内运动场</u>。(中级)
(47)*他们在社会上受到的压力可以缓解<u>在那边</u>。(高级)

例(45)至例(47)中"在韩国""在校内运动场"和"在那边"都应该在句中作状语,而不应该在句尾作补语,因此三例都是处所补语的误加。因为韩国语中没有补语,所以汉语使用补语的地方在韩国语当中往往用状语替代。但在实际语料当中我们发现,并不是所有的偏误都是将补语误用为状语,有时也如上述几例一样,将本该用作状语的成分误用为补语。因为补语对韩国留学生来说属于 Practor(1967)提出的难度等级当中最难的一级——Split,即母语当中的一个语言项目在目的语中分化为两个或两个以上。学生在习得的时候很容易出现混淆的情况,有时也会出现矫枉过正的情况。

9. 时间补语句误加偏误

时间补语句误加在初级阶段出现 12 例,中级阶段出现 1 例,高级阶段出现 2 例。请看具体用例:

(48)*我们结婚 <u>1985 年</u>。(初级)
(49)*但我的烦恼开始<u>到中国以后</u>。(中级)
(50)*这春游一般搞<u>在四月份</u>。(高级)

同上,例(48)至例(50)中的时间点"1985 年""到中国以后"和"在四月份"都是时间点,而非时间段,多在句中充当状语,但学生却将其用在句末,从形式上看都是时间补语,故为偏误。肖奚强(2002)

也指出，时间点常用来表示动作的开始或结束，在句法上往往用状语来表达。但在韩国语当中没有补语，时点和时段都以状语表达，因此韩国留学生常出现状语、补语颠倒的情况。

10. 其他介词补语句误加偏误

其他介词补语句误加在初级阶段出现 8 例，中级阶段出现 24 例，高级阶段出现 3 例。请看具体用例：

（51）*但是我们的组输了，所以<u>买给</u>他们冰激凌。（初级）
（52）*来中国以后我还没<u>说给</u>父亲爱的话。（中级）
（53）*所以家长特地<u>关心于</u>孩子周围的环境。（高级）

这类偏误多是由学生对常见双宾格式 "V+给+某人+某物" 的使用条件不清造成的。朱德熙（1979）指出进入 "V 给" 的动词 "V" 只能是给予类动词。而例（51）、例（52）都不符合这个条件。如例（51）应为 "给他们买冰激凌"，例（52）与介词 "对" 混用，应改为 "对父亲说"。例（53）是介词 "于" 的误加。

11. 连动句误加偏误

连动句误加在初级阶段出现 8 例，中级阶段出现 20 例，高级阶段出现 10 例。请看具体用例：

（54）*我<u>陪她</u>互相帮助。（初级）
（55）*春节时一定晚辈们<u>找</u>长辈们<u>问候</u>。（中级）
（56）*那里有很多小笼，一般八个人<u>去吃</u>十笼包子。（高级）

例（54）应改为 "和她互相帮助"，而 "陪" 是动词，所以从形式上看此句为连动句。例（55）应改为 "问候长辈们"，例（56）应改为 "八个人吃十笼包子"，而使用连动句都是多余的。

12. 兼语句误加偏误

兼语句误加在初级阶段出现 8 例，中级阶段出现 15 例，高级阶段出现 12 例。请看具体用例：

（57）*爸爸常常<u>让我</u>提醒。（初级）
（58）*请你<u>让我</u>说怎么做，我等你的回信息。（中级）

（59）*（海水）从沙滩里猛烈地冲过来，所以令人们制造恐怖。（高级）

兼语句中兼宾语和主语的成分应该是其后动作的发出者，而并非句首主语，但是韩国留学生却容易出错。例（57）从上下文来看，其原意应为"爸爸常常提醒我"，"提醒"本应是"爸爸"发出的，但使用了兼语句之后意思发生了转变。例（58）也同样，应该改为"请你告诉我怎么做"或"请你对我说怎么做"。例（59）可以说"令人们感到恐怖"，因为"感到"是兼语成分"人们"可以发出的动作，而"制造"只能是省略的句首主语"海水"发出的，所以也可以使用"给人们制造恐怖"来表达。

13. 双宾句误加偏误

双宾句误加在初级阶段出现18例，中级阶段出现22例，高级阶段出现6例。请看具体用例：

（60）*我觉得她的事情给别人很好的榜样。（初级）

（61）*有时候她介绍我她的朋友们。（中级）

（62）*为了排泄自己的压力，相反添给别人麻烦。（高级）

例（60）是比较典型的一类偏误，句中动词的遗漏使得全句从形式上来看符合"给+近宾语（谁）+远宾语（什么）"结构，应该改为"给别人树立很好的榜样"，此时"给"应为介词而非动词。例（61）则是不符合双宾句常见的语义环境，即动词多是给予类、获取类或述说类的三价动词。"介绍"不属于其中任何一类，因此这里使用双宾格式是错误的，应改为"她给我介绍她的朋友们"。例（62）也是常见的偏误形式，即将原本应处于状语位置的介词短语"给+某人"置于动词后，这时"某人"就从形式上成了双宾句的间接宾语，再如"写给你信"，这都是不合适的。因此本句应改为"给别人添麻烦"。

14. 存现句误加偏误

存现句误加在初级阶段出现3例，中级阶段出现1例，高级阶段没有出现。请看具体用例：

（63）*从韩国来了吴多连。（初级）
（64）*有一天他出去的时候，很吃惊，家门口没有两座大山。（中级）

例（63）是一篇作文的首句，初级学生汉语水平较差，因此表达混乱，原意应为"我是从韩国来的吴多连"。例（64）原意是说愚公突然发现两座大山没有了，因此尽管画线小句从语法角度看是没错的，但在语篇中看则不应该使用存现句，而应以两座大山为主语，即"家门口两座大山没有了"。

15. 被动句误加偏误

被动句误加在初级阶段出现5例，中级阶段出现10例，高级阶段出现9例。请看具体用例：

（65）*此后照片被我送给她。（初级）
（66）*最深刻的人是一个美容师，她被乙化妆。（中级）
（67）*他生平当中主张的内容之间文学改革以外所有的都被失败了。（高级）

例（65）语法上符合规范，但被动句往往侧重强调处于主语位置和"被"字之后这两处焦点信息，从上下文来看，此处并不需要强调"照片"或"我"。例（66）原意应该是"她给乙化妆"，"被"后面引出的应是施事者。而句中"化妆"却是由主语发出的，且文中需要强调的也是主语，所以应改为"她给乙化妆"。在例（67）当中，学生只考虑到了被动句多用来表达不情愿、遭受义的语义特征，却忽略了能够进入被动句的动词限制条件，即必须是及物动词。而"失败"是不及物动词，所以这里的"被"也是误加的。

16. 差比句误加偏误

差比句误加在初级阶段出现2例，中级阶段出现16例，高级阶段出现14例。请看具体用例：

（68）*比别的家人我妈妈特别忙。（初级）
（69）*（现在）比以前有什么差异。（中级）

（70）*我跟爸爸的关系比别的家庭不一样。（高级）

例（68）的原意应为"比起别的家人，我妈妈特别忙"，但初级阶段的学生还没有能力正确使用这种复杂的用法，而选择了简单的比较句，因此出现偏误。使用差比句的条件是被比较的双方可以作出数量或程度的具体比较，而诸如例（69）、例（70）仅仅是比较异同的情况，应该使用"与/跟/和/同……（不）一样/相同……"句式。

17. 重动句误加偏误

重动句误加在初级阶段出现1例，中级阶段出现2例，高级阶段出现1例。请看具体用例：

（71）*我大儿子是小的时候常常生病了，几次住医院住进了。（初级）

（72）*我来中国来了三个月。（中级）

（73）*我希望看在南师大里下雪下得很多。（高级）

例（71）应改为"几次住进医院"。在带有时量补语的重动句中，往往要求动词具有一定的持续性，而例（72）中的"来"并不满足这个条件，应改为"我来中国三个月了"。而例（73）从上文来看，作者的原意是想表达"多下雪"，也不需要使用重动句。

18. 是字句误加偏误

是字句误加是数量最多的偏误类型，在句型部分我们已经分析过这一点，很多句型偏误都是由于是字句误加造成的。在初级阶段出现386例，中级阶段出现460例，高级阶段出现378例。请看具体用例：

（74）*所以我汉语说不好，她是亲切教我。（初级）

（75）*这儿是二十多年以来人越来越多。（中级）

（76）*因为公州也是盆地，夏天是非常热，冬天是非常冷。（高级）

这些用例当中都不需要"是"。但由于是字句习得较早，使用范围也比较广，因而中介语当中极易出现滥用情况。犯错的学生往往认为"是"才是句中的谓语动词，不可缺失。甚至句中已经有"是"字的情况下还会加"是"作为谓语动词,如"可是学汉语的时候最重要的是不是时间"。可见,韩国留学生普遍认为是字句比较容易,却忽略了其使用条件,形成了如此高的偏误率。这是值得引起我们重视的问题。

19. 有字句误加偏误

有字句误加比是字句少得多,但也是相对较多的偏误类型,在句型部分我们也提过有一些句型偏误是由于有字句误加造成的。在初级阶段出现45例,中级阶段出现49例,高级阶段出现20例。请看具体用例:

(77)＊但是中文<u>有</u>美丽。(初级)

(78)＊相反大多数的东洋人<u>有</u>喜欢吃狗。(中级)

(79)＊但我不了解她的那样的行动,我不楚的骂她,后来<u>有</u>了后悔。(高级)

韩国留学生"有"的误加同"是"字原因相似,都是认为句中需要"有"作为谓语动词,因此有时如例(77)在形容词前误加"有",有时即使已经有了其他动词或动宾结构,也仍在前面加"有",造成误加偏误,如例(78)、例(79)。因此,在中介语当中,看似简单的有字句同是字句一样,使用率高,偏误率也高,应当引起重视。我们也考虑到,受南方方言的影响,"有+VP"已成为接受度较高的格式,因此在确定偏误的时候排除了可能因模仿此格式而误加"有"的情况。

20. "是……的"句误加偏误

"是……的"句误加在初级阶段出现28例,中级阶段出现47例,高级阶段出现32例。请看具体用例:

(80)＊我<u>是</u>来中国4个月<u>的</u>。但还没有习惯住在很大的地方。(初级)

(81)＊这山是<u>位于城市东北部的</u>。(中级)

(82)＊可是因为两次的结婚,而且两个男的都是<u>死的</u>。(高级)

"是……的"格式是具有强调功能的格式,用来突出中间的信息焦点。刘月华等(2001)指出这种句式要说明的重点并不是动作本身,而是动作发生的时间、处所、方式、条件、目的、对象或施事等。例(80)

重在表述时间段，可去掉"是……的"结构，改为"我来中国4个月了"；或可改为"我是4个月前来中国的"，强调来中国这一动作发生的时间。例（81）中"位于"也非已发生动作，应该直接用一般陈述句"这山位于城市东北部"。例（82）"是死的"从形式上看是"是+形容词+的"结构，这往往是用来对主语性质进行描绘。而原句想表达的是"两个男的都死了"这一过去的事实，因此不应该使用"是……的"结构。

21. 把字句误加偏误

把字句误加在初级阶段出现11例，中级阶段出现25例，高级阶段出现27例。请看具体用例：

（83）*在洛阳我有两个朋友，他们<u>把我邀请了</u>。（初级）

（84）*在没完无了的宇宙中，只有这地球<u>把氧和氢还有水具有</u>。（中级）

（85）*到劳动节的时候，休息时间很长，所以我和朋友们<u>把旅游打算了</u>。（高级）

韩国留学生容易受到母语语序负迁移影响，认为把字句就是按韩语SOV语序并在宾语前加"把"字构成，因此会忽略把字句对语义以及动词形式等方面的限制。如例（83）至例（85）中的动词"邀请""具有""打算"都不具备处置义，因此不能使用把字句。还有些句中的动词虽然有处置义，但句子的表达重点并非对某物施加某种处置过程，用把字句也是错误的，如例（86）：

（86）*我们开心地<u>把土豆烤着</u>，一边聊天儿，一边享受美味。

另有比较数量补语句、等比句、由字句、连字句没有出现误加偏误。

（二）韩国留学生各类句式误加偏误率对比分析

我们将三个级别中介语句式误加情况及变化趋势总结如下：

表 5-1　韩国留学生中介语句式误加偏误情况

句式类型		初级中介语			中级中介语			高级中介语			变化趋势
		误加数量（例）	使用数量（例）	偏误率（%）	误加数量（例）	使用数量（例）	偏误率（%）	误加数量（例）	使用数量（例）	偏误率（%）	
补语句式	结果	13	412	3.16	56	1 505	3.72	30	1 644	1.82	倒U
	状态	12	354	3.39	19	589	3.23	12	431	2.78	递减
	程度	6	72	8.33	8	145	5.52	2	177	1.13	递减
	趋向	9	157	5.73	42	633	6.64	45	992	4.54	倒U
	可能	9	191	4.71	11	380	2.89	9	362	2.49	递减
	动量	7	97	7.22	12	195	6.15	6	239	2.51	递减
	时量	4	177	2.26	7	224	3.13	1	181	0.55	倒U
	比较	0	30	0	0	24	0	0	15	0	—
	处所	48	201	23.88	14	345	4.06	10	517	1.93	递减
	时间	12	5	240.00	1	14	7.14	2	23	8.70	U型
	其他	8	54	14.81	24	66	36.36	3	110	2.73	倒U
无标句式	连动	8	1 035	0.77	20	1 591	1.26	10	1 725	0.58	倒U
	兼语	8	151	5.30	15	489	3.07	12	783	1.53	递减
	双宾	18	220	8.18	22	347	6.34	6	344	1.74	递减
	存现	3	147	2.04	1	205	0.49	0	328	0	—
	被动	5	21	23.81	10	151	6.62	9	227	3.96	递减
	差比	2	169	1.18	16	244	6.56	14	224	6.25	倒U
	等比	0	87	0	0	223	0	0	150	0	—
	重动	1	42	2.38	2	37	5.41	1	13	7.69	—

续表

句式类型		初级中介语			中级中介语			高级中介语			变化趋势
		误加数量（例）	使用数量（例）	偏误率（％）	误加数量（例）	使用数量（例）	偏误率（％）	误加数量（例）	使用数量（例）	偏误率（％）	
有标句式	是字	386	2 034	18.98	460	3 924	11.72	378	4 156	9.10	递减
	有字	45	1 387	3.24	49	2 485	1.97	20	2 271	0.88	递减
	是……的	28	114	24.56	47	426	11.03	32	586	5.46	递减
	把字	11	51	21.57	25	219	11.42	27	278	9.71	递减
	由字	0	0	—	0	7	0	0	23	0	—
	连字	0	14	0	0	35	0	0	60	0	—
总计		643	7 222	8.90	861	14 503	5.94	629	15 859	3.97	递减

注：偏误率＝某类句式各级偏误数量（例）/各级该类句式的理论使用量（例）[①]，取百分位。

由表中数据可知，比较数量补语句、等比句、连字句在三个级别都没有出现误加的情况（其中由字句在初级阶段未习得，不作统计，下同）。还有几种句式在某一级别没有出现误加情况，或出现例数非常少，不具有普遍性。

下面我们对各类句式误加偏误的情况以及从初级到高级的变化趋势加以总结。

1. 各类句式在各阶段的误加偏误情况

（1）首先，各级别都有句式没有出现误加偏误。初级阶段共有3类句式，分别是比较数量补语句、等比句和连字句。中级阶段有4类，具体为比较数量补语句、等比句、由字句和连字句。高级阶段有5类，具体为比较数量补语句、等比句、连字句、存现句和由字句。

---

① Schachter（1974）研究得出结论："学生用得越多，产生的偏误也就会越多。"由于本书讨论的各类句式使用量差别较大，因此为了相对准确地衡量各类句式的偏误情况，我们采用理论使用量作为基数来计算偏误率。理论使用量是指某一句式若不存在误加和遗漏偏误在语篇当中的使用数量，即理论使用量＝实际使用量－误加数量＋遗漏数量。

我们认为，这些句式没有出现误加偏误的原因并不相同。比较数量补语句、等比句和存现句使用语境都比较明确。比较数量补语句只有在进行数量比较的时候才会使用，等比句是在对两种事物进行异同比较的时候使用，学生对这两种语境的判断基本不存在问题，因此没有出现误加的情况。存现句使用条件也不复杂。总之，这几类句式不易出现误加偏误的原因主要是习得使用条件相对简单。这一点从本书第四章所分析的使用量情况也可以看出，这三类句式与汉语本族语相比都基本没有使用不足的情况，比较数量补语句和等比句还是使用超量的句式，这也说明这三类句式对于学生来说难度并不大。

相反，由字句和连字句则很有可能是由于难度较大，尤其是由字句在初级阶段尚未习得。在适用此两类句式的语境下，学生都可能采取回避策略，那么在不适用的语境下就极少会出现误加的情况了。这一点同样可以在句式使用量上看出，由字句和连字句使用量都较少。

（2）从各类句式的误加偏误率来看，初级阶段容易出现误加偏误的句式有时间补语句、"是……的"句、处所补语句、被动句、把字句、是字句以及其他介词补语句7类。其他句式误加偏误率都在10%以下。中级阶段偏误率在10%以上的句式有其他介词补语句、是字句、把字句和"是……的"句4类。而高级阶段没有超过10%的句式，相对而言出现误加较多的句式是把字句、是字句和时间补语句。

可见，误加偏误率较高的句式在三个阶段还是有一致性的。三类补语句的误加原因主要还是学生对汉语状语和补语的区分有困难。其中时间补语句在初级阶段的语篇当中仅有5处需要使用，但学生却用了多达12处。结合具体偏误用例来看，是韩国留学生对于时间名词何时作状语何时作补语经常混淆。处所补语句和其他介词补语句误加也多是类似的原因。这就提醒教师在对韩初级阶段的教学当中，应以这几种补语句为代表多加强调状语和补语的区分。而"是……的"句、被动句、把字句和是字句的误加主要还是学生对句式的使用条件不够清楚，出现滥用的现象。

2. 各类句式误加偏误从初级到高级的变化趋势

上文提到，比较数量补语句、等比句和连字句这3类句式在各阶段都未出现误加偏误（其中由字句在初级阶段未习得，不作统计），在此我们不作变化趋势的分析。此外，存现句、重动句在三个阶段的误加用例都在3例以下（含3例），我们认为这些偏误不够典型，并且不排除有个别学生的失误，也不适宜作变化趋势的分析。因此，我们下面的分析将这6类排除在外，仅以其他19类句式为考察对象。

由表中最后一列的变化趋势总结可以看出，各类句式误加偏误率在三个阶段的变化有较强的规律性。从总趋势上来看共有三种类型。第一种是递减型，即偏误率从初级到高级呈逐渐下降的趋势。第二种是U型，即中级阶段偏误率最低。第三种是倒U型，即偏误率在初级和高级都低于中级阶段。我们看到，有12类为递减型发展，6类句式误加偏误呈倒U型，U型仅有1类，即时间补语句。这一句式比较特别，从数据上来看该句式误加偏误呈U型发展趋势，初级与中、高级的差异也比较悬殊，为了可以清楚看到各类句式在各学习阶段误加偏误率的变化趋势，我们未将此类列在下面的折线图中。具体来看，递减型和倒U型内部各句式发展趋势尚存在一定差异。下面我们结合折线图来进行分析。

（1）倒U型

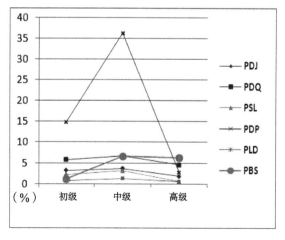

图5-1 韩国留学生中介语句式误加偏误变化趋势折线图（a）

从图 5-1（a）可以看出，其他介词补语句在中级阶段误加偏误率的变化幅度是 6 类当中最大的，在初级阶段和中级阶段的偏误率也都是最高的，但到了高级阶段便急剧减少。这提示我们应该在初、中级对于这类偏误加以纠正，尤其是对介词结构"给某人"的使用位置和使用条件要加以强化。

其他 5 种句式可以再分为两种类型。一类是差比句，即初级偏误率最低，高级与中级基本持平，略低于中级，但仍明显高于初级。这就要求我们在中、高级仍不可放松对此类偏误的纠正。其他 4 类句式属于第二类，即初、中级基本持平，高级最低。对于这些句式我们应该在初、中级阶段多加强调。

（2）递减型

为了更清晰地看出各类句式的误加偏误率变化趋势，我们将 12 类递减型句式再分为三小类，并分两图表现出来，具体如下：

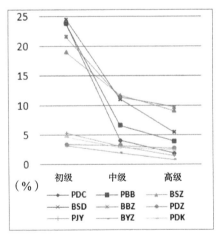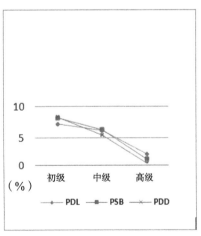

图 5-1　韩国留学生中介语句式误加偏误变化趋势折线图（b）（c）

图 5-1（b）中的句式可按折线走向再分为两类：

第一类是处所补语句、被动句、是字句、"是……的"句和把字句。其特点是初级阶段偏误率非常高，到了中级阶段呈明显下降趋势，高级阶段继续稳步下降。这说明这几类句式在学生刚习得的时候非常容易出现误加偏误，但随着学习的深入这类错误也很容易被克服，这往往是学生自我纠错能力的体现。针对这个特点，教师需要在初级阶段适时做好引导工作。

第二类是状态补语句、兼语句、有字句和可能补语句。其特点是误加偏误率在三个阶段都不高，变化幅度也比较平缓、稳定。

图 5-1（c）中的句式为第三类，包括动量补语句、双宾句和程度补语句。从折线走向可以看出，第三类句式的特点是中级阶段的误加偏误率与初级阶段基本持平，到了高级才明显下降。这就要求我们在中级阶段也不能忽视对误加偏误的纠正。

总的来看，大多数句式的误加类偏误是在三个级别都存在的，而且偏误数量一般随级别的升高逐渐降低，高级阶段偏误率最低。从各级别总的误加偏误率来看，初级阶段为 8.90%，中级阶段为 5.94%，高级阶段为 3.97%，同样呈逐级递减的趋势。这一结论一方面说明中介语内部的偏误同样具有整体的系统性，另一方面也再次证明了中介语是一个动态发展的语言系统，且这种发展具有一定的规律性。

此外，我们也看到，即使在高级阶段，仍有大量偏误存在，有 2 类偏误率仍近 10%。而且并非所有句式的偏误率都呈递减规律变化，有 6 类句式的偏误率呈倒 U 型发展趋势，即在中级阶段的偏误率高于初级阶段，这种反复回退性正是石化现象的特征之一。这些都说明在中介语内部存在石化现象。

5.2.2 中介语句式遗漏偏误分析

遗漏偏误一般是指语篇当中应该使用某句式而外国学生没有使用。本书从整个句式系统的角度出发，将某句式被其他句式所替代的情况和使用了但无法统计到句式系统当中的情况也归为遗漏偏误。我们将三种情况分别以 Y1、Y2、Y3 进行区别标注，以便根据需要更准确地进行统计分析。下面的举例分析我们以 Y1 类遗漏偏误为主，涉及 Y2、Y3 类时会加以说明。

（一）韩国留学生各类句式遗漏偏误列举分析

1. 结果补语句遗漏偏误

结果补语句遗漏在初级阶段出现 63 例，中级阶段出现 128 例，高级阶段出现 117 例。请看具体用例：

（87）*老板说，这个是十块。我听∧了四块。（初级）

（88）*走来走去一个小时总算找∧房间。（中级）

（89）*谁也不让进考试场，许俊擦∧眼泪回故乡。（高级）

例（87）遗漏了"成"，例（88）遗漏了"到"，例（89）遗漏了"干"。

2. 状态补语句遗漏偏误

状态补语句遗漏在初级阶段出现 19 例，中级阶段出现 18 例，高级阶段出现 23 例。请看具体用例：

（90）*家里干干净净打扫。（初级）

（91）*然而我对她的感情变了冷冷的。（中级）

（92）*韩国的秋天快来快去。（高级）

例（90）正确形式应该是"家里打扫得干干净净"，例（92）应为"来得快去得快"。这两例都是学生使用状语形式来替代状态补语而发生的偏误，在韩国留学生当中比较典型。原因是韩国语当中没有补语结构，因此学生更倾向于使用状语来完成补语的功能，有时转换不当便会产生偏误。例（91）应该为"变得冷冷的"，而学生使用"了"代替了"得"。孙德金（2002）指出状态补语句"得"前词语一般为动作行为动词，与体意义直接相关。因此这种现象的主要原因是"了"所表的体意义和"得"字补语句具有的时体特征（一般为完成）相吻合，因而更容易发生干扰。

3. 程度补语句遗漏偏误

程度补语句遗漏在初级阶段出现 9 例，中级阶段出现 6 例，高级阶段出现 4 例。请看具体用例：

（93）*当初习汉语很难，后来一点儿容易。（初级）

（94）*那时候商人给我一些便宜。（中级）

（95）*比以前<u>有一点儿</u>轻松。（高级）

这类偏误多是将程度补语"一点儿"置于状语位置，如例（93）。其原因除了<u>上述与母语负迁移</u>有关之外，还有目的语规则泛化的可能，即混淆"有（一）点儿"和"一点儿"，这是各国学生都容易出现的偏误，如例（95）。例（94）中"<u>一些</u>"也应该在"便宜"之后。

4. 趋向补语句遗漏偏误

趋向补语句遗漏在初级阶段出现 4 例，中级阶段出现 19 例，高级阶段出现 28 例。请看具体用例：

（96）*我偷偷地准备她的生日。她一句话也<u>不说</u>。她不停地哭。（初级）

（97）*如果做我不喜欢的方面的工作的话，我不能∧下去。（中级）

（98）*因为增加私家车也带∧了停车场不足的问题。（高级）

例（96）从单句句法来看没有问题，但结合上下文来看，"她"是因为惊讶感动而"一句话也说不出来"。例（97）是遗漏了趋向补语前的动词"做"或"坚持"。例（98）则是遗漏了趋向补语"来"。

5. 可能补语句遗漏偏误

可能补语句遗漏在初级阶段出现 13 例，中级阶段出现 35 例，高级阶段出现 20 例。请看具体用例：

（99）*我开始的时候打了三个鱼。可是打了三个鱼以后我连一个鱼也<u>不打</u>了。（初级）

（100）*儒家的道德观念在韩国人民的生活中溶解了。所以有时候连韩国人也<u>不能感觉到</u>自己的讲礼貌的态度。（中级）

（101）*其实看∧出来其中我家里所有的家具，它是最贵重的东西。（高级）

例（99）应该使用可能补语"打不到/着"，而学生直接用否定副词，在表义方面差距很大。例（100）则是典型的可能补语"V 得/不 C"

与借助能愿动词的结构"能/不能 VC"之间的混用。在中介语语料当中，最多的是否定式"V 不 C"与"不能 VC"的混用偏误，而肯定式之间混用比较少，如例（101），最合适的表达方式应该是"其实看得出来"，但若改成"其实能看出来"也有一定的接受度。因为这两种结构肯定式自由互换的条件限制要比否定式宽松。肖奚强等（2009）经考察确认，44 例"V 得 C"当中有 35 例可变换成"能 VC"，而 63 例"能 VC"当中有 52 例也可以换用"V 得 C"。

6. 动量补语句遗漏偏误

动量补语句遗漏在初级阶段出现 8 例，中级阶段出现 5 例，高级阶段出现 13 例。请看具体用例：

（102）*我们一个星期<u>三次</u>见面。（初级）

（103）*釜山的真好的地方。你们也<u>一次</u>去釜山。（中级）

（104）*以后我<u>几次</u>吃过别的小笼包，过不能忘记那家的味道。（高级）

以上各例都是将动量补语当作状语来使用而造成的偏误。

7. 时量补语句遗漏偏误

时量补语句遗漏在初级阶段出现 14 例，中级阶段出现 18 例，高级阶段出现 3 例。请看具体用例：

（105）*爬上去 3 个小时后我的脚很疼，爬不动，所以跟朋友<u>一会儿</u>休息。（初级）

（106）*我在中国<u>两年</u>生活，才知道为什么多中国人都喝茶。（中级）

（107）*我<u>很长时间</u>看兵马俑。回来的时候已经太迟了。（高级）

以上各例也都是将时量补语当作状语来使用而造成的偏误。

8. 比较数量补语句遗漏偏误

比较数量补语句遗漏在初级阶段出现 8 例，中级阶段出现 2 例，都是因为比较数量短语位置用错所致，如例（108）、例（109）。这种偏

误比较容易纠正,因此到了高级阶段不再出现。请看具体用例:

(108)＊我比朋友<u>一岁大</u>。(初级)

(109)＊我有了喜欢的女人。她比我<u>三岁大</u>。(中级)

例(108)应为"我比朋友大一岁",例(109)应为"她比我大三岁"。

9. 处所补语句遗漏偏误

处所补语句遗漏在初级阶段出现11例,中级阶段出现30例,高级阶段出现43例。请看具体用例:

(110)＊她∧在我学校的后边。(初级)

(111)＊不过他是勇敢的人,他跑∧了她在的地方。(中级)

(112)＊全家的重担都落∧了他的肩膀上。(高级)

处所补语遗漏主要是在动词后遗漏了介词"在"或"到",使得句子成为一般的述宾结构。如例(111)应该改为"跑到了她在的地方",例(112)应改为"落在了他的肩膀上"。有时也会遗漏动词,如例(110),原意应为"她住在我学校的后边",原本应为介词的"在"在句中成为了动词。

10. 时间补语句遗漏偏误

时间补语句遗漏在初级阶段出现2例,中级阶段出现1例,高级阶段没有出现。请看具体用例:

(113)＊牛欣的出生是<u>一九八六年</u>。(初级)

(114)＊你千万别辞职,一定要做∧退休啊!(中级)

例(113)应该为"出生于一九八六年",而退休是指一个时间点,所以例(114)应该为"做到退休",为时间补语句。

11. 其他介词补语句遗漏偏误

其他介词补语句遗漏在初级阶段出现2例,中级阶段出现1例,高级阶段出现3例。请看具体用例:

(115)＊我打电话∧我朋友。(初级)

(116)＊他们的不幸传达∧他们的儿女。(中级)

（117）*第一次登山留∧了我很深的回忆。（高级）

这类偏误主要是遗漏了介词"给"，在上面用例当中加入"给"即为正确形式。

12. 连动句遗漏偏误

连动句遗漏在初级阶段出现46例，中级阶段出现35例，高级阶段出现28例。请看具体用例：

（118）*下课以后我和同学一起去∧午饭。（初级）

（119）*有时间的时候常常玩儿她的家。（中级）

（120）*因为还没完成，所以∧很多机会能变更好的人。（高级）

连动句遗漏主要是因为遗漏了其中一个动词而使得整句仅剩一个动词，成为普通的动词谓语句。如例（118）遗漏了"吃"，例（120）遗漏了"有"。有时既遗漏动词，也伴随错序，如例（119）应为"常常去她的家玩儿"。

13. 兼语句遗漏偏误

兼语句遗漏在初级阶段出现13例，中级阶段出现26例，高级阶段出现48例。请看具体用例：

（121）*她认识很多中国人，所以每个星期叫我∧她的学校。（初级）

（122）*这个歌∧我的心里很轻松了。（中级）

（123）*刘义泰突然要求∧在这工作。（高级）

兼语句遗漏有时是因为遗漏了兼语成分后面的动词，如例（121）遗漏了"到/去"等；有时因为遗漏了前面的兼语标志动词，如例（122）遗漏了"让/使"等；还有的遗漏了兼语成分，如例（123）在语境中来看遗漏了被要求的对象"许俊"。

14. 双宾句遗漏偏误

双宾句遗漏在初级阶段出现32例，中级阶段出现40例，高级阶段出现11例。请看具体用例：

（124）*我跟她教韩国语，她跟我教汉语。（初级）
（125）*如果对小狗给人权，别的动物呢？（中级）
（126）*当时我不能告诉∧我的事情。（高级）

韩国留学生容易将双宾句当中的间接宾语与介词结合，提到动词前作状语。如例（124）的"跟她""跟我"、例（125）的"对小狗"，这其中的介词都是多余的。正确形式应该是"我教她韩国语""她教我汉语""给小狗人权"。有时也直接将间接宾语遗漏，这样会造成句子表义不明，如例（126）就遗漏了间接宾语"他"。

15. 存现句遗漏偏误

存现句遗漏在初级阶段没有出现，中级阶段出现 7 例，高级阶段出现 8 例。请看具体用例：

（127）*以前我找体育馆，找到体育馆有新街口附近。（中级）
（128）*现在学校路上∧很多的落叶。（高级）

例（127）画线小句首先有句法错误，可以改为"体育馆在新街口附近"。然而结合上文来看，作者想要表达的是某地有某物，所以应选择存现句式。本句应改为"新街口附近有体育馆"。例（128）则是比较常见的遗漏了"有"而造成的偏误。

16. 被动句遗漏偏误

被动句遗漏在初级阶段出现 5 例，中级阶段出现 13 例，高级阶段出现 8 例。请看具体用例：

（129）*我很早吸引了中国的文化。（初级）
（130）*某一个人的事儿遭到失败的一天∧诙谐地称为黑色的七月。（中级）
（131）*它本来有几百座雄伟的宫阙。但是由于在历史上∧日本人严重破坏了，现在残留下来的只有十几座了。（高级）

例（129）采用主动形式，与原意正好相反，应改为"我很早被中国的文化吸引了"。例（130）、例（131）都只是遗漏了介词"被"。

17. 差比句遗漏偏误

差比句遗漏在初级阶段出现 4 例，中、高级没有出现[①]。请看具体用例：

（132）＊北京∧南京更冷。（初级）

例（132）原意为"北京比南京更冷"，而学生遗漏了介词"比"。

18. 等比句遗漏偏误

等比句遗漏在初级阶段出现 21 例，中级阶段出现 43 例，高级阶段出现 22 例。请看具体用例：

（133）＊到春节时韩国情况有的∧中国一样。（初级）

（134）＊这次不一样以前的激动。（中级）

（135）＊老师性格∧一般人不同。（高级）

例（133）和例（135）都是遗漏了介词"跟/和/与"，例（134）不但遗漏了介词，还将原本应处于状语部分的介宾短语中的宾语当作整句的宾语，正确形式应为"这次和以前的激动不一样"。

19. 重动句遗漏偏误

重动句遗漏在初级阶段出现 5 例，中级阶段出现 2 例，高级阶段出现 1 例。请看具体用例：

（136）＊我有四位老师，他们都好人。他们教我很好。（初级）

（137）＊一年以后我想说得流利汉语。（中级）

（138）＊路上堵车得非常厉害。（高级）

上面三例都应该采用重动句式。重动句的构成有两个不可缺少的要素，其一要有重复使用的同一个动词，其二要有动宾和动补两个结构。而例（136）遗漏了动补结构，例（137）错误拆分了动宾结构，例（138）则遗漏了本该重复的动词。正确形式应为"他们教我教得很好""我想说汉语说得流利""路上堵车堵得非常厉害"。

[①] 中、高级的差比句遗漏都是由于是字句误加造成的，属 Y3 类偏误。

20. 是字句遗漏偏误

是字句遗漏在初级阶段出现351例，中级阶段出现420例，高级阶段出现379例。请看具体用例：

（139）*我们都∧留学生。（初级）

（140）*这个时间对我∧最重要的时间。（中级）

（141）*我∧对闻儿、颜色很敏感的人。（高级）

上面三例都是最常见的遗漏是字句的情况。我们看到，是字句的误加偏误很多，同样遗漏偏误也很多。这说明是字句的习得情况并不理想。是字句也并不像学生想象的那么容易，需要引起教师的足够重视。

21. 有字句遗漏偏误

有字句遗漏在初级阶段出现44例，中级阶段出现65例，高级阶段出现53例。与是字句一样，看似简单的有字句也存在很多遗漏情况。请看具体用例：

（142）*我们学校里有很多老师，也∧很多学生。（初级）

（143）*人们都自己觉得公共的卫生间∧很多病毒。（中级）

（144）*虽然高阶层人员也应该∧不少的精神上的压力。（高级）

22. "是……的"句遗漏偏误

"是……的"句遗漏在初级阶段出现17例，中级阶段出现36例，高级阶段出现82例。请看具体用例：

（145）*中国给我什么都∧新的。（初级）

（146）*我觉得食、衣、出、学习等等∧生活中最必须要的。（中级）

（147）*每个事情都两面。没有一个东西∧完全好的。（高级）

"是……的"句的遗漏多数是由于遗漏了"是"，比如上述三例。也有遗漏"的"的情况，但我们将这种情况判断为被是字句所替代，即Y2类偏误。例如：

（148）*我觉得幸福不都是一帆风顺∧。（初级）

（149）*我们腰带的膨胀是不能阻止∧。（中级）
（150）*自然的是最美丽∧。（高级）

23. 把字句遗漏偏误

把字句遗漏在初级阶段出现 7 例，中级阶段出现 23 例，高级阶段出现 19 例。请看具体用例：

（151）*他帮我搬我的行李到他们饭店的车去了。（初级）
（152）*睡觉的时候他进来我的家，∧现金和笔记本电脑拿走。（中级）
（153）*以后爷爷养它们变成一双鸡。（高级）

把字句遗漏主要是由于超差异造成的偏误，这属于 Practor（1967）提出的难度等级中的第四级——Over Differentiation，即汉语中某个语言项在母语中没有对应的项，学习者在习得这些全新的语法项目时会产生阻碍性的干扰。例（151）、例（153）便是因为学生对适用于把字句的语言环境不够熟悉而造成的偏误。某个有定的事物因外力动作而发生了位置、状态的改变，在句法上必须选择把字句。但因为韩国留学生的母语系统当中并没有把字句，他们尚不能很好地理解把字句与其他动词谓语句相比在表义上的独特性，因此没能适时使用把字句。例（152）则是没有用介词"把"来介引受动对象，补充"把"字即变成正确句式。当然，这类偏误也很可能只是学生按照母语 SOV 语序所采用的简单表达方式，而不是单纯遗漏了把字句中的"把"。

24. 由字句遗漏偏误

由字句遗漏在中级阶段出现 2 例，高级阶段出现 6 例。该句式在初级阶段尚未习得，也没有遗漏的情况出现。下面请看具体用例：

（154）*年轻人从小时候到婚前∧父母照顾。（中级）
（155）*体育的精神力问题，∧那民族的民族的气质决定，可是水平的高低，∧那国家的经济力等国力决定。（高级）

例（154）、例（155）添加"由"之后都更符合作者的表达意图。

最后一类是连字句，在三个级别中都未出现遗漏用例。

（二）韩国留学生各类句式遗漏偏误率对比分析

我们将三个级别中介语句式遗漏情况及变化趋势总结如下：

表 5-2　韩国留学生中介语句式遗漏偏误情况[①]

句式类型		初级中介语			中级中介语			高级中介语			变化趋势
		遗漏数量（例）	使用数量（例）	偏误率（%）	遗漏数量（例）	使用数量（例）	偏误率（%）	遗漏数量（例）	使用数量（例）	偏误率（%）	
补语句式	结果	63	412	15.29	128	1 505	8.50	117	1 644	7.12	递减
	状态	19	354	5.37	18	589	3.06	23	431	5.34	U 型
	程度	9	72	12.50	6	145	4.14	4	177	2.26	递减
	趋向	4	157	2.55	19	633	3.00	28	992	2.82	倒 U
	可能	13	191	6.81	35	380	9.21	20	362	5.52	倒 U
	动量	8	97	8.25	5	195	2.56	13	239	5.44	U 型
	时量	14	177	7.91	18	224	8.04	3	181	1.66	递减[②]
	比较	8	30	26.67	2	24	8.33	0	15	0	递减
	处所	11	201	5.47	30	345	8.70	43	517	8.32	倒 U
	时间	2	5	40.00	1	14	7.14	0	23	0	——
	其他	2	54	3.70	1	66	1.52	3	110	2.73	——
无标句式	连动	46	1 035	4.44	35	1 591	2.20	28	1 725	1.62	递减
	兼语	13	151	8.61	26	489	5.32	48	783	6.13	U 型
	双宾	32	220	14.55	40	347	11.53	11	344	3.20	递减
	存现	0	147	0	7	205	3.41	8	328	2.44	倒 U
	被动	5	21	23.81	13	151	8.61	8	227	3.52	递减
	差比	4	169	2.37	0	244	0	0	224	0	递减
	等比	21	87	24.14	43	223	19.28	22	150	14.67	递减
	重动	5	42	11.90	2	37	5.41	1	13	7.69	U 型

---

① 经统计，Y3 类偏误在初级阶段有 39 例，中级阶段有 87 例，高级阶段有 95 例。由于 Y3 类偏误并非学生实际遗漏的，所以我们在分析遗漏偏误时将此类排除，而在上下文中涉及句式系统描述和统计时将其纳入。

② 时量补语句从数据上来看属倒 U 型分布，但其初级阶段遗漏偏误率为 7.91%，中级为 8.04%，差距细微，因此我们将其归为递减型，在此加以说明。

续表

句式类型		初级中介语			中级中介语			高级中介语			变化趋势
		遗漏数量（例）	使用数量（例）	偏误率（%）	遗漏数量（例）	使用数量（例）	偏误率（%）	遗漏数量（例）	使用数量（例）	偏误率（%）	
有标句式	是字	351	2 034	17.26	420	3 924	10.70	379	4 156	9.12	递减
	有字	44	1 387	3.17	65	2 485	2.62	53	2 271	2.33	递减
	是……的	17	114	14.91	36	426	8.45	82	586	13.99	U型
	把字	7	51	13.73	23	219	10.50	19	278	6.83	递减
	由字	0	0	—	2	7	28.57	6	23	26.09	—
	连字	0	14	0	0	35	0	0	60	0	—
总计		698	7 222	9.66	975	14 503	6.72	919	15 859	5.79	递减

注：偏误率＝某类句式各级偏误数量（例）/各级该类句式的理论使用量（例），取百分位。

下面对各类句式遗漏偏误的情况以及从初级到高级的变化趋势加以总结。

1. 各类句式在各阶段的遗漏偏误情况

（1）首先，各级别都有句式没有出现遗漏偏误。初级阶段共有2类，分别是存现句、连字句（由字句在初级阶段未习得，不作统计）。中级阶段有2类，即差比句和连字句。高级阶段有4类，即比较数量补语句、时间补语句、差比句以及连字句。只有连字句是三个阶段都没有遗漏偏误的句式，原因是连字句去掉"连"也同样成立，如"每个人都不能避免苦和乐这两个词，（连）两三岁的孩子也有自己的苦和乐"。

（2）从各类句式的遗漏偏误率来看，初级阶段遗漏偏误率在10%以上的句式多达11类，具体排序为时间补语句、比较数量补语句、等比句、被动句、是字句、结果补语句、"是……的"句、双宾句、把字句、程度补语句、重动句。其他句式遗漏偏误率都在10%以下。中级阶段偏误率在10%以上的句式有5类，即由字句、等比句、双宾句、是字句、把字句。而高级阶段超过10%的句式有3类，即由字句、等比句、"是……的"句，排第四位的是字句也接近10%。

总体来看，各阶段遗漏偏误情况都比误加更为严重。等比句、是字句、把字句、"是……的"句、由字句遗漏率都比较高。值得注意的是，是字句、把字句、"是……的"句同时也是误加偏误较高的几种句式，包括初级阶段的时间补语句。这说明学生对这几类句式的总体掌握情况较差，也提醒我们对这几类句式要格外注意，及时纠错。

2. 各类句式遗漏偏误从初级到高级的变化趋势

同误加偏误分析部分一样，我们排除在三个阶段的遗漏用例都在3例以下（含3例）的句式和在初级阶段未习得的句式由字句，以其他21类句式为考察对象。由表中最后一列的变化趋势总结可以看出，21类句式遗漏偏误率在三个阶段的变化趋势远比误加偏误复杂。从总趋势上来看，遗漏偏误变化趋势也是递减型、U型和倒U型三种，但U型、倒U型总数有所增加。我们看到，有12类句式遗漏偏误呈递减型发展，5类为U型，4类为倒U型。下面我们结合四幅折线图来进行具体分析。

（1）递减型

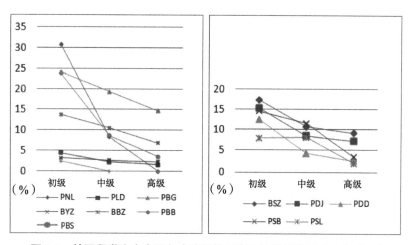

图 5-2　韩国留学生中介语句式遗漏偏误变化趋势折线图（a1）（a2）

图 5-2（a1）当中的7类句式遗漏率都呈从初级到高级逐步递减的趋势，高级阶段偏误率最低。只有等比句即使到了高级阶段遗漏率也相对较高，需要在教学中多加注意。而连动句、有字句和差比句遗漏情况

在三个级别都不是很严重,使用情况相对较好。

图5-2(a2)当中的句式可再分为两种类型。是字句、结果补语句和程度补语句三类遗漏偏误从初级到中级下降明显,而中级到高级没有明显的继续下降趋势。这提醒我们即使到了中、高级阶段仍不可放松对此类偏误的纠正。双宾句和时量补语句则是从中级到高级下降明显,我们应该将纠错重点放在初、中级阶段。

(2)U型

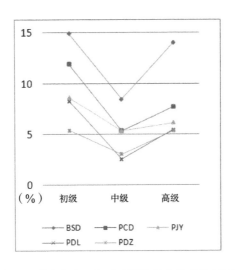

图5-2　韩国留学生中介语句式遗漏偏误变化趋势折线图(b)

图5-2(b)中5类句式在初、中、高三个阶段的遗漏偏误均呈U型分布,初级偏误率较高,到了中级有明显下降,而到了高级却又升高,甚至还超过了初级阶段。从表面上看,这种现象不符合我们的预期设想和一般的习得规律。但用Kellerman(1983)的"U-shaped behavior"可以作出合理的解释:初级阶段,学生对于新的知识掌握不够,所以在使用中出现较多的错误;到中级阶段,学生学习的知识增加,对各种知识的运用更加谨慎,对语言输出的监控比较多,从而出现较少的偏误;而到了高级阶段,由于知识的进一步积累,学生有了追求语言丰富性的趋势,大量运用学得和习得的各种知识,从而偏误的数量会有所增加。语言越丰富,自然需要的特殊句式越多,也就越容易出现遗漏的现象。

（3）倒 U 型

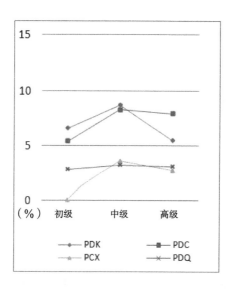

图 5-2　韩国留学生中介语句式遗漏偏误变化趋势折线图（c）

图 5-2（c）当中 4 类句式的偏误呈倒 U 型变化，即可能补语句、处所补语句、存现句和趋向补语句。这几类呈倒 U 型趋势发展的类型也应该引起我们的高度重视，这说明这几类偏误在学生的习得过程中会出现一定的反复，这也是中介语特性的一个表现。

总的来看，大多数句式的遗漏类偏误是在三个级别都存在的，且偏误率要高于误加类偏误。各级总的遗漏偏误率在初级阶段为 9.66%，中级阶段为 6.72%，高级阶段为 5.79%，同样呈逐级递减的趋势。这一结论一方面说明中介语内部的偏误同样具有整体的系统性，另一方面也再次证明了中介语是一个动态发展的语言系统，且这种发展具有一定的规律性。

此外，我们也看到，遗漏类偏误在三个级别的发展趋势比较复杂多样，很多句式的遗漏率呈 U 型、倒 U 型，而且在高级阶段仍有大量偏误存在，有 3 类偏误率都超过了 10%。这些都证明了中介语发展变化的反复性，是石化现象的一种表现。

5.2.3 中介语其他句式偏误分析

误加偏误和遗漏偏误对中介语句式系统有一定影响，是本书重点分析的偏误类型。除此之外还有句式的替代偏误和错用偏误，但替代偏误被划分在误加和遗漏偏误之中，错用偏误也不会对中介语句式系统产生影响，因此我们仅就常见的替代偏误和错用偏误加以分析，以期对句式教学起到一定的借鉴作用。

（一）韩国留学生中介语句式替代偏误

韩国留学生中介语当中经常出现的 25 类句式相互替代的偏误主要有以下几种类型：

1. 是字句与"是……的"句互相替代

A. 是字句误为"是……的"句

此类偏误是在应该使用是字句的时候使用了"是……的"句，在初级阶段出现 25 例，中级阶段出现 38 例，高级阶段出现 23 例。请看具体用例：

（156）*现在我的幸福就是读书的。（初级）
（157）*我来中国后最满意的事是认识了她的。（中级）
（158）*最多可感到中国的办法是去旅游的。（高级）

上面各例当中的"的"都是多余的。结合实际上下文语境和教学经验来看，比起单纯误加结构助词"的"，学生更可能是泛化了表强调的"是……的"结构。

B. "是……的"句误为是字句

与上一类相反，学生在该用"是……的"句的时候误用了是字句。这种偏误在初级阶段出现 6 例，中级阶段出现 22 例，高级阶段出现 27 例。请看具体用例：

（159）*可是他们觉得这是当然∧。（初级）
（160）*所以刚刚到中国来的时候看到的一切东西都是陌生∧。（中级）

（161）*韩国文字是15世纪在朝鲜王国第四代国王世宗时代创造∧。（高级）

以上各例均应使用"是……的"句,而学生遗漏了句尾的"的"。类似的用例在中介语中还有很多,但我们不宜将所有的都判断为"是……的"句误用为是字句。因为有一些用例我们无法确定究竟是误加了是字句,还是将"是……的"句误用为是字句。例如:

（162）*我介绍的地方是北京。我去过去年十一月。北京<u>是</u>很大的城市。所以人们和车也很多。北京的冬天<u>是</u>很冷。（初级）

（163）*回答这个问题<u>是有点儿难</u>。（中级）

（164）*我觉得环境和一个人的成长的关系<u>是很重要</u>。（高级）

例（162）至例（164）中的"是"都并非表强调,例（162）从语境就可以看出,例（163）、例（164）都是文章的首句,因此也无须强调。那么正确形式既可以将"是"去掉,也可以在句末补充"的"构成"是……的"结构。本书统一将这种情况判断为误加是字句。而例（159）至例（161）去掉"是"仍然不是准确的表达形式,我们将这样的用例判断为"是……的"句误为是字句。

2. 是字句与有字句互相替代

此类偏误是学生对最早习得的两个常用动词"是"和"有"混淆造成的。

A. 是字句误为有字句

在表达判断"是"的句子中,学生却使用了"有",这种情况在初级阶段出现2例,中级阶段出现3例,高级阶段不再出现。请看具体用例:

（165）*我有五个朋友,没有女的朋友,都<u>有</u>男的朋友。（初级）

（166）*（佛国寺）可能<u>有</u>新罗国民的精神支柱。（中级）

B. 有字句误为是字句

在表达领有的时候学生却使用了"是",这种偏误在初级阶段出现

3例,中级阶段出现6例,高级阶段也没有出现。请看具体用例:

(167)*中国是很多的市场很多东西和很多人和很多地。(初级)

(168)*我们的生活中也是这样的人。(中级)

3. 等比句误用为是字句

这类偏误是学生将"跟/和/同/与……一样/不一样……"句式当中的介词误用为动词"是"而造成的。在初级阶段有4例,中级阶段有6例,高级阶段有3例。请看具体用例:

(169)*我想汉语重要性是英语一样。(初级)

(170)*你是我一样吗?(中级)

(171)*我的成长的生活是一般人一样。(高级)

以上例句中的"是"应该改为"跟"类介词。

4. 等比句误用为差比句

这类偏误是学生在比较异同的时候错用了比字句,实际属于比字句与"跟/和/同/与……一样/不一样……"句的杂糅。初级阶段没有出现这种偏误,中级出现3例,高级出现4例。请看具体用例:

(172)*天气、吃的、住的等等比我们国家不太一样。(中级)

(173)*她也是人,比别人没有不一样的。(高级)

以上例句中的"比"应该改为"跟"类介词。

5. 状态补语句与结果补语句的互相替代

A. 状态补语句误为结果补语句

这类偏误在初级阶段出现2例,中级阶段出现4例,高级阶段出现2例。无一例外都是由于学生对"变成"这一结果补语理解不清造成的。请看具体用例:

(174)*人与人之间关系也变成融洽。(初级)

(175)*我早上看在街上外滩锻炼身体的人的时候,我的心里也变成了热情。(中级)

(176)*春天洗头发的话,头发会变成柔。(高级)

如例所示，学生在应该用状态补语"变得"的时候却用成了结果补语"变成"，从而引发了偏误。

B. 结果补语句误为状态补语句

这类偏误在初级阶段出现1例，中级阶段出现1例，高级阶段出现2例。请看具体用例：

（177）*一年后我要说得好汉语。（初级）

（178）*只有干得好自己的事业，才能照顾好自己的家庭、丈夫和孩子。（中级）

（179）*无知的人变得有知的人了。（高级）

例（177）、例（178）都误加了"得"，而例（179）与上一类偏误相反，该用结果补语"变成"的时候却使用了"变得"。

6. 结果补语句误为趋向补语句

这类偏误在初级阶段没有出现，中级阶段出现1例，高级阶段却出现5例。请看具体用例：

（180）*他为什么搬去它？（中级）

（181）*提出"成功"，当然我们自然地想起"工作成功"方面。（高级）

例（180）应为"搬走"，例（181）应为"提到"。

7. 兼语句误为把字句

这类偏误是学生在应该使用兼语句的时候却将"让/使"等误用为"把"。在初级阶段有2例，中级阶段有1例，高级阶段有4例。请看具体用例：

（182）*可是这样很多事情把我感到幸福。（初级）

（183）*总是有自信的时候，才会把自己很美丽。（中级）

（184）*绿绿的叶子、五彩缤纷的花把干枯的土地丰富起来。（高级）

高级阶段还有1例是将把字句误为兼语句：

（185）*银珠终于想起来了，谁让我送医院的？（高级）

按上下文来看，该句应为"谁把我送医院的"，在初、中级没有发现这样的偏误。

以上10类替代偏误是初、中、高三级出现偏误总例数超过3例的类型。需要引起我们重视的是"是……的"句与是字句的混用问题，其次是在比较句教学当中注意讲解差比句和等比句的区分。其他替代类偏误都仅有1例或2例，在此我们不作分析。

（二）韩国留学生中介语句式错用偏误

句式错用偏误是指某句式既非误加，也未遗漏，而是因为学生对该句式的使用规则掌握不熟练而产生的。这类偏误在初级出现95例，中级出现132例，高级出现119例。下面我们进行具体举例分析。

1. 结果补语句错用偏误

结果补语句的错用在初级出现4例，中级出现13例，高级出现11例。用错的原因多为混用了经常充当结果补语的词语。请看具体用例：

（186）*中介帮我，所以我找过房间了。（初级）
（187）*我们南京熊猫电视机厂已经收好了你们的信。（中级）
（188）*今天下午我看过了宣媚和别的男生。（高级）

例（186）应为"找到"，例（187）应为"收到"，例（188）应为"看到"。此外，宾语错误也会导致结果补语使用出错。例如：

（189）*所以我想在中国我能做我的未来好。（初级）
（190）*读书完了看电视。（中级）
（191）*唱歌完了。（高级）

结果补语和谓语中心词结合比较紧密，因此和宾语同时出现的时候，宾语一般置于结果补语之后。因此"我的未来"应该置于"好"之后。同样，离合词带结果补语也应该将结果补语置于离合词中间，例（190）应为"读完书"，例（191）应为"唱完歌"。中、高级还出现了两个结果补语叠用的情况：

（192）*我要看他长大成很帅的男人。（中级）
（193）*或者担心孩子的性格变成坏。（高级）

例（192）应为"长成"，例（193）应为"变坏"，而"大""成"都是多余的。

2. 状态补语句错用偏误

状态补语句的错用在初级出现17例，中级出现21例，高级出现10例。错用原因主要是遗漏状态补语的明显标记"得"。请看具体用例：

（194）*汉语说∧也很好。（初级）

（195）*所以一定要把我培养∧既善良又有礼貌。（中级）

（196）*善良贤惠的妻子把家里所有的开支管理∧井井有条。（高级）

3. 程度补语句错用偏误

程度补语句的错用在初级出现3例，中级出现4例，高级出现3例。错用原因主要是补语部分直接用"多"作补语，而正确形式应为"得多"或"多了"。请看具体用例：

（197）*所以比别的地方好吃多。（中级）

（198）*我还是写的能力差多。（高级）

以上两例都应该改为"多了"或"得多"。还有个别用例是叠用了程度副词和程度补语而引起的偏误。例如：

（199）*可是中国很漂亮极了。（初级）

（200）*但我两个人的心情很高兴极了。（高级）

4. 趋向补语句错用偏误

趋向补语句的错用在初级出现7例，中级出现20例，高级出现22例。错用原因主要是趋向补语内部，即趋向动词的相互混用。请看具体用例：

（201）*但是我是一句话也说不下来。（初级）

（202）*今天我想出来她和她的小猫。（中级）

（203）*初中三年级的有一天，妈妈又拿过来一只小狗。（高级）

例（201）是将"出来"误用为"下来"，例（202）是将"起来"误用为"出来"，例（203）则是将"回来"误用为"过来"。

5. 连动句错用偏误

连动句的错用在初级出现 14 例,中级出现 13 例,高级出现 13 例。错用原因最多的是遗漏了某个动词,使得原本应有三个以上动词的连动句变为仅有两个动词的连动句。请看具体用例:

(204)*以后∧我们的宿舍来玩儿。(初级)

(205)*总是∧自己的行为来告诉我们怎么生活才能有价值的。(中级)

(206)*我∧以上这三个方法来排解压力。(高级)

例(204)遗漏了动词"到",而中、高级最多的是遗漏动词"用",如例(205)、例(206)。在初、中级阶段,还有些连动句错用偏误是因为颠倒了两个动词性短语。例如:

(207)*我们<u>去了坐高速汽车</u>。(初级)

(208)*我的朋友和我要<u>拍照片去树下面</u>。(中级)

6. 兼语句错用偏误

兼语句的错用在初级出现 3 例,中级出现 9 例,高级出现 12 例。错用原因多种多样,比较多的是由于成分错序引起的。例如:

(209)*<u>你们请</u>多多关照一下。(初级)

(210)*使<u>发痒脚背</u>。(中级)

(211)*我们在这社会生活当中,<u>让读书</u>我们的生活丰富一些。(高级)

(212)*还有压迫朝鲜政府,<u>让他们不</u>报告在朝鲜的高句丽遗迹世界文化遗产。(高级)

例(209)应为"请你们多多关照一下",例(210)应为"使脚背发痒",例(211)则是主语"读书"位置错误,例(212)是否定副词"不"位置错误,应该置于兼语动词"让"之前。

7. 被动句错用偏误

被动句的错用在初级出现 2 例,中级出现 9 例,高级出现 11 例。全部是被字句的错用,原因也比较复杂。有一部分是由于学生不清楚被

字句中的动词应该是由介词"被"后面的宾语发出的,而是将其理解为整句主语发出的动作。请看具体用例:

（213）*所以很多次被中国人受骗。（初级）
（214）*最后的时候,他的老师被坏人受伤了。（中级）
（215）*我们被蓝色的海边入迷了。（高级）

例（213）至例（215）中的动词"受骗""受伤""入迷"都是针对主语发出的动作,若针对介词"被"后的宾语而言则应该改为"骗了""打伤""迷住"。其他偏误多为语序错误。例如:

（216）*我看过有一个女人被小偷刚买的手机偷了。（初级）
（217）*王被抓住他们两个。（中级）
（218）*其次,孩子被影响了大众媒体还有朋友的环境。（高级）
（219）*这样的人被我容易看到。（高级）

例（216）可以在"小偷"后面加"把",但考虑到被字句和把字句合用的条件比较复杂,我们推测学生原意为"有一个女人刚买的手机被小偷偷了",因此属于被字句语序错误。例（217）原意是"他们两个被王抓住",主语和介词宾语都发生了错序。例（218）则是介词宾语位置错误,"大众媒体还有朋友的环境"应该在"被"的后面。例（219）则是状语"容易"位置错误,在被字句当中,其他状语都应该置于"被"的前面。另外,还有两例是学生在被字句当中误用其他介词将"被"后面的宾语提前而引发偏误。例如:

（220）*不幸的是他的家,唯一的出路给两座大山被挡住了。（中级）
（221）*二是我跟爸爸被影响了。（高级）

例（220）中的"给"若理解为同"被"义的介词,那么后面的"被"则为误加。但我们推测学生想表达的原意是"唯一的出路被两座大山挡住了"。例（221）在语篇中的原意为"我被爸爸影响了",而学生却用"跟"将"被"后的宾语提前了,因此是错误的。

8. 差比句错用偏误

差比句的错用在初级出现30例，中级出现25例，高级出现18例，偏误率相对较高，错用原因也都比较典型。在初级阶段，将比较数量补语置于形容词之前是比较常见的偏误，中级阶段也偶有出现，高级阶段已经不再有这样简单的偏误。请看具体用例：

（222）*妈妈比爸爸六岁小。（初级）
（223）*她比我三岁大。（中级）

另外，否定差比句偏误是各级都比较常见的。例如：

（224）*但是我比他踢得不好。（初级）
（225）*中国的天气比韩国不冷。（中级）
（226）*有一个人比我没有钱。（高级）

这些用例都是学生在想表达否定差比的时候，没有借用"A没有B……"句式，而是错误地在结论项当中直接加否定词。另一种常见偏误类型是在结论项中直接加程度副词。例如：

（227）*因为实际成绩比我想的成绩很低。（初级）
（228）*但是中国比韩国自行车太多。（中级）
（229）*三星手机比别的公司手机有点儿便宜。（高级）

比较句中的程度差别都应该借用程度补语来表达，而不能如上面各例直接在结论项当中加"很、太"等绝对程度副词，应分别改为"低很多""多很多""便宜一点儿"等。还有一些偏误是比较项位置错序造成的。例如：

（230）*我们的学校宿舍不太好比我的家。（初级）
（231）*因为韩国的物价高一点比中国。（中级）
（232）*但是现在年轻人们重视西洋的节日比传统节日。（高级）

上面三例都将被比较项错用在了结论项之后。

9. "是……的"句错用偏误

"是……的"句错用在初级出现4例，中级出现10例，高级出现7例。

错用原因主要是焦点错序。请看具体用例：

（233）*南京城是全红的。（初级）
（234）*从父母的角度来说，孩子是肯定最珍贵的。（中级）
（235）*你们俩不是合适的。（高级）

"是……的"句的作用即强调，因此焦点应在"是""的"之间。例（233）要强调的焦点是"红"，例（234）要强调的焦点是"最珍贵"，例（235）要强调的焦点是"不合适"，因此应分别改为"全是红的""肯定是最珍贵的""是不合适的"。

其他句式的错用偏误在任何一个级别出现频率都不超过3例，因此不排除学生个人失误所为，不具代表性，在此我们不作具体分析。下表为各句式在三个阶段句式错用情况统计：

表 5-3 韩国留学生中介语句式错用偏误情况

句式类型		初级中介语			中级中介语			高级中介语			变化趋势
		错用数量（例）	使用数量（例）	偏误率（%）	错用数量（例）	使用数量（例）	偏误率（%）	错用数量（例）	使用数量（例）	偏误率（%）	
补语句式	结果	4	412	0.97	13	1 505	0.86	11	1 644	0.67	递减
	状态	17	354	4.80	21	589	3.57	10	431	2.32	递减
	程度	3	72	4.17	4	145	2.76	3	177	1.69	递减
	趋向	7	157	4.46	20	633	3.16	22	992	2.22	递减
	可能	2	191	1.05	1	380	0.26	1	362	0.28	—
	动量	0	97	0	1	195	0.51	1	239	0.42	—
	时量	2	177	1.13	0	224	0	0	181	0	—
	比较	0	30	0	0	24	0	0	15	0	—
	处所	2	201	1.00	3	345	0.87	1	517	0.19	—
	时间	0	5	0	0	14	0	0	23	0	—
	其他	0	54	0	0	66	0	1	110	0.91	—

续表

句式类型		初级中介语			中级中介语			高级中介语			变化趋势
		错用数量（例）	使用数量（例）	偏误率（%）	错用数量（例）	使用数量（例）	偏误率（%）	错用数量（例）	使用数量（例）	偏误率（%）	
无标句式	连动	14	1 035	1.35	13	1 591	0.82	13	1 725	0.75	递减
	兼语	3	151	1.99	9	489	1.84	12	783	1.53	递减
	双宾	1	220	0.45	0	347	0	0	344	0	—
	存现	0	147	0	0	205	0	2	328	0.61	—
	被动	2	21	9.52	9	151	5.96	11	227	4.85	递减
	差比	30	169	17.75	25	244	10.25	18	224	8.04	递减
	等比	3	87	3.45	1	223	0.45	0	150	0	—
	重动	1	42	2.38	0	37	0	0	13	0	—
有标句式	是字	0	2 034	0	0	3 924	0	0	4 156	0	—
	有字	0	1 387	0	0	2 485	0	0	2 271	0	—
	是……的	4	114	3.51	10	426	2.35	7	586	1.19	递减
	把字	0	51	0	2	219	0.91	3	278	1.08	
	由字	0	0	—	0	7	0	1	23	4.35	
	连字	0	14	0	0	35	0	2	60	3.33	
总计		95	7 222	1.32	132	14 503	0.91	119	15 859	0.75	递减

注：偏误率＝某类句式各级偏误数量（例）/各级该类句式的理论使用量（例），取百分位。

由表中数据可知，差比句、被动句是三个阶段错用率都比较高的句式，需要在教学当中引起重视。我们共考察了9类句式错用偏误在三个阶段的发展变化趋势，其偏误率无一例外都是呈递减趋势分布的。从各级错用偏误总量上来看，初级阶段错用率为1.32%，中级阶段为0.91%，高级阶段为0.75%，同误加、遗漏偏误一样符合逐级递减的趋势。这说明韩国留学生句式错用率的发展变化也是有一定规律性的，随着级别升高，错用偏误有所减少，自然各句式正确率也逐渐升高，呈向目的语靠拢的趋势发展。

5.3 韩国留学生句式偏误对中介语系统的影响分析

通过前文句式偏误分析可以看到，25类句式都或多或少存在误加、遗漏以及错用的情况，尤其是误加和遗漏偏误会对中介语句式系统产生一定的影响。我们若将所有误加句式从系统中减除，将所有遗漏句式补充进去，那么同样可以得到一个新的中介语句式系统2。初级中介语2共有7 222个特殊句式，在20万字语料当中的总使用率为3.611%；中级中介语2共有14 503个特殊句式，在40万字语料当中的总使用率为3.626%；高级中介语2共有15 859个特殊句式，在40万字语料当中的总使用率为3.965%。而40万字汉语本族语料当中共有特殊句式20 057个，总使用率为5.014%。可见，还原了偏误之后的中介语句式系统也呈逐级向汉语本族语靠近的发展趋势，但即使到了高级阶段，韩国留学生汉语特殊句式的使用能力与本族人也还是存在着明显的差距。中介语各类句式具体的使用率情况详见下表：

表5-4 韩国留学生中介语还原偏误前后句式系统对比情况

句式类型	汉语本族语 使用率（‰）	初级中介语1 使用率（‰）	初级中介语1 使用率差（倍）	初级中介语2 使用率（‰）	初级中介语2 使用率差（倍）	中级中介语1 使用率（‰）	中级中介语1 使用率差（倍）	中级中介语2 使用率（‰）	中级中介语2 使用率差（倍）	高级中介语1 使用率（‰）	高级中介语1 使用率差（倍）	高级中介语2 使用率（‰）	高级中介语2 使用率差（倍）
结果	7.090	1.805	0.25	2.060	0.29	3.575	0.50	3.763	0.53	3.895	0.55	4.110	0.58
状态	1.753	1.725	0.98	1.770	1.01	1.473	0.84	1.473	0.84	1.058	0.60	1.078	0.61
程度	0.370	0.345	0.93	0.360	0.97	0.365	0.99	0.363	0.98	0.425	1.15	0.443	1.20
趋向	5.265	0.805	0.15	0.785	0.15	1.643	0.31	1.583	0.30	2.510	0.48	2.480	0.47
可能	1.018	0.935	0.92	0.955	0.94	0.890	0.87	0.950	0.93	0.878	0.86	0.905	0.89
动量	0.738	0.485	0.66	0.485	0.66	0.505	0.68	0.488	0.66	0.580	0.79	0.598	0.81
时量	0.335	0.825	2.46	0.885	2.64	0.535	1.60	0.560	1.67	0.448	1.34	0.453	1.35
比较	0.033	0.110	3.33	0.150	4.55	0.055	1.67	0.060	1.82	0.035	1.06	0.038	1.15

续表

句式类型	汉语本族语 使用率（‰）	初级中介语1 使用率（‰）	初级中介语1 使用率差（倍）	初级中介语2 使用率（‰）	初级中介语2 使用率差（倍）	中级中介语1 使用率（‰）	中级中介语1 使用率差（倍）	中级中介语2 使用率（‰）	中级中介语2 使用率差（倍）	高级中介语1 使用率（‰）	高级中介语1 使用率差（倍）	高级中介语2 使用率（‰）	高级中介语2 使用率差（倍）
处所	3.048	1.185	0.39	1.005	0.33	0.815	0.27	0.863	0.28	1.215	0.40	1.293	0.42
时间	0.075	0.075	1.00	0.025	0.33	0.035	0.47	0.035	0.47	0.063	0.84	0.058	0.77
其他	0.508	0.300	0.59	0.270	0.53	0.223	0.44	0.165	0.32	0.275	0.54	0.275	0.54
连动	5.983	4.970	0.83	5.175	0.86	3.930	0.66	3.978	0.66	4.265	0.71	4.313	0.72
兼语	3.813	0.730	0.19	0.755	0.20	1.198	0.31	1.223	0.32	1.860	0.49	1.958	0.51
双宾	0.705	1.030	1.46	1.100	1.56	0.805	1.14	0.868	1.23	0.838	1.19	0.860	1.22
存现	0.853	0.750	0.88	0.735	0.86	0.498	0.58	0.513	0.60	0.800	0.94	0.820	0.96
被动	0.945	0.105	0.11	0.105	0.11	0.375	0.40	0.378	0.40	0.570	0.60	0.568	0.60
差比	0.280	0.825	2.95	0.845	3.02	0.645	2.30	0.610	2.18	0.588	2.10	0.560	2.00
等比	0.238	0.340	1.43	0.435	1.83	0.460	1.93	0.558	2.34	0.313	1.31	0.375	1.58
重动	0.025	0.190	7.60	0.210	8.40	0.093	3.72	0.093	3.72	0.033	1.32	0.033	1.32
是字	8.938	10.450	1.17	10.170	1.14	9.975	1.12	9.810	1.10	10.405	1.16	10.390	1.16
有字	4.928	6.895	1.40	6.935	1.41	6.110	1.24	6.213	1.26	5.528	1.12	5.678	1.15
是……的	1.423	0.655	0.46	0.570	0.40	1.135	0.80	1.065	0.75	1.395	0.98	1.465	1.03
把字	1.573	0.275	0.17	0.255	0.16	0.555	0.35	0.548	0.35	0.720	0.46	0.695	0.44
由字	0.048	0	—	0	—	0.013	0.27	0.018	0.38	0.043	0.90	0.058	1.21
连字	0.165	0.070	0.42	0.070	0.42	0.088	0.53	0.088	0.53	0.150	0.91	0.150	0.91

注：1. 句式使用率＝句式使用量/语料总量（20或40万字），取千分位。

2. 句式使用率差以汉语本族语句式使用情况为基数，按倍数计算，计算方式为"使用率差＝中介语1（中介语2）句式使用率/汉语本族语句式使用率"。

对比中介语1和中介语2与汉语本族语各句式使用率的倍数差可以看出，句式偏误对整个句式系统的分布情况有一定影响，但这种影响并不明显，因而我们在此作简单总结，不再分级画图进行具体的比较。

（1）三个级别使用量所处区间发生变化的句式共有4类，均分布在初、中级阶段。初级阶段连动句使用量由第二区间上升到第一区间，中级阶段存现句由第五区间上升到第四区间。这两类句式区间变动之后与汉语本族语相同。而中级阶段动量补语句由第四区间降至第五区间，等比句由第五区间升至第四区间，则在变动后不再与汉语本族语相同。

（2）三个级别具体使用量发生显著变化的句式共有6处。在初级阶段，时间补语句的变化最为明显，由原来使用量相当降为使用不足。在中级阶段，双宾句还原后已经达到使用超量标准，而"是……的"句还原后降到使用不足标准以下。在高级阶段，动量补语句在还原后数量稍有提升，由原来的0.79上升为0.81，但已经处于合理差异范围之内，而时间补语句则进一步下降到使用不足标准以下。

总的来看，中介语句式系统还原偏误前后差异不大。从还原后的中介语句式系统2我们可以看到韩国留学生使用汉语25类句式的总体倾向。三个阶段都是使用不足的句式类型占多数，这一统计结果也与上一章句型复杂度部分所得结论相一致，即韩国留学生三个阶段的特殊句式使用量均少于汉语本族语。从偏误分析部分也可以看出，句式误加偏误在三个阶段的总比例分别为8.90%、5.94%和3.97%，而句式遗漏偏误在三个阶段的总比例分别为9.66%、6.72%和5.79%。这说明韩国留学生更容易出现遗漏偏误，这也自然会造成特殊句式使用量低的情况。

下面是我们借助皮尔逊相关系数和斯皮尔曼等级相关分别对还原偏误前后两个中介语句式系统检验的结果。

表 5-5　各级中介语还原偏误前后及汉语本族语句式使用率相关系数检验表

语料类别		汉语本族语	初级中介语1	中级中介语1	高级中介语1
汉语本族语	皮尔逊相关性	1	.786**	.868**	.908**
	Sig.（双尾）		.000	.001	.000
	个案数	25	25	25	25
初级中介语1	皮尔逊相关性	.786**	1	.977**	.956**
	Sig.（双尾）	.000		.000	.000
	个案数	25	25	25	25
中级中介语1	皮尔逊相关性	.868**	.977**	1	.992**
	Sig.（双尾）	.001	.000		.000
	个案数	25	25	25	25
高级中介语1	皮尔逊相关性	.908**	.956**	.992**	1
	Sig.（双尾）	.000	.000	.000	
	个案数	25	25	25	25

**. 在 0.01 级别（双尾），相关性显著。

语料类别		汉语本族语	初级中介语2	中级中介语2	高级中介语2
汉语本族语	皮尔逊相关性	1	.792**	.871**	.912**
	Sig.（双尾）		.000	.001	.000
	个案数	25	25	25	25
初级中介语2	皮尔逊相关性	.792**	1	.977**	.954**
	Sig.（双尾）	.000		.000	.000
	个案数	25	25	25	25
中级中介语2	皮尔逊相关性	.871**	.977**	1	.991**
	Sig.（双尾）	.001	.000		.000
	个案数	25	25	25	25
高级中介语2	皮尔逊相关性	.912**	.954**	.991**	1
	Sig.（双尾）	.000	.000	.000	
	个案数	25	25	25	25

**. 在 0.01 级别（双尾），相关性显著。

表 5-6　各级中介语还原偏误前后及汉语本族语句式排序等级相关检验表

	语料类别		汉语本族语	初级中介语1	中级中介语1	高级中介语1
斯皮尔曼 Rho	汉语本族语	相关系数	1.000	.755**	.910**	.954**
		Sig.(双尾)	.	.000	.000	.000
		N	25	25	25	25
	初级中介语1	相关系数	.755**	1.000	.900**	.853**
		Sig.(双尾)	.000	.	.000	.000
		N	25	25	25	25
	中级中介语1	相关系数	.910**	.900**	1.000	.969**
		Sig.(双尾)	.000	.000	.	.000
		N	25	25	25	25
	高级中介语1	相关系数	.954**	.853**	.969**	1.000
		Sig.(双尾)	.000	.000	.000	.
		N	25	25	25	25

**. 在 0.01 级别（双尾），相关性显著。

	语料类别		汉语本族语	初级中介语2	中级中介语2	高级中介语2
斯皮尔曼 Rho	汉语本族语	相关系数	1.000	.753**	.879**	.963**
		Sig.(双尾)	.	.000	.000	.000
		N	25	25	25	25
	初级中介语2	相关系数	.753**	1.000	.918**	.841**
		Sig.(双尾)	.000	.	.000	.000
		N	25	25	25	25
	中级中介语2	相关系数	.879**	.918**	1.000	.945**
		Sig.(双尾)	.000	.000	.	.000
		N	25	25	25	25
	高级中介语2	相关系数	.963**	.841**	.945**	1.000
		Sig.(双尾)	.000	.000	.000	.
		N	25	25	25	25

**. 在 0.01 级别（双尾），相关性显著。

从上面四个表格当中的相关系数可以看到，三个级别还原偏误之后的句式系统无论是句式使用量还是句式使用排序，都仍然与汉语本族语保持着较强的一致性。对比上文我们得出的中介语句式系统1来看，还原偏误之后的中介语句式系统2更接近汉语本族语，但变化非常小。这说明尽管中介语当中存在着一定数量的句式误加或遗漏偏误，这些偏误或多或少会对中介语的整体面貌有一些影响，但总体来看并不会改变中介语系统的整体面貌，更不会影响中介语的系统性。

即使韩国留学生在使用汉语的过程当中没有出现各类句式偏误，所输出的中介语句式系统仍与汉语本族语系统有一定差异，有其自身的特性。通过上文的分析可以看到，与汉语本族语相比，句式系统的差异主要是一些特殊句式使用不足造成的。进一步结合具体语料分析原因，我们发现，在一些本该使用特殊句式的条件下，韩国留学生往往采取了回避策略。这种回避有时是学生对某句式掌握不足，没有信心写对而有意采取的安全合理的回避，而有时则是学生对特殊句式使用语境不够清楚，根本没有意识到在此语境中应该使用该句式。总之，在本该使用复杂句型的情况下，韩国留学生很多时候采用了一般句型。这样的句子有时是一些形式不够完美但却符合语法、表义也比较明确的简单句，有时却因为遗漏了相关句式而造成偏误。在第一章我们也得出结论，中介语当中不含特殊句式的一般句型要远多于汉语本族语，这与韩国留学生回避和遗漏的特殊句式较多构成对立互补的关系。

此外，从中介语补语句式系统来看，三个阶段的韩国留学生使用汉语补语的数量都远不及汉语本族语，绝大多数补语句都处于使用不足的状态。这一方面与动补结构本身的复杂性有关，但另一方面也与其母语背景有关。在韩国语当中，没有与汉语补语相对应的句法成分，而汉语补语很多时候在韩国语当中被转化为状语。黄自然（2016）研究得出结论，中介语句子状语的复杂程度情况跟本族人之间存在差异。在带状语的句子比例、带多处状语的句子比例、带句首状语的句子比例等方面从一开始便接近或超过本族人的相应比例。可见，中介语中状语使用率高与补语使用率低之间也存在此消彼长的互补关系。

5.4 本章小结

1. 关于中介语句式偏误

本章重点研究的是影响中介语句式系统的误加偏误和遗漏偏误，各类偏误在中介语当中的表现如下：

（1）句式误加偏误在三个级别的总偏误率分别为 8.90%、5.94%、3.97%；句式遗漏偏误在三个级别的总偏误率分别为 9.66%、6.72%、5.79%。总体来看，中介语的句式偏误率都是随级别升高而逐渐降低的，包括错用偏误率的变化也同样符合这一趋势。这既是中介语动态渐进性的表现，也是偏误系统性的表现。在中介语句式系统当中，遗漏偏误的数量要多于误加偏误，这说明韩国留学生特殊句式使用不足，符合我们在第二章得出的结论，中介语句型系统复杂度要低于本族人。

（2）各类句式误加偏误在三个阶段的变化有一定的规律性，在考察的 19 类句式当中，有 12 类句式的误加类偏误率都随学生级别的升高逐渐降低，高级阶段偏误率最低，呈递减趋势变化。另外 6 类呈倒 U 型变化，仅有 1 类呈 U 型变化。在考察的 21 类句式当中，遗漏偏误率在三个阶段呈 U 型和倒 U 型变化趋势的分别为 5 类和 4 类，但呈递减变化的仍占主流，有 12 类。另外，在考察的 9 类句式当中，错用偏误在三个级别的发展变化趋势无一例外都是呈递减型分布的，这些都代表了中介语发展的总趋势。同时我们也看到，仍有一定数量的句式偏误率变化趋势不是呈递减型，而是呈现 U 型和倒 U 型，且在高级阶段仍有大量偏误存在。这些都证明了中介语发展变化的反复性、顽固性，也可看作是石化现象的一种表现。

2. 关于还原偏误后的中介语句式系统

（1）还原了偏误之后的中介语句式系统与汉语本族语仍然保持着较强的一致性，而且同样是呈现逐级向汉语本族语靠近的发展趋势。但即使到了高级阶段，韩国留学生汉语特殊句式的使用能力与本族人也还是存在着明显的差距，这些结论也都体现了中介语的系统性、渐进性以及顽固性。

（2）还原偏误之后的中介语句式系统2更接近汉语本族语，但变化较小。这说明尽管中介语当中存在着一定数量的句式误加或遗漏偏误，这些偏误会对中介语的整体面貌有一些影响，但并不会改变中介语系统的整体面貌，更不会影响中介语的系统性。即使韩国留学生在使用汉语的过程当中没有出现各类句式偏误，所输出的中介语句式系统仍与汉语本族语系统有一定差异，有其自身的特性。

（3）借助中介语句式系统表现出来的倾向性，我们可以解释在第二章得出的结论，中介语当中不含特殊句式的一般句型要远多于汉语本族语，这与韩国留学生回避和遗漏的特殊句式较多构成对立互补的关系。同时我们也有理由相信，中介语系统中状语使用率高与补语使用率低之间也存在此消彼长的互补关系。

第六章

韩国留学生中介语系统与教学输入语言关系探讨

上文我们以汉语本族语的句型、句式使用情况为参照,对初、中、高三个级别韩国留学生中介语 7 类句型、25 类句式的使用情况进行了描述与分析。从总的使用情况来看,韩国留学生中介语句型、句式系统与汉语本族语即目的语相比都有着比较显著的相关性,且这种相关性随级别升高而逐渐增强。这说明中介语是受目的语制约的语言系统,级别越高,其语言表现越接近目的语。然而从各类句型、句式的具体使用情况来看,各级中介语又有其自身特性,与目的语存在着一定的差异。

韩国留学生中介语句型、句式系统概貌是我们通过对中介语语料进行详细的标注、统计和分析所得出的,可以说是从第二语言学习者的语言输出形式当中得到的数据支持。然而语言输出必然要求先有语言的输入。尤其是对于初学者来说,主要是通过语言输入来掌握目的语的规则。

那么"输入"应包括哪些方面?在二语习得理论的早期研究文献中,研究者往往把"输入"限制在口头输入的范围内。吴中伟(2008)认为,如果不是严格区别"习得"(Acquisition)与"学习"(Learning),

而把"习得"用于比较宽泛的意义上的话（二语习得理论也早已把课堂学习纳入其视野），对于"输入"也完全不必限制得那么狭窄，Krashen（1985）定义"输入"为第二语言学习者所接触到的目的语。这样，"输入"的材料至少包括以下几类：（1）学习者在真实交际中接触到的目的语（来自于本族人的或非本族人的）；（2）教学材料（包括影像资料）中的目的语；（3）课堂上教师用目的语说的话，以及课外辅导等场合学习者所接触到的目的语。这三种来源当中，第一种即学生实际接触的目的语是我们完全无法掌控的，第三种考察起来也颇有难度。尽管也有很多关于教师语言对二语习得影响的实证性研究，但毕竟不同的教师提供的二语输入各不相同，同一个教师能影响到的二语学习者也是有限的。相对来说，第二种来源是可控性最强的。在教学材料当中，最主要的当属教材，这是外语学习过程中必须接触的目的语材料。尤其是比较通行的教材数量有限，且以文字形式呈现，更易进行统计分析。

因此，我们对通行的对外汉语教材进行了转写，建成100万字的分级汉语教材语料库以对应中介语语料库，即初级教材语料20万字，中级教材语料40万字，高级教材语料40万字。在本章中，我们依照同样的规则对教材语料进行封闭性、全面性的句型、句式标注统计，试从定量研究的角度来考察各级教材7类句型、25类句式的使用情况[①]，与各级中介语句型、句式系统进行比对，从而进一步探讨中介语与教学输入语言之间的相互关系。

6.1 中介语句型系统与教材对比分析

经考察，初、中、高三级教材语料中都充分使用了我们所研究的4类主谓句、3类非主谓句，其中有的包含一些特殊句式，有的不包含，

[①] 严格说来，针对教材语料应该采用"出现情况"而非"使用情况"，但为了行文方便，本书涉及教材语料的时候也采用了"使用"一词，包括下文当中的"使用率"，有时指的是"出现率"。

这并不影响句型的判定。下面我们简单列举：

1. 动词谓语句

初级教材：

　　今天下午我们跟政法大学代表队比赛。（无特殊句式）

　　我每天都坚持锻炼一个小时。（含特殊句式——时量补语句）

中级教材：

　　我很佩服她的能力和自信。（无特殊句式）

　　老板打电话让我去上班。（含特殊句式——连动句/兼语句）

高级教材：

　　作家老是写那些可望而不可即的爱情。（无特殊句式）

　　我千辛万苦把她们养大了。（含特殊句式——把字句/结果补语句）

2. 形容词谓语句

初级教材：

　　北京的冬天比较冷。（无特殊句式）

　　上海的气温比北京高得多。（含特殊句式——比字句/程度补语句）

中级教材：

　　服务员小姐对你的态度格外地好。（无特殊句式）

　　在我们的周围，树木花草在不知不觉中多了起来。（含特殊句式——趋向补语句）

高级教材：

　　边远地区的教育确实特别落后。（无特殊句式）

　　独生子女智商普遍地比非独生子女的智商要高一点儿。（含特殊句式——比字句/程度补语句）

3. 名词谓语句

初级教材：

　　那年我才十八岁。（无特殊句式）

中级教材：
　　奖金两万元。（无特殊句式）
高级教材：
　　他仅仅 10 岁啊！（无特殊句式）
　　檐下一个小铺盖。（含特殊句式——存现句）

4. 主谓谓语句

初级教材：
　　我们这儿什么菜都好吃啊。（无特殊句式）
　　很多句子我没听懂。（含特殊句式——结果补语句）
中级教材：
　　这一点我太清楚了。（无特殊句式）
　　女儿什么话也没有了。（含特殊句式——有字句）
高级教材：
　　母亲心里欢喜。（无特殊句式）
　　后来我小儿子一句话把我给唤醒了。（含特殊句式——把字句/结果补语句）

5. 动词性非主谓句

初级教材：
　　当然可以。（无特殊句式）
　　感谢你接受我的采访。（含特殊句式——兼语句）
中级教材：
　　太麻烦你们了。（无特殊句式）
　　是他的真诚感动了我。（含特殊句式——是字句）
高级教材：
　　学习的时候就要认认真真地学。（无特殊句式）
　　有人主动找上门来出钱请他画。（含特殊句式——有字句/兼语句/连动句/趋向补语句）

6. 形容词性非主谓句

初级教材：

还早着呢！（无特殊句式）

　　快点儿！（含特殊句式——程度补语句）

中级教材：

　　不然，还真危险呢！（无特殊句式）

　　还差得远呢！（含特殊句式——程度补语句）

高级教材：

　　糟了！（无特殊句式）

　　好极了！（含特殊句式——程度补语句）

7. 名词性非主谓句

初级教材：

　　什么电影？（无特殊句式）

中级教材：

　　多好的名字啊！（无特殊句式）

高级教材：

　　阿呀，这样的婆婆！（无特殊句式）

汉语教材中7类句型的使用数量及使用率数据如下表：

表 6-1　汉语教材句型使用情况

教材	句型使用	主谓句				非主谓句			总计
		动谓	形谓	名谓	主谓	动非	形非	名非	
初级教材	使用量（例）	15 022	1 540	123	381	2 283	429	238	20 016
	使用率（%）	75.05	7.69	0.61	1.90	11.41	2.14	1.19	100
中级教材	使用量（例）	26 186	2 922	349	838	3 644	407	398	34 744
	使用率（%）	75.37	8.41	1.00	2.41	10.49	1.17	1.15	100
高级教材	使用量（例）	27 601	2 416	504	854	3 124	350	343	35 192
	使用率（%）	78.43	6.87	1.43	2.43	8.88	0.99	0.97	100

注：句型使用率＝各类句型使用句数（例）/各级总句数（例），取百分位。

6.1.1 初级中介语句型系统与教材对比分析

在20万字初级教材语料当中，7类句型共有20 016句，其中主谓句17 066句，非主谓句2 950句，各类句型使用率情况与汉语本族语也大体相当。下表是初级教材句型使用情况与汉语本族语和中介语共同对比的情况：

表6-2 汉语本族语、初级教材及中介语句型系统对比

语料类别	句型使用	主谓句				非主谓句			总计
		动谓	形谓	名谓	主谓	动非	形非	名非	
汉语本族语	使用量（例）	25 410	2 397	244	678	3 956	311	320	33 316
	使用率（%）	76.27	7.19	0.73	2.04	11.87	0.93	0.96	100
初级教材	使用量（例）	15 022	1 540	123	381	2 283	429	238	20 016
	使用率（%）	75.05	7.69	0.61	1.90	11.41	2.14	1.19	100
	教材与汉语本族语使用率差（倍）	0.98	1.07	0.84	0.93	0.96	2.30	1.24	1.00
初级中介语2[②]	使用量（例）	14 579	2 988	346	381	799	78	83	19 254
	使用率（%）	75.72	15.52	1.79	1.98	4.15	0.41	0.43	100
	中介语与汉语本族语使用率差（倍）	0.99	2.16	2.45	0.97	0.35	0.44	0.45	1.00
	中介语与教材使用率差（倍）	1.01	2.02	2.93	1.04	0.36	0.19	0.36	1.00

注：1. 句型使用率＝各类句型使用句数（例）/各级总句数（例），取百分位。

2. 句型使用率差按倍数计算，计算方式为"教材与汉语本族语使用率差＝初级教材句型使用率/汉语本族语句型使用率""中介语与汉语本族语使用率差＝初级中介语2句型使用率/汉语本族语句型使用率""中介语与教材使用率差＝初级中介语2句型使用率/初级教材句型使用率"。

在表6-2当中，我们对比了三个方面的数据，即初级教材与汉语本族语句型使用情况、初级中介语2与汉语本族语句型使用情况以及初级中介语2与初级教材句型使用情况。通过对比，我们可作如下分析：

---

① 为了更好地考察教学输入语言与中介语之间的关系，我们采用还原了偏误之后的中介语系统进行对比，即中介语2。

1. 从初级教材和汉语本族语的句型使用分布来看，7类句型中仅有形容词性非主谓句和名词性非主谓句在两个语料库中的使用量有一定差距，这两种句型在教材语料当中使用更多，超过了1.2倍这一标准。而且名词性非主谓句使用量仅为汉语本族语的1.24倍，超量极少。其他5类句型都在0.8—1.2倍这一适当范围内。使用量排序上也只有上述两类与汉语本族语相比位置发生了互换。而初级中介语与汉语本族语相比却仅有2类使用量相当，其他5类句型都超过了超量或不足标准，排序也有两处不同。具体情况我们在第二章当中已有分析，在此不再赘述。

由此可见，尽管汉语教材当中的内容有些是编写者针对一定的教学项目而自编的，并非自然真实的语料，但毕竟同样是汉语本族语，其句型使用情况与我们统计的40万字自然的汉语本族语语料比较接近。这证明基于大规模语料统计得出的语言系统具有一定的稳定性。由此也可以说明中介语与汉语本族语句型系统的差异并非是任意的，而是中介语系统自身特性的表现。

2. 从初级中介语与初级教材的句型使用分布来看，二者的差异同我们之前得到的中介语与汉语本族语的差异是一致的。从存在差异的类型来看，都是形容词谓语句和名词谓语句使用超量，三类非主谓句使用不足，动词谓语句和主谓谓语句使用量基本相当。从差异度来看，中介语与教材的差异同中介语与汉语本族语的差异也大体相当。

以上结论可借助皮尔逊相关系数得以证实，请看：

表6-3 汉语本族语、初级教材及中介语句型使用率相关系数检验表

语料类别		汉语本族语	初级教材	初级中介语2
汉语本族语	皮尔逊相关性	1	1.000**	.986**
	Sig.（双尾）		.000	.001
	个案数	7	7	7
初级教材	皮尔逊相关性	1.000**	1	.987**
	Sig.（双尾）	.000		.000
	个案数	7	7	7
初级中介语2	皮尔逊相关性	.986**	.987**	1
	Sig.（双尾）	.001	.000	
	个案数	7	7	7

**. 在0.01级别（双尾），相关性显著。

从表中三个相关系数可以确定，汉语本族语、初级中介语以及初级

教材语料当中的句型使用量都是高度相关的。其中教材和汉语本族语的相关度已经可以视为完全一致，二者之间的相关度要高于它们同中介语句型使用量的相关度。同时也可以看出，初级中介语7类句型的使用量与初级教材之间的相关系数是0.987，略高于它和汉语本族语的相关度，但两者差别甚微。

3. 为了考察教学输入语言与中介语输出语言之间的关系，我们以汉语本族语各句型的使用量作为基准值，然后对比初级教材和中介语与汉语本族语各类句型的使用率差。我们将表中的两行使用率差换算成log以2为底的对数，得出各类句型的差异度，具体请见下面的折线图。

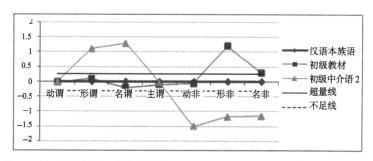

图 6-1　初级中介语、初级教材与汉语本族语句型使用差异度对比折线图

由图可见，初级中介语与汉语本族语相比使用超量的两种类型（形容词谓语句、名词谓语句）在教材当中的使用量并不高。同样，初级中介语使用不足的三种非主谓句在教材当中的使用量也并不低，其中形容词性非主谓句和名词性非主谓句还高于汉语本族语。这表明，教材输入与中介语输出并不具有完全的一致性，初级韩国留学生在句型选择方面有自身倾向，这也说明中介语系统具有其自身的特点。具体原因我们将在本章结论中进行具体分析。

6.1.2 中级中介语句型系统与教材对比分析

在40万字中级教材语料当中，7类句型共有34 744句，其中主谓句30 295句，非主谓句4 449句。中级教材句型使用情况与汉语本族语和中介语共同对比的情况如下表：

表 6-4　汉语本族语、中级教材及中介语句型系统对比

语料类别	句型使用	主谓句				非主谓句			总计
		动谓	形谓	名谓	主谓	动非	形非	名非	
汉语本族语	使用量（例）	25 410	2 397	244	678	3 956	311	320	33 316
	使用率（%）	76.27	7.19	0.73	2.04	11.87	0.93	0.96	100
中级教材	使用量（例）	26 186	2 922	349	838	3 644	407	398	34 744
	使用率（%）	75.37	8.41	1.00	2.41	10.49	1.17	1.15	100
	教材与汉语本族语使用率差（倍）	0.99	1.17	1.37	1.18	0.88	1.26	1.20	1.00
中级中介语2	使用量（例）	25 792	4 438	428	579	1 884	172	193	33 486
	使用率（%）	77.02	13.25	1.28	1.73	5.63	0.51	0.58	100
	中介语与汉语本族语使用率差（倍）	1.01	1.84	1.75	0.85	0.47	0.55	0.60	1.00
	中介语与教材使用率差（倍）	1.02	1.58	1.28	0.72	0.54	0.44	0.50	1.00

注：1. 句型使用率＝各类句型使用句数（例）/各级总句数（例），取百分位。

2. 句型使用率差按倍数计算，计算方式为"教材与汉语本族语使用率差＝中级教材句型使用率/汉语本族语句型使用率""中介语与汉语本族语使用率差＝中级中介语2句型使用率/汉语本族语句型使用率""中介语与教材使用率差＝中级中介语2句型使用率/中级教材句型使用率"。

在表6-4中我们同样对比了中级教材与汉语本族语句型使用情况、中级中介语2与汉语本族语句型使用情况以及中级中介语2与中级教材句型使用情况，由三方面的数据可作如下分析：

1. 从中级教材和汉语本族语的句型使用分布来看，7类句型中仅有名词谓语句和形容词性非主谓句在两个语料库中的使用量有一定差距，这两种句型在教材语料当中使用更多，超过了1.2倍这一标准。其他5类句型都在适当范围内。各类句型的使用量排序也与汉语本族语基本一致。而中级中介语与汉语本族语相比却仅有2类使用量相当，其他5类句型都超过了超量或不足标准，排序也仅有2类相同。具体情况我们在第二、三章当中已有分析。由此可见，同初级教材语料一样，中级教材当中的句型使用情况与我们统计的40万字自然的汉语本族语语料也非常接近。

2. 从中级中介语与中级教材的句型使用分布来看，二者的差异同我们之前得到的中介语与汉语本族语的差异基本一致。从存在差异的类型来看，除了形容词谓语句和名词谓语句使用超量、三类非主谓句使用不足之外，还多了一类主谓谓语句与中级教材相比使用不足。从差异度来看，中介语与教材的差异略小于它与汉语本族语的差异。请看下面对三者皮尔逊相关系数的验证：

表 6-5 汉语本族语、中级教材及中介语句型使用率相关系数检验表

语料类别		汉语本族语	中级教材	中级中介语 2
汉语本族语	皮尔逊相关性	1	1.000**	.992**
	Sig.（双尾）		.000	.000
	个案数	7	7	7
中级教材	皮尔逊相关性	1.000**	1	.995**
	Sig.（双尾）	.000		.000
	个案数	7	7	7
中级中介语 2	皮尔逊相关性	.992**	.995**	1
	Sig.（双尾）	.000	.000	
	个案数	7	7	7

**. 在 0.01 级别（双尾），相关性显著。

从表中三个相关系数可以确定，汉语本族语、中级中介语以及中级教材语料当中的句型使用量也是高度相关的。其中教材和汉语本族语的相关度可以视为完全一致，二者之间的相关度要高于它们同中介语句型使用量的相关度。同时也可以看出，中级中介语 7 类句型的使用量与中级教材之间的相关系数是 0.995，略高于它和汉语本族语的相关度 0.992。

3. 为了考察教学输入语言与中介语输出语言之间的关系，我们以汉语本族语各句型的使用量作为基准值，然后对比中级教材、中级中介语同汉语本族语各类句型的使用率差。我们将表中的两行使用率差换算成 log 以 2 为底的对数，得出各类句型的差异度，具体请见下面的折线图。

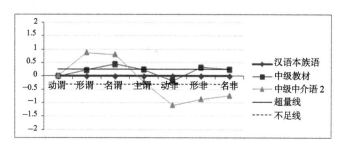

图 6-2 中级中介语、中级教材与汉语本族语句型使用差异度对比折线图

由图可见，中级中介语使用不足的形容词性非主谓句和名词性非主谓句在教材当中的使用量都高于汉语本族语。而动词性非主谓句在教材当中的使用量也仅仅略低于汉语本族语，仍在适当范围之内。另外，主谓谓语句在教材当中的使用量高于汉语本族语，而在中介语当中却低于汉语本族语，这也使得该句型在中介语中的使用情况与教材差异较大。这些都说明，中级教材输入与中介语输出并不具有完全一致性，学生在句型选择方面有其自身倾向。

但同时我们也看到，中级中介语与汉语本族语相比使用超量的两种类型（形容词谓语句、名词谓语句）在教材当中的使用量也都超过了汉语本族语。这也说明，中级中介语当中有个别句型使用超量的情况或许同教材输入的强化存在一定的关系。

6.1.3 高级中介语句型系统与教材对比分析

在 40 万字高级教材语料当中，7 类句型共有 35 192 句，其中主谓句 31 375 句，非主谓句 3 817 句。高级教材句型使用情况与本族语和中介语共同对比的情况如下表：

表 6-6　汉语本族语、高级教材及中介语句型系统对比

语料类别	句型使用	主谓句				非主谓句			总计
		动谓	形谓	名谓	主谓	动非	形非	名非	
汉语本族语	使用量（例）	25 410	2 397	244	678	3 956	311	320	33 316
	使用率（%）	76.27	7.19	0.73	2.04	11.87	0.93	0.96	100
高级教材	使用量（例）	27 601	2416	504	854	3 124	350	343	35 192
	使用率（%）	78.43	6.87	1.43	2.43	8.88	0.99	0.97	100
	教材与汉语本族语使用率差（倍）	1.03	0.96	1.96	1.19	0.75	1.06	1.02	1.01

续表

语料类别	句型使用	主谓句				非主谓句			总计
		动谓	形谓	名谓	主谓	动非	形非	名非	
高级中介语2	使用量（例）	24 299	3 302	273	508	2 242	183	228	31 035
	使用率（%）	78.30	10.64	0.88	1.64	7.22	0.59	0.73	100
	中介语与汉语本族语使用率差（倍）	1.03	1.48	1.21	0.80	0.61	0.63	0.76	1.00
	中介语与教材使用率差（倍）	1.00	1.55	0.62	0.67	0.81	0.60	0.75	1.00

注：1. 句型使用率＝各类句型使用句数（例）/各级总句数（例），取百分位。
2. 句型使用率差按倍数计算，计算方式为"教材与汉语本族语使用率差＝高级教材句型使用率/汉语本族语句型使用率""中介语与汉语本族语使用率差＝高级中介语2句型使用率/汉语本族语句型使用率""中介语与教材使用率差＝高级中介语2句型使用率/高级教材句型使用率"。

在表6-6中我们同样对比了三方面的数据，具体分析如下：

1. 从高级教材和汉语本族语的句型使用分布来看，7类句型中仅有名词谓语句和动词性非主谓句在两个语料库中的使用量有一定差距，名词谓语句在教材语料当中使用更多，动词性非主谓句在教材语料当中使用更少，都超过了±0.2倍。其他5类句型均在适当范围内。各类句型的使用量排序与汉语本族语相比只有名词谓语句和名词性非主谓句2类发生了互换。而高级中介语与汉语本族语相比却仅有2类使用量相当，其他5类句型都超过了超量或不足标准，排序也仅有2类相同。具体情况我们在第二、三章当中已有分析，在此不再赘述。由此可见，同初、中级教材语料一样，高级教材当中的句型使用情况与我们统计的40万字自然的汉语本族语语料也非常接近。

2. 从高级中介语与高级教材的句型使用分布来看，二者的差异同我们之前得到的中介语与汉语本族语的差异有所不同。使用超量的类型只有形容词谓语句1类，使用不足的类型有4类，分别是名词谓语句、主谓谓语句、形容词性非主谓句和名词性非主谓句。从差异度来看，高级中介语与教材的差异略小于它与汉语本族语的差异。请看下面对三者皮尔逊相关系数的验证：

表 6-7　汉语本族语、高级教材及中介语句型使用率相关系数检验表

语料类别		汉语本族语	高级教材	高级中介语 2
汉语本族语	皮尔逊相关性 Sig.（双尾） 个案数	1 7	.999** .000 7	.996** .000 7
高级教材	皮尔逊相关性 Sig.（双尾） 个案数	.999** .000 7	1 7	.998** .000 7
高级中介语 2	皮尔逊相关性 Sig.（双尾） 个案数	.996** .000 7	.998** .000 7	1 7

**. 在 0.01 级别（双尾），相关性显著。

从表中三个相关系数可以确定，汉语本族语、高级中介语以及高级教材语料当中的句型使用量也是高度相关的。其中教材和汉语本族语的相关度达到了 0.999，二者之间的相关度也高于它们同中介语句型使用量的相关度。同时也可以看出，高级中介语 7 类句型的使用量与高级教材之间的相关系数是 0.998，略高于它和汉语本族语的相关度 0.996。

3. 为了考察教学输入语言与中介语输出语言之间的关系，我们以汉语本族语各句型的使用量作为基准值，然后对比高级教材、高级中介语同汉语本族语各类句型的使用率差。我们将表中的两行使用率差换算成 log 以 2 为底的对数，得出各类句型的差异度，具体请见下面的折线图。

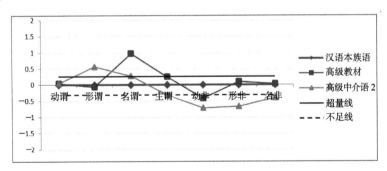

图 6-3　高级中介语、高级教材与汉语本族语句型使用差异度对比折线图

由图可见，高级中介语与汉语本族语相比使用超量的形容词谓语句在教材当中的使用量反而略少于汉语本族语，同样，使用不足的形容词性非主谓句和名词性非主谓句在教材当中的使用量却略多于汉语本族

语。包括中介语中使用量较低的主谓谓语句在教材当中的使用量也高于汉语本族语。这些都说明，高级教材输入与中介语输出也同样不具有完全一致性，学生在句型选择方面有其自身倾向。

但同时我们也看到，高级中介语与汉语本族语相比使用超量的名词谓语句在教材当中的使用量也远超过了汉语本族语，使用不足的动词性非主谓句在教材当中的使用量与汉语本族语相比也明显不足。这也说明，在高级中介语当中有个别句型使用超量的情况或许同教材输入的强化存在一定的关系。同理，教材对个别句型强调不够也可能会使得该句型在中介语当中使用不足。

6.1.4 中介语句型使用率发展趋势与教材对比分析

在第二章中我们已经分析到，韩国留学生各类句型的使用率从初级到高级是一个动态发展的过程，且 7 类句型使用率的变化规律性较强，或逐级递增，或逐级递减。那么句型使用率的逐级变化发展是否受到教学输入语言的影响？我们在此对比初、中、高三级教材的句型使用率变化趋势进行考察。请见下表：

表 6-8　各级教材与中介语句型使用率变化趋势对比

类别		主谓句				非主谓句		
		动谓	形谓	名谓	主谓	动非	形非	名非
教材使用率（%）	初级教材	75.05	7.69	0.61	1.90	11.41	2.14	1.19
	中级教材	75.37	8.41	1.00	2.41	10.49	1.17	1.15
	高级教材	78.43	6.87	1.43	2.43	8.88	0.99	0.97
	变化趋势	递增	倒 U	递增	递增	递减	递减	递减
中介语使用率（%）	初级中介语 2	75.72	15.52	1.79	1.98	4.15	0.41	0.43
	中级中介语 2	77.02	13.25	1.28	1.73	5.63	0.51	0.58
	高级中介语 2	78.30	10.64	0.88	1.64	7.22	0.59	0.73
	变化趋势	递增	递减	递减	递减	递增	递增	递增
	趋势比较	√						

注：句型使用率＝各类句型使用句数（例）/各级总句数（例），取百分位。

由表 6-8 我们可作如下分析：

1. 在教材语料当中，7 类句型的使用率变化趋势有三种形式：由初级到高级呈递增变化的有动词谓语句、名词谓语句、主谓谓语句 3 类；由初级到高级呈递减变化的是 3 类非主谓句；另外一类形容词谓语句呈倒 U 型趋势变化，即在中级阶段使用率最高。

2. 中介语句型使用率变化只有递增和递减两种趋势，7 类句型当中有 4 类使用率是由初级到高级呈递增趋势的，即动词谓语句和 3 类非主谓句；有 3 类句型的使用率由初级到高级呈递减趋势变化，分别是形容词谓语句、名词谓语句和主谓谓语句。

3. 对比两个语料库句型使用率的变化趋势可以看到，仅有动词谓语句 1 类是相同的。这说明中介语在句型使用率上的发展变化趋势并不完全受限于教材输入的影响，而是遵循自身的发展规律。

6.2 中介语句型系统复杂度与教材对比分析

我们同样以单句中涉及特殊句式的数量为参数，对初、中、高三级教材语料的句型内部复杂度情况进行了考察。若一个小句当中不涉及 25 类特殊句式当中的任何一个，则属于一般句型；若一个小句可分析出一个或一个以上特殊句式，则被认为是复杂句型。下面是三级教材、三级中介语以及汉语本族语句型复杂度情况对比表。

表 6-9　汉语本族语、各级教材与中介语句型系统复杂度对比

语料类别	总句数（例）	一般句型		复杂句型		特殊句式（个）	平均句式（个）
		使用量（例）	使用率（%）	使用量（例）	使用率（%）		
初级教材	20 016	10 445	52.18	9 571	47.82	11 847	0.59
初级中介语 2	19 254	12 662	65.76	6 592	34.24	7 270	0.38
中级教材	34 744	18 426	53.03	16 318	46.97	19 513	0.56
中级中介语 2	33 486	20 598	61.51	12 888	38.49	14 598	0.44
高级教材	35 192	17 958	51.03	17 234	48.97	20 610	0.59

续表

语料类别	总句数（例）	一般句型		复杂句型		特殊句式（个）	平均句式（个）
		使用量（例）	使用率（%）	使用量（例）	使用率（%）		
高级中介语2	31 035	16 926	54.54	14 109	45.46	15 941	0.51
汉语本族语	33 316	16 681	50.07	16 635	49.93	20 057	0.60

注：平均句式是指平均一个单句中包含的特殊句式数量，即平均句式＝特殊句式（个）/总句数（例）。

由表中数据我们可作如下分析：

1. 从一般句型和复杂句型的使用分布来看，三个级别教材语料同汉语本族语以及各级中介语句型系统是一致的，都是一般句型多于复杂句型。但从具体的使用量来看，中介语却与汉语本族语差异明显，表现在三级中介语语料中的一般句型的数量都明显高于复杂句型，即使两者差距最小的高级阶段，一般句型也比复杂句型高9.08%，而差距最大的初级阶段则相差31.52%。而汉语本族语两者几乎各占一半。相比而言，教材句型系统当中两者的分布更接近汉语本族语，差距最大的中级阶段也仅相差6.06%，差距最小的高级阶段相差2.06%。由此也可以看出，教材语料与本族自然语料确实是比较接近的。请看下面的柱形图。

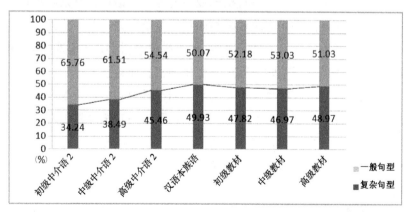

图6-4　汉语本族语、各级教材与中介语句型系统复杂度对比柱形图

2. 从特殊句式的总数量来看，初级教材语料中平均每句涉及0.59个特殊句式，中级教材语料平均每句为0.56个，高级教材语料平均每

句为 0.59 个，均低于汉语本族语的平均每句 0.60 个。总体而言，教材语料在句型复杂度方面还是没有本族自然语料复杂度高，但比较接近汉语本族语。而中介语系统即使还原了遗漏和误加偏误之后，各级平均每句所涉及的句式数量也明显低于汉语本族语，初级阶段仅为 0.38 个，中级阶段为 0.44 个，最复杂的高级阶段也仅有 0.51 个。也就是说，从句型系统的复杂度来看，教材是介于汉语本族语和中介语之间的。

以上两点证实教材句型系统内部复杂度与汉语本族语也比较接近，两者都明显要高于中介语句型内部复杂度。这表明韩国留学生使用特殊句式的能力是有限的，在特殊句式的使用方面，输入并不等同于输出，中介语输出始终低于教材的教学输入。

3. 我们纵向比较一下各级教材及中介语的句型复杂度情况。从上面的柱形图可以看到，中介语从初级到高级一般句型与复杂句型的使用量差距在逐渐缩小，平均每句涉及的特殊句式数量也逐级增加，也就是说，韩国留学生使用汉语句型的复杂度与级别的升高成正比，是一个逐渐复杂化的过程。教材却并非如此，中级阶段的句型复杂度最低，无论是复杂句型的数量还是平均句式的数量都说明了这一点。而初级阶段和高级阶段更为复杂一些，两个阶段平均句式的数量都是 0.59。

高级阶段教材很多都是直接选取目的语自然语料，复杂度高是正常的。但需要注意的是初级阶段教材语料的复杂度并不低。原因在于，初级阶段是各类语法项目的学习阶段，初级教材语料多是由编写者自编的，需要在有限的篇幅当中融入固定的教学项目，而且还要保持一定的复现率，以便于学生巩固所学知识。因此，初级教材句型复杂度较高。然而初级阶段中介语句型复杂度却是最低的，而后各级渐次发展，以高级中介语为最高。这也表明，中介语在句型复杂度上的发展变化趋势并不完全受限于教材输入的影响，而是遵循自身的发展规律，符合中介语系统的渐进性特征。

黄自然、肖奚强（2014）得出结论，从平均句长的角度进行考察，韩国留学生的语言输出水平大于教材的输入水平。这里我们从句型复杂度考察的结论是，尽管中介语的平均句长高于教材语料，但从单句所含特殊句式数量来看，其句型复杂度却低于教材。这也说明句长只是判断句子复杂程度的一个变量，句子的语法结构是否复杂也是不可忽视的重要因素。

6.3 中介语句式系统与教材对比分析

经考察，初、中、高三级教材语料中都充分使用了25类句式，下面我们简单列举：

（一）补语句式

1. 结果补语句

初级教材：很多句子我没听懂。

中级教材：我的泪水已经打湿了信纸。

高级教材：我觉得应该掌握好这些东西。

2. 状态补语句

初级教材：每天我睡得比较晚，起得比较早。

中级教材：大夫这回写得一点儿没错儿。

高级教材：黄老先生一席话，说得大千五体投地。

3. 程度补语句

初级教材：上海的气温比北京高得多。

中级教材：回宿舍的路上，我一下子平静了许多。

高级教材：熟门熟路，比生手实在好得多。

4. 趋向补语句

初级教材：林老师从香港给王老师带来一封信。

中级教材：我忽然想起了那个湖南女孩。

高级教材：祥林嫂抬起她没有神采的眼睛来。

5. 可能补语句

初级教材：我忘不了那位好心的姑娘。

中级教材：莺莺的母亲也看不起张生。

高级教材：一二百公斤的杨梅自己吃不了了。

6. 动量补语句

初级教材：不过你要再跟我比一次。

中级教材：我用力地握了一下他的左手。

高级教材：我们既然来潇洒一顿，我就彻底奢侈一次，来铺张一下。

7. 时量补语句

初级教材：在零下5度的寒风中站了快一个小时了。

中级教材：我们那位又睡了一天的懒觉。

高级教材：在这个扎鲁特旗也总算呆了15年了吧。

8. 比较数量补语句

初级教材：上海的气温比北京高几度。

中级教材：有的商店里这样的画，价钱要便宜一半。

高级教材：他是我的本家，比我长一辈。

9. 处所补语句

初级教材：原来是他到山上去砍柴时，丢在山上了。

中级教材：我和朋友坐在靠墙角的圆桌前喝着啤酒。

高级教材：煮熟之后，横七竖八的插些筷子在这类东西上。

10. 时间补语句

初级教材：我的烟还能抽到下星期。

中级教材：许多为死者守夜的人不停地唱着哀悼的歌，一直唱到天亮。

高级教材：逛旧书字画摊的习惯，他一直保持到晚年。

11. 其他介词补语句

初级教材：爸爸，您没有留给我们多少吃的，但是却教给我们怎么做人。

中级教材：因为西方人习惯于尽量表现自己的优势。

高级教材：这么多的轿车，主要是立足于轿车能够进入家庭。

（二）无标句式

12. 连动句

初级教材：国王就骑上自己那匹心爱的大白马来到了邻国。

中级教材：一个浓眉大眼的小伙子最近常到这个商店买东西。

高级教材：我觉得我有这个责任来为我周围的同志作宣传。

13. 兼语句

初级教材：他叫我一定要努力学习。

中级教材：她以音乐教育法使女儿从小就受到艺术的熏陶。
高级教材：这不禁让人想到中国有句老话"叶落归根"。

14. 双宾句

初级教材：临下飞机，他还给了我一张名片。
中级教材：向原告公开道歉，并赔偿原告精神损失费三千元。
高级教材：方圆几百里不是叫我上海胖子，就是叫我走江湖的。

15. 存现句

初级教材：火炉旁边放着一双烤得暖暖和和的拖鞋。
中级教材：桌上床下，到处都是各种各样的名酒。
高级教材：迎面走来一位留着五绺长髯，身穿中式裤褂也拄着根手杖的人。

16. 被动句

有标记被动句：

初级教材：我被这两位老人的善良深深地感动了。
中级教材：有20幅画已在昨晚被一位不肯说出姓名的海外收藏家买下了。
高级教材：从白天以至初夜的疑虑，全给祝福的空气一扫而空了。

无标记被动句：

初级教材：信怎么又退回来了？
中级教材：不料第二天，两张剧票送到了姑娘的面前。
高级教材：不多久，这推想就证实了。

17. 差比句

比字句：

初级教材：开一个学术会总比在家里看电视好得多。
中级教材：作为残疾人，他比一般人更早更多地尝到了找工作的酸甜苦辣。
高级教材：奉献总是比索取可以得到更好的心理上的享受。

"没有/不如……这么/那么……"句：

初级教材：田忌知道自己的马没有齐王的好。
中级教材：我学习可远远不如你。

高级教材：眼光也没有先前那样精神了。

18. 等比句

"跟/和/同/与……一样/不一样……"句：

初级教材：我们那儿的冬天跟北京一样冷。

中级教材：中国人表达谦虚的方式跟我们西方人不一样。

高级教材：他们的习惯跟我们不一样。

"跟/和/同/与……相同/不同/相似/类似/近似/差不多/相反"句：

初级教材：我对幸福的感觉跟你不同。

中级教材：因为"梨"和"离"，"伞"和"散"的发音相同或相近。

高级教材：不知道这个数字和您心目中想象的电视球迷的数字到底相符不相符。

19. 重动句

初级教材：她唱京剧唱得很不错。

中级教材：我爱杨华爱得太深了。

高级教材：交朋友交到这个份上，可以拍胸脯了。

（三）有标句式

20. 是字句

初级教材：母亲是我们那一带有名的医生。

中级教材：你的希望你的爱确实是我的动力。

高级教材：城隍庙是上海一个很热闹的场所。

21. 有字句

初级教材：中国留学生中不少人有过这种经历。

中级教材：那朴素的旋律，仍然有令他心痛的艺术力量。

高级教材：好在她现在已经再没有什么牵挂。

22. "是……的"句

初级教材：我是跟旅游团一起来的。

中级教材：资助孩子们的钱是从自己的生活费中节省下来的。

高级教材：这是在山村里所未曾知道的。

23. 把字句

初级教材：我想把照相机拿出来。

中级教材：今天一大早，我就把信寄出去了。

高级教材：她把自己心里的一些苦恼说出来。

24. 由字句

初级教材：全国各大城市都由政府推动，采取措施。

中级教材：这种牙膏由多种中药制成。

高级教材：这个风险应该由谁来承担？应该由年轻人来承担。

25. 连字句

初级教材：你怎么连这么简单的问题也不知道？

中级教材：两个介绍人连对方的名字都没弄明白就当起介绍人来。

高级教材：连售票员的工作台，也成了小朋友的临时座位了。

经过分析、标注以及最后的统计，我们得出汉语教材中出现这25类句式的具体数量，分布情况请见下表。

表 6-10　各级汉语教材句式使用情况

句式类型		初级教材		中级教材		高级教材	
		使用量（例）	使用率（‰）	使用量（例）	使用率（‰）	使用量（例）	使用率（‰）
补语句式	结果	1 616	8.080	2 706	6.765	1 898	4.745
	状态	508	2.540	573	1.433	650	1.625
	程度	91	0.455	208	0.520	270	0.675
	趋向	1 179	5.895	1 975	4.938	1 920	4.800
	可能	341	1.705	481	1.203	482	1.205
	动量	238	1.190	390	0.975	577	1.443
	时量	246	1.230	315	0.788	190	0.475
	比较	7	0.035	17	0.043	22	0.055
	处所	572	2.860	863	2.158	986	2.465
	时间	8	0.040	8	0.020	29	0.073
	其他	167	0.835	241	0.603	270	0.675

续表

句式类型		初级教材		中级教材		高级教材	
		使用量（例）	使用率（‰）	使用量（例）	使用率（‰）	使用量（例）	使用率（‰）
无标句式	连动	2 037	10.185	2 747	6.868	3 292	8.230
	兼语	615	3.075	1 154	2.885	1 132	2.830
	双宾	318	1.590	340	0.850	204	0.510
	存现	326	1.630	374	0.935	343	0.858
	被动	151	0.755	307	0.768	314	0.785
	差比	91	0.455	108	0.270	263	0.658
	等比	83	0.415	232	0.580	73	0.183
	重动	5	0.025	17	0.043	15	0.038
有标句式	是字	1 453	7.265	3 137	7.843	3 716	9.290
	有字	1 012	5.060	2 009	5.023	2 248	5.620
	是……的	286	1.430	614	1.535	891	2.228
	把字	480	2.400	606	1.515	723	1.808
	由字	8	0.040	33	0.083	36	0.090
	连字	36	0.180	58	0.145	66	0.165

注：句式使用率＝句式使用量/语料总量（20或40万字），取千分位。

6.3.1 初级中介语句式系统与教材对比分析

在20万字初级教材语料当中，25类特殊句式共有11 874个，使用率为5.937%。这一数值不但高于初级中介语2的使用率3.611%，而且还高于汉语本族语的5.014%。其原因我们在上节已经有所分析，即初级阶段是各类语法项目的学习阶段，初级教材需要在有限的篇幅当中融入固定的教学项目，而且还要保持一定的复现率，因此特殊句式使用率较高。初级教材各类句式的使用率以及与汉语本族语和中介语的具体对比情况如下表：

表 6-11 汉语本族语、初级教材及中介语句式系统对比

句式类型	汉语本族语		初级教材		使用率差a（倍）	初级中介语2		使用率差b（倍）	使用率差c（倍）
	使用量（例）	使用率（‰）	使用量（例）	使用率（‰）		使用量（例）	使用率（‰）		
结果	2 836	7.090	1 616	8.080	1.14	412	2.060	0.29	0.25
状态	701	1.753	508	2.540	1.45	354	1.770	1.01	0.70
程度	148	0.370	91	0.455	1.23	72	0.360	0.97	0.79
趋向	2 106	5.265	1 179	5.895	1.12	157	0.785	0.15	0.13
可能	407	1.018	341	1.705	1.67	191	0.955	0.94	0.56
动量	295	0.738	238	1.190	1.61	97	0.485	0.66	0.41
时量	134	0.335	246	1.230	3.67	177	0.885	2.64	0.72
比较	13	0.033	7	0.035	1.06	30	0.150	4.55	4.29
处所	1 219	3.048	572	2.860	0.94	201	1.005	0.33	0.35
时间	30	0.075	8	0.040	0.53	5	0.025	0.33	0.63
其他	203	0.508	167	0.835	1.64	54	0.270	0.53	0.32
连动	2 393	5.983	2 037	10.185	1.70	1 035	5.175	0.86	0.51
兼语	1 525	3.813	615	3.075	0.81	151	0.755	0.20	0.25
双宾	282	0.705	318	1.590	2.26	220	1.100	1.56	0.69
存现	341	0.853	326	1.630	1.91	147	0.735	0.86	0.45
被动	378	0.945	151	0.755	0.80	21	0.105	0.11	0.14
差比	112	0.280	91	0.455	1.63	169	0.845	3.02	1.86
等比	95	0.238	83	0.415	1.74	87	0.435	1.83	1.05
重动	10	0.025	5	0.025	1.00	42	0.210	8.40	8.40
是字	3 575	8.938	1 453	7.265	0.81	2 034	10.170	1.14	1.40
有字	1 971	4.928	1 012	5.060	1.03	1 387	6.935	1.41	1.37
是……的	569	1.423	286	1.430	1.00	114	0.570	0.40	0.40
把字	629	1.573	480	2.400	1.53	51	0.255	0.16	0.11
由字	19	0.048	8	0.040	0.83	0	0	—	—
连字	66	0.165	36	0.180	1.09	14	0.070	0.42	0.39

注：1. 句式使用率＝句式使用量/语料总量（20或40万字），取千分位。

2. 使用率差a、b以汉语本族语句式使用情况为基数，按倍数计算，计算方式为"使用率差a（b）＝初级教材（初级中介语2）句式使用率/汉语本族语句式使用率"。使用率差c以教材句式使用情况为基数，计算方式为"使用率差c＝初级中介语2句式使用率/初级教材句式使用率"。

在上表当中,我们对比了三个方面的数据,即初级教材与汉语本族语各句式使用情况、初级中介语 2 与汉语本族语各句式使用情况以及初级中介语 2 与初级教材各句式使用情况。通过对比,我们可作如下分析:

1. 初级教材各类句式的使用率与汉语本族语相比存在一定差异,25 类句式当中有 12 类句式的差异在适当范围内,有 13 类句式与汉语本族语相比都超量或不足。其中 12 类句式出现率多于汉语本族语,超过了 1.2 倍这一标准,只有 1 类句式出现率明显低于汉语本族语。尽管如此,初级教材句式系统与中介语相比,还是更接近汉语本族语的。初级中介语 25 类句式当中仅有 6 类句式与汉语本族语的差异在适当范围内,其他 19 类当中使用不足的句式类型要多于使用超量的句式类型。而且对比初级中介语与初级教材各类句式使用率可以看到,句式的差异度都比较大,仅有 1 类在两个语料库中的使用率相当,其余 24 类都处于使用超量或使用不足的状态,其中使用不足的类型远远多于使用超量的类型。我们借助皮尔逊相关系数进行检验:

表 6-12　汉语本族语、初级教材及中介语句式使用率相关系数检验表

语料类别		汉语本族语	初级教材	初级中介语 2
汉语本族语	皮尔逊相关性 Sig.(双尾) 个案数	1 25	.935** .000 25	.792** .000 25
初级教材	皮尔逊相关性 Sig.(双尾) 个案数	.935** .000 25	1 25	.714** .000 25
初级中介语 2	皮尔逊相关性 Sig.(双尾) 个案数	.792** .000 25	.714** .000 25	1 25

**. 在 0.01 级别(双尾),相关性显著。

从表中数据可以看出,尽管三者之间都属于显著相关,但初级教材同汉语本族语的句式使用量相似度达到了 0.935,明显高于中介语同汉语本族语的相关度 0.792。同时也可以看到,初级中介语同教材的差异度甚至还大于同汉语本族语的差异度。由此可见,初级中介语的句式输出情况与教材输入情况并不一致。

2. 下面我们借助斯皮尔曼等级相关来考察三种语料当中 25 类句式的使用排序情况。

表 6-13　汉语本族语、初级教材及中介语句式排序等级相关检验表

	语料类别		汉语本族语	初级教材	初级中介语 2
斯皮尔曼 Rho	汉语本族语	相关系数	1.000	.971**	.753**
		Sig.（双尾）	.	.000	.000
		N	25	25	25
	初级教材	相关系数	.971**	1.000	.826**
		Sig.（双尾）	.000	.	.000
		N	25	25	25
	初级中介语 2	相关系数	.753**	.826**	1.000
		Sig.（双尾）	.000	.000	.
		N	25	25	25

**. 在 0.01 级别（双尾），相关性显著。

同上，三者排序也是呈显著相关的，但初级教材 25 类句式的使用排序同汉语本族语呈极度相关，且高于中介语同汉语本族语的相关度。不同的是，初级中介语与教材的句式排序情况更为接近。

由以上两个结论也可以从句式系统的角度再次证实，尽管汉语教材编写具有一定的目的性，一些句式也与汉语本族语存在差异，但毕竟也是汉语本族语，其句式使用情况与我们统计的 40 万字自然的本族语语料是很相似的。这也从另一个角度说明中介语与汉语本族语句式系统的差异并非任意的，而是中介语系统自身特性的表现。

3. 为了考察教学输入语言与中介语输出语言之间的关系，我们以汉语本族语各句式的使用量作为基准值，然后对比初级教材和中介语与汉语本族语各类句式的使用率差。我们将表中的两列使用率差换算成 log 以 2 为底的对数，得出各类句式的差异度，具体请见下面的三幅折线图。

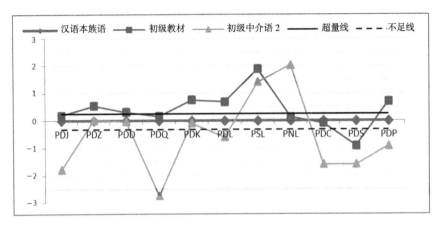

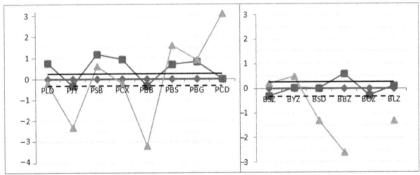

图 6-5 初级中介语、初级教材与汉语本族语句式使用差异度对比折线图

观察三幅图中的两条折线趋势,我们可以得出以下结论:

(1)多数句式在教材与中介语语料中使用频率存在明显的差异,这也说明教材输入与中介语输出在句式使用数量方面同样不具有完全的一致性。教材当中各种句式的使用率大多高于汉语本族语,而初级中介语各种句式的使用率大多低于汉语本族语,这是两者最显著的区别所在。其中,把字句等 11 种句式在教材中的使用率高于或基本同于汉语本族语,而在中介语中的使用率却明显低于汉语本族语。另有比较数量补语句等 3 类句式在教材中的使用率与汉语本族语持平,而在中介语中却明显高于汉语本族语。还有状态补语等 4 类句式在中介语当中的使用量与汉语本族语无明显差异,然而教材当中的出现率远高于汉语本族语。这

些都说明教材中句式出现频率并不能完全决定学生的使用频率。

（2）尽管初级中介语多数句式的使用量并不完全受教材影响，但也有个别类型例外。如时量补语等4类句式在中介语当中处于使用超量状态，同样，教材当中的使用量也明显超出汉语本族语。而时间补语在中介语当中使用不足，在教材语料当中的出现频率也远低于汉语本族语。因此我们不排除中介语当中这5类句式的超量或不足情况同它们在教材语料中出现频次存在一定的关系。

6.3.2 中级中介语句式系统与教材对比分析

在40万字中级教材语料当中，25类特殊句式共有19 513个，使用率为4.878‰，高于中级中介语2的使用率3.626‰，低于汉语本族语的5.014‰。中级教材各类句式的使用率以及与汉语本族语和中介语的具体对比情况如下表：

表6-14 汉语本族语、中级教材及中介语句式系统对比

句式类型	汉语本族语		中级教材			中级中介语2			
	使用量（例）	使用率（‰）	使用量（例）	使用率（‰）	使用率差a（倍）	使用量（例）	使用率（‰）	使用率差b（倍）	使用率差c（倍）
结果	2 836	7.090	2 706	6.765	0.95	1 505	3.763	0.53	0.56
状态	701	1.753	573	1.433	0.82	589	1.473	0.84	1.03
程度	148	0.370	208	0.520	1.41	145	0.363	0.98	0.70
趋向	2 106	5.265	1 975	4.938	0.94	633	1.583	0.30	0.32
可能	407	1.018	481	1.203	1.18	380	0.950	0.93	0.79
动量	295	0.738	390	0.975	1.32	195	0.488	0.66	0.50
时量	134	0.335	315	0.788	2.35	224	0.560	1.67	0.71
比较	13	0.033	17	0.043	1.30	24	0.060	1.82	1.40
处所	1 219	3.048	863	2.158	0.71	345	0.863	0.28	0.40
时间	30	0.075	8	0.020	0.27	14	0.035	0.47	1.75
其他	203	0.508	241	0.603	1.19	66	0.165	0.32	0.27

续表

句式类型	汉语本族语		中级教材			中级中介语2			
	使用量（例）	使用率（‰）	使用量（例）	使用率（‰）	使用率差a（倍）	使用量（例）	使用率（‰）	使用率差b（倍）	使用率差c（倍）
连动	2 393	5.983	2 747	6.868	1.15	1 591	3.978	0.66	0.58
兼语	1 525	3.813	1 154	2.885	0.76	489	1.223	0.32	0.42
双宾	282	0.705	340	0.850	1.21	347	0.868	1.23	1.02
存现	341	0.853	374	0.935	1.10	205	0.513	0.60	0.55
被动	378	0.945	307	0.768	0.81	151	0.378	0.40	0.49
差比	112	0.280	108	0.270	0.96	244	0.610	2.18	2.26
等比	95	0.238	232	0.580	2.44	223	0.558	2.34	0.96
重动	10	0.025	17	0.043	1.72	37	0.093	3.72	2.16
是字	3 575	8.938	3 137	7.843	0.88	3 924	9.810	1.10	1.25
有字	1 971	4.928	2 009	5.023	1.02	2 485	6.213	1.26	1.24
是……的	569	1.423	614	1.535	1.08	426	1.065	0.75	0.69
把字	629	1.573	606	1.515	0.96	219	0.548	0.35	0.36
由字	19	0.048	33	0.083	1.73	7	0.018	0.38	0.22
连字	66	0.165	58	0.145	0.88	35	0.088	0.53	0.61

注：1. 句式使用率=句式使用量/语料总量（40万字），取千分位。

2. 使用率差a、b以汉语本族语句式使用情况为基数，按倍数计算，计算方式为"使用率差a(b)=中级教材（中级中介语2）句式使用率/汉语本族语句式使用率"。使用率差c以教材句式使用情况为基数，计算方式为"使用率差c=中级中介语2句式使用率/中级教材句式使用率"。

在上表当中，我们对比了三个方面的数据，即中级教材与汉语本族语各句式使用情况、中级中介语2与汉语本族语各句式使用情况以及中级中介语2与中级教材各句式使用情况。通过对比，我们可作如下分析：

1. 中级教材各类句式的使用率与汉语本族语相比虽然也存在一定差异，但整体相似性已经比较明显。在25类句式当中有14类句式的差异都在适当范围内，有8类句式出现率多于汉语本族语，超过了1.2倍这一标准。有3类句式出现率明显低于汉语本族语。很显然，中级教材句式系统比中介语更接近汉语本族语。中级中介语 25 类句式当中仅有 4 类句式与汉语本族语的差异在适当范围内，其他 21 类当中使用不足的句式类型为 14 类，是使用超量句式类型的 2 倍。对比中级中介语与中级教材各类句式使用率可以看到，句式的差异度也比较大，仅有 3 类在两个语料库中的使用率相当，其余 22 类都处于使用超量或使用不足的状态，同样是使用不足的类型远远多于使用超量的类型。我们借助皮尔逊相关系数进行检验。

表 6-15　汉语本族语、中级教材及中介语句式使用率相关系数检验表

语料类别		汉语本族语	中级教材	中级中介语 2
汉语本族语	皮尔逊相关性 Sig.（双尾） 个案数	1 25	.087** .000 25	.071** .000 25
中级教材	皮尔逊相关性 Sig.（双尾） 个案数	.987** .000 25	1 25	.868** .000 25
中级中介语 2	皮尔逊相关性 Sig.（双尾） 个案数	.871** .000 25	.868** .000 25	1 25

**. 在 0.01 级别（双尾），相关性显著。

从表中数据可以看出，三者之间均属显著相关，但中级教材同汉语本族语的句式使用量相似度达到了 0.987，明显高于中介语同汉语本族语的相关度 0.871。同时也可以看出，中级中介语同教材的相关度略低于同汉语本族语的相关度，两者差距甚微。

2. 下面我们借助斯皮尔曼等级相关来考察三种语料当中 25 类句式的使用排序情况。

表 6-16　汉语本族语、中级教材及中介语句式排序等级相关检验表

	语料类别		汉语本族语	中级教材	中级中介语 2
斯皮尔曼 Rho	汉语本族语	相关系数 Sig.（双尾） N	1.000 . 25	.975** .000 25	.879** .000 25
	中级教材	相关系数 Sig.（双尾） N	.975** .000 25	1.000 . 25	.906** .000 25
	中级中介语 2	相关系数 Sig.（双尾） N	.879** .000 25	.906** .000 25	1.000 . 25

**. 在 0.01 级别（双尾），相关性显著。

同上，三者排序也是呈显著相关的，但中级教材25类句式的使用排序同汉语本族语呈极度相关，且高于中介语同汉语本族语的相关度。同初级阶段一样，中级中介语与教材的句式排序情况更为接近。

3. 为了考察教学输入语言与中介语输出语言之间的关系，我们以汉语本族语各句式的使用量作为基准值，然后对比中级教材和中介语与汉语本族语各类句式的使用率差。我们将表中的两列使用率差换算成log以2为底的对数，得出各类句式的差异度，具体请见下面的三幅折线图。

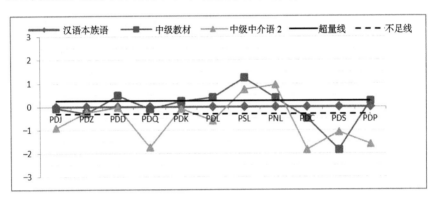

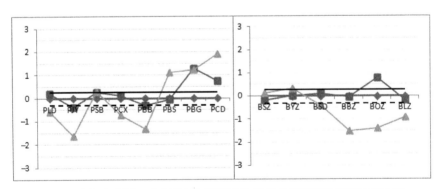

图 6-6　中级中介语、中级教材与汉语本族语句式使用差异度对比折线图

观察三幅图中的两条折线趋势，我们可以得出以下结论：

（1）中级阶段各句式在教材与中介语语料中的使用频率也存在差异，中介语中多数句式的使用率都低于教材。这也说明中级教材输入与中介语输出在句式使用数量方面不具有完全的一致性。其中，动量补语句等 11 种句式在教材中的使用率高于或基本同于汉语本族语，而在中介语中的使用率与汉语本族语相比却明显不足。差比句和有字句 2 类在教材中的使用率与汉语本族语基本持平，而在中介语中却明显高于汉语本族语。此外，程度补语句在中介语当中的使用率与汉语本族语无明显差异，然而教材当中的出现率远高于汉语本族语。这些都说明教材中句式出现数量并不能完全决定学生的使用量。

（2）尽管由上面的分析可以看出，中级中介语多数句式的使用量并不完全受教材影响，但其中也有个别类型的使用超量和不足形势与教材统一。如处所补语句等 3 类句式在中介语当中处于使用不足状态，同样，在教材当中的使用率也明显低于汉语本族语。而时量补语句等 5 类在中介语当中使用超量，在教材语料当中的出现频率也明显高于汉语本族语。因此我们不排除中介语当中这 8 类句式的超量或不足情况同它们在教材语料中出现频次存在一定的关系。

6.3.3 高级中介语句式系统与教材对比分析

在 40 万字高级教材语料当中，25 类特殊句式共有 20 610 个，使用率为 5.153%，高于高级中介语 2 的使用率 3.965%，也高于汉语本族语的 5.014%。高级教材各类句式的使用率以及与汉语本族语和中介语的具体对比情况如下表：

表 6-17　汉语本族语、高级教材及中介语句式系统对比

句式类型	汉语本族语		高级教材			高级中介语 2			
	使用量（例）	使用率（‰）	使用量（例）	使用率（‰）	使用率差 a（倍）	使用量（例）	使用率（‰）	使用率差 b（倍）	使用率差 c（倍）
结果	2 836	7.090	1 898	4.745	0.67	1 644	4.110	0.58	0.87
状态	701	1.753	650	1.625	0.93	431	1.078	0.61	0.66
程度	148	0.370	270	0.675	1.82	177	0.443	1.20	0.66

续表

句式类型	汉语本族语		高级教材			高级中介语2			
	使用量（例）	使用率（‰）	使用量（例）	使用率（‰）	使用率差a（倍）	使用量（例）	使用率（‰）	使用率差b（倍）	使用率差c（倍）
趋向	2 106	5.265	1 920	4.800	0.91	992	2.480	0.47	0.52
可能	407	1.018	482	1.205	1.18	362	0.905	0.89	0.75
动量	295	0.738	577	1.443	1.96	239	0.598	0.81	0.41
时量	134	0.335	190	0.475	1.42	181	0.453	1.35	0.95
比较	13	0.033	22	0.055	1.67	15	0.038	1.15	0.69
处所	1 219	3.048	986	2.465	0.81	517	1.293	0.42	0.52
时间	30	0.075	29	0.073	0.97	23	0.058	0.77	0.79
其他	203	0.508	270	0.675	1.33	110	0.275	0.54	0.41
连动	2 393	5.983	3 292	8.230	1.38	1 725	4.313	0.72	0.52
兼语	1 525	3.813	1 132	2.830	0.74	783	1.958	0.51	0.69
双宾	282	0.705	204	0.510	0.72	344	0.860	1.22	1.69
存现	341	0.853	343	0.858	1.01	328	0.820	0.96	0.96
被动	378	0.945	314	0.785	0.83	227	0.568	0.60	0.72
差比	112	0.280	263	0.658	2.35	224	0.560	2.00	0.85
等比	95	0.238	73	0.183	0.77	150	0.375	1.58	2.05
重动	10	0.025	15	0.038	1.52	13	0.033	1.32	0.87
是字	3 575	8.938	3 716	9.290	1.04	4 156	10.390	1.16	1.12
有字	1 971	4.928	2 248	5.620	1.14	2 271	5.678	1.15	1.01
是……的	569	1.423	891	2.228	1.57	586	1.465	1.03	0.66
把字	629	1.573	723	1.808	1.15	278	0.695	0.44	0.38
由字	19	0.048	36	0.090	1.88	23	0.058	1.21	0.64
连字	66	0.165	66	0.165	1.00	60	0.150	0.91	0.91

注：1. 句式使用率＝句式使用量/语料总量（40万字），取千分位。

2. 使用率差a、b以汉语本族语句式使用情况为基数，按倍数计算，计算方式为"使用率差a（b）＝高级教材（高级中介语2）句式使用率/汉语本族语句式使用率"。使用率差c以教材句式使用情况为基数，计算方式为"使用率差c＝高级中介语2句式使用率/高级教材句式使用率"。

在上表中我们同样对比了三方面的数据，具体分析如下：

1. 高级教材各类句式的使用率与汉语本族语相比，有11类句式的差异在适当范围内，有10类句式出现率明显多于汉语本族语，其余4类句式低于汉语本族语。高级中介语25类句式当中有9类句式与汉语本族语的使用量相当，其他16类当中使用不足的句式类型为10类，使用超量句式类型6类。对比高级中介语与高级教材各类句式使用率可以看到，有8类句式在两个语料库中的使用率相当，这比初、中级有了明显的改善。其余17类当中只有2类超量，其余均处于使用不足的状态。我们借助皮尔逊相关系数进行检验：

表6-18　汉语本族语、高级教材及中介语句式使用率相关系数检验表

语料类别		汉语本族语	高级教材	高级中介语2
汉语本族语	皮尔逊相关性	1	.954**	.912**
	Sig.（双尾）		.000	.000
	个案数	25	25	25
高级教材	皮尔逊相关性	.954**	1	.927**
	Sig.（双尾）	.000		.000
	个案数	25	25	25
高级中介语2	皮尔逊相关性	.912**	.927**	1
	Sig.（双尾）	.000	.000	
	个案数	25	25	25

**. 在0.01级别（双尾），相关性显著。

从表中数据可以看出，三者之间的相关度都非常高，教材同汉语本族语的句式使用量相似度略高于中介语同汉语本族语的相关度。同时也可以看出，高级中介语同教材的相关度略高于同汉语本族语的相关度。

2. 下面我们借助斯皮尔曼等级相关来考察三种语料当中25类句式的使用排序情况。

表 6-19　汉语本族语、高级教材及中介语句式排序等级相关检验表

	语料类别		汉语本族语	高级教材	高级中介语 2
斯皮尔曼 Rho	汉语本族语	相关系数	1.000	.979**	.963**
		Sig.（双尾）	.	.000	.000
		N	25	25	25
	高级教材	相关系数	.979**	1.000	.954**
		Sig.（双尾）	.000	.	.000
		N	25	25	25
	高级中介语 2	相关系数	.963**	.954**	1.000
		Sig.（双尾）	.000	.000	.
		N	25	25	25

**. 在 0.01 级别（双尾），相关性显著。

同上，三者排序方面的相关度也极高，高级教材 25 类句式的使用排序同汉语本族语的相关度还要高于中介语同汉语本族语的相关度，高级中介语与教材的句式排序情况比较为接近。

3. 为了考察教学输入语言与中介语输出语言之间的关系，我们以汉语本族语各句式的使用量作为基准值，然后对比高级教材和中介语与汉语本族语各类句式的使用率差。我们将表中的两列使用率差换算成 log 以 2 为底的对数，得出各类句式的差异度，具体请见下面的三幅折线图。

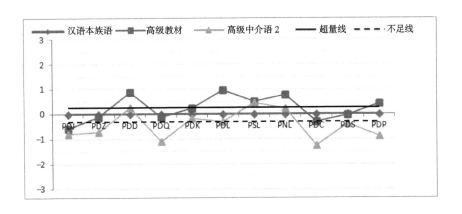

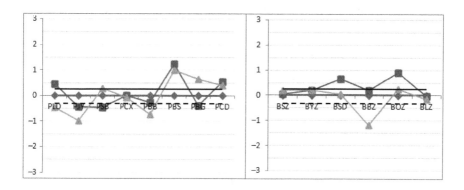

图 6-7　高级中介语、高级教材与汉语本族语句式使用差异度对比折线图

观察三幅图中的两条折线趋势，我们可以得出以下结论：

（1）尽管高级阶段各句式在教材与中介语语料中的使用频率已经比初、中级更为接近，但仍然存在一定的差异。这也说明高级教材输入与中介语输出在句式使用数量方面不具有完全的一致性，多数句式的使用率低于教材。其他介词补语句等 8 种句式在教材中的使用率高于或基本同于汉语本族语，而在中介语中却使用不足。等比句在教材中的使用率与汉语本族语基本持平，而在中介语中却明显高于汉语本族语。此外，程度补语句等 6 类在中介语当中的使用率与汉语本族语无明显差异，然而教材当中的出现率却明显高于或低于汉语本族语。这些都说明韩国留学生各句式的使用输出受表达需要和汉语水平等方面的限制，有其自身的规律性，与教材输入并不完全统一。

（2）同样，高级中介语当中也有个别句式的使用超量和不足情况与教材具有一致性。如时量补语句等 3 类句式在中介语和教材当中均处于使用超量状态，而结果补语句和兼语句则是在中介语和教材语料当中的使用率都低于汉语本族语。因此我们不排除中介语当中这 5 类句式的超量或不足情况同它们在教材语料中出现频次存在一定的关系。

6.3.4 中介语句式使用率发展趋势与教材对比分析

在第四章中我们得出结论，韩国留学生各类句式的使用率从初级到高级是动态发展的过程，与句型或逐级递增或逐级递减的发展趋势相比，25 类句式的发展趋势比较多样化。那么句式使用率在各级间的变化发展是否受到教学输入语言的影响？我们在此对比三级教材的句式使用率变化趋势进行考察。请见下表：

表 6-20　各级教材与中介语句式使用率变化趋势对比

句式类型		教材使用率（‰）				中介语使用率（‰）				趋势比较
		初级教材	中级教材	高级教材	变化趋势	初级中介语2	中级中介语2	高级中介语2	变化趋势	
补语句式	结果	8.080	6.765	4.745	递减	2.060	3.763	4.110	递增	
	状态	2.540	1.433	1.625	U型	1.770	1.473	1.078	递减	
	程度	0.455	0.520	0.675	递增	0.360	0.363	0.443	递增	√
	趋向	5.895	4.938	4.800	递减	0.785	1.583	2.480	递增	
	可能	1.705	1.203	1.205	U型	0.955	0.950	0.905	递减	
	动量	1.190	0.975	1.443	U型	0.485	0.488	0.598	递增	
	时量	1.230	0.788	0.475	递减	0.885	0.560	0.453	递减	√
	比较	0.035	0.043	0.055	递增	0.150	0.060	0.038	递减	
	处所	2.860	2.158	2.465	U型	1.005	0.863	1.293	U型	√
	时间	0.040	0.020	0.073	U型	0.025	0.035	0.058	递增	
	其他	0.835	0.603	0.675	U型	0.270	0.165	0.275	U型	√
无标句式	连动	10.185	6.868	8.230	U型	5.175	3.978	4.313	U型	√
	兼语	3.075	2.885	2.830	递减	0.755	1.223	1.958	递增	
	双宾	1.590	0.850	0.510	递减	1.100	0.868	0.860	递减	√
	存现	1.630	0.935	0.858	递减	0.735	0.513	0.820	U型	
	被动	0.755	0.768	0.785	递增	0.105	0.378	0.568	递增	√
	差比	0.455	0.270	0.658	U型	0.845	0.610	0.560	递减	
	等比	0.415	0.580	0.183	倒U	0.435	0.558	0.375	倒U	√
	重动	0.025	0.043	0.038	倒U	0.210	0.093	0.033	递减	

续表

句式类型		教材使用率(‰)				中介语使用率(‰)				趋势比较
		初级教材	中级教材	高级教材	变化趋势	初级中介语2	中级中介语2	高级中介语2	变化趋势	
有标句式	是字	7.265	7.843	9.290	递增	10.170	9.810	10.390	U型	
	有字	5.060	5.023	5.620	U型	6.935	6.213	5.678	递减	
	是……的	1.430	1.535	2.228	递增	0.570	1.065	1.465	递增	√
	把字	2.400	1.515	1.808	U型	0.255	0.548	0.695	递增	
	由字	0.040	0.083	0.090	递增	0	0.018	0.058	递增	√
	连字	0.180	0.145	0.165	U型	0.070	0.088	0.150	递增	

由表6-20我们可作如下分析：

1. 在教材语料当中，25类句式的使用率变化趋势有四种形式：

（1）递减型：即由初级到高级使用率逐渐降低。包括结果补语句、趋向补语句、时量补语句、兼语句、双宾句、存现句，共6类。

（2）递增型：即由初级到高级使用率逐渐升高。包括程度补语句、比较数量补语句、被动句、是字句、"是……的"句、由字句，共6类。

（3）U型：即中级阶段使用率最低。包括状态补语句、可能补语句、动量补语句、处所补语句、时间补语句、其他介词补语句、连动句、差比句、有字句、把字句、连字句，共11类。

（4）倒U型：即中级阶段使用率最高。包括等比句、重动句，共2类。

2. 在中介语当中，句式使用率的变化趋势也有同样的四种形式：

（1）递减型：包括状态补语句、可能补语句、时量补语句、比较数量补语句、双宾句、差比句、重动句、有字句，共8类。

（2）递增型：包括结果补语句、程度补语句、趋向补语句、动量补语句、时间补语句、兼语句、被动句、"是……的"句、把字句、由字句、连字句，共11类。

（3）U型：包括处所补语句、其他介词补语句、连动句、存现句、是字句，共5类。

（4）倒 U 型：只有等比句 1 类。

3. 对比两个语料库句型使用率的变化趋势可以看到，教材 25 类句式的使用率变化主要是呈 U 型发展的，即初级阶段的特殊句式的使用率高于中级阶段，有时甚至高于高级阶段。这与我们上文分析的教材句型系统的复杂度结论相一致。在教学之初，教材需要编入各类语法项目，且保持高复现率，以便于学生理解并巩固所学知识，因此初级教材句型复杂度偏高。而中介语 25 类句式的使用率变化最多的是呈递增型发展，其次是递减型和 U 型，倒 U 型的比较少。这也说明中介语发展变化往往是逐级渐变的，具有一定的连续性。

在 25 类句式当中有 10 类句式在两种语料当中的使用率变化趋势是一致的，这说明中介语在句式使用率上的发展变化趋势也不完全受制于教材语言输入的影响，而是遵循其自身的发展规律。

6.4 本章小结

1. 由本章分析所得结论

（1）教材语料与自然语料同为汉语本族语，因此其句型、句式系统与汉语本族语系统总体来看是非常接近的。尽管在一些方面也同自然语料存在一定差异，但远比各级中介语系统更接近汉语本族语。从各级句型、句式系统的对比来看，中介语同教材的相关度大多高于中介语同汉语本族语的相关度。从句型复杂度即句式的使用率上来看，教材系统是介于汉语本族语和中介语之间的，即复杂程度高于中介语，但略低于汉语本族语。这是符合我们对教材难度的一般预想和设计意图的。

（2）三个阶段中介语同教材的句型、句式系统都存在明显的差异性，这就首先说明了教学输入与中介语输出不是完全等同的。我们进而以本族自然语料的句型、句式使用量作为标准，通过对比中介语和教材同汉语本族语各类句型、句式的差异度来探讨中介语与教学输入语言之间的相互关系。结果证实，中介语当中多数句型、句式在使用频率方面的倾向性并不完全受教材输入的影响。

（3）从各级中介语之间、各级教材之间的纵向对比来看，中介语句型、句式的使用率往往呈现连续变化的趋势，或逐级递增，或逐级递减，呈 U 型或倒 U 型变化的类型比较少。而教材的句型、句式使用率变化趋势则呈 U 型或倒 U 的类型比较多。对比两个语料库当中具体句型、句式的使用率变化趋势可以看到，7 类句型当中仅有 1 类变化趋势相同，25 类句式当中有 10 类变化趋势相同。因此我们也可以得出结论，中介语在句型、句式使用率上的发展变化趋势也不完全受制于教材语言输入的影响，而是遵循其自身的发展规律。

以上结论表明，中介语是一个独立的语言系统，有区别于目的语系统的特性，其语言表现和发展变化趋势并不完全受制于教学输入。但这也不代表中介语系统跟教学输入没有任何关系。在各阶段中介语当中都有个别句型、句式与汉语本族语的差异度同教材与汉语本族语的差异度相一致，这与教材对这些句式强化与否也存在一定的关系。而且有近四分之一的句型、句式的使用率在各级间的发展变化趋势与教材保持一致，也不能排除受教材使用率变化影响的可能性。至于语言输入对输出的影响究竟有多大，学界也是一直存在争议的。Larsen-Freeman（1976）、Hamayan and Tucker（1980）等人为了研究学习者接收的语言输入与他们中介语发展的关系，将说本族语者言语中的语素频率与第二语言学习者使用这些语素的正确性、与习得目的语特征的顺序进行比较，结果都发现语言输入的语素频率与学习者对这些语素的使用有重要的正向联系。而 Lightbown（1983）却在重新检查这些问题后认为输入语某些结构的频率与学习者正确使用这些结构的顺序之间的关系是很微弱的，学生遵循的其实是他们自己心中的中介语发展模式。

2. 对中介语句型、句式系统特性的理论分析

关于语言输入在二语习得中所发挥的作用，不同的理论体系有不同的观点，可以概括为行为主义的观点（Behaviourist View）、先天论（Nativist View）和相互作用观（Interactionist View）。而无论哪一种理论，都不否认"输入"对于语言习得的重要作用（吴中伟，2008）。但无论学习

者是以习得的形式还是学习的形式接触目的语,输入绝不完全等同于输出,本书的研究结论也证实了这一点。中介语在句型、句式使用率及其发展变化趋势方面都不完全受制于教材语言输入的影响,而有其自身的发展规律。我们认为,之所以产生这一结果有三方面原因:一是教材输入只是第二语言学习者语言总输入的一部分,第二语言学习者还可以通过其他途径获得语言输入;二是从第二语言输入到输出中间有很多的环节,每个环节都可能影响教学输入的走向;三是第二语言学习者有自身的能动性,因此在语言的产出上可能并不完全受限于教材的输入,有时能适应交际需要创造性地运用自己的中介语系统。学界对于这几方面的研究也比较深入,下面我们加以简要分析。

(1) 关于第二语言输入的来源

Ellis(1985b)这样给"输入"定义:在自然环境中,L2的学习者与L2本族人的会话能提供输入;课堂语言教学也提供输入,有口头的,也有书面的,输入是学习者用来确定L2语言规则的数据。Krashen(1985)定义"输入"为第二语言学习者所接触到的目的语。这样,"输入"的材料至少包括以下几类:一是学习者在真实交际中接触到的目的语(来自于本族人的或非本族人的);二是教学材料(包括影像资料)中的目的语;三是课堂上教师用目的语说的话,以及课外辅导等场合学习者所接触到的目的语。温晓虹(2007)认为语言输入指学习者从不同的方面所接触的任何语言素材。这些素材可能是从老师那里或书本中来的,也可能是从同学、朋友或非正式的学习场合听到、看到的。相关的研究还有很多,观点基本一致,在此不一一列举。可见,教材语言仅仅是目的语输入的一个部分,第二语言学习者所获得的语言输入还可能来源于其他多种途径。

(2) 关于第二语言输入至输出的过程

温晓虹(2013)详细解析了 Ellis(2008)所提出的二语习得过程的理论框架(如下图)。

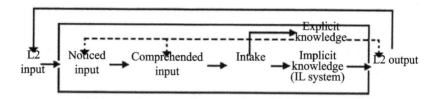

由上图可见，从第二语言输入到输出中间有很多的环节。首先与中介语系统形成有关的输入应该是可注意/察觉到的语言输入信息。Gass and Selinker（1994）认为四个因素对语言输入是否可被察觉起着关键的作用，其一就是语言出现的频率。因此我们有理由相信，教材当中句型、句式的出现频次对中介语使用率确是有一定影响的。其次，即使是可察觉的输入也不是都能够转变为被理解的语言输入。Krashen（1982，1985）提出的输入假说对于如何加强语言输入的可理解性作出了巨大贡献。而后是语言的内化吸收阶段，也不是所有的被理解的输入都可以转化为语言的内化吸收。被理解的输入可能有两个走向：一是在交流中用过即消失，一是转化为语言的吸收。只有把语言信息融会贯通后才能转化为学习者隐含的语言知识系统，即中介语系统。被吸收的输入也有两个走向。有些语言输入经过加工处理后并未能融入中介语系统，就会以语法项目和规则的形式储存起来，成为显性知识。而另一些语言知识则被长期吸收，以内隐性的形式融入中介语中。在经历这一系列环节之后，最终才是语言的输出。在这个过程当中，学习者的背景知识、对输入语言特征的注意力以及各种情感因素等都对最终的输出形式有一定影响。因此，教材输入与中介语输出的差异性表现是合理的。

（3）关于第二语言学习者的主体性

作为 Krashen "监察模型"（Monitor Model）的一个重要支柱，输入理论在二语习得研究中一直占有极其重要的地位。Krashen 非常强调输入，尤其是可理解输入在习得中的作用。在这一点上，Krashen 表现出行为主义的倾向。一些学者如詹朋朋（2001）、高翔（2005）等都认为，Krashen 的这一观点似乎过分强调外部语言输入的作用，而忽视了学习者作为学习主体这一因素。前者从认知心理学的建构主义学习观出发，认为学习者语言的习得是他自身积极主动建构的结果，他主动选择、同化、顺应输入的信息，使新输入的材料与已有的信息相互作用，重新建构，形成新的结构。建构的结果应该是一个新的结构，它既不同于原有结构也不同于新的输入，更不是二者简单累加的结果；它是一个由新的输入和原有知识结构相互作用，重新建构形成的完整的新体系、新结构。后者也是按照认知理论观点来分析，认为并不是所有的语言输入都能促成语言习得的发生，学习者在学习中起着关键作用。对语言输入信息的加工处理，是学习者通过对存储在大脑中的已有知识结构与新的知识进行重新构建的过程，也是学习者认知能力在学习过程中的思维形式的具体体现。而这种思维形式就是学习者所采取的认知策略。

以上观点都证明，学生的中介语输出是其内化了的语言知识的证据，而非教师以为的教学输入的证据。中介语输出并不等于输入，它在大于或小于教学输入上自有其特点，因为学习者是能动的学习，创造性的产出，而不是被动的照相式的接受输入。从我们对句型复杂度和特殊句式的使用量考察结果来看，中介语输出小于教材输入。但教材输入只是第二语言学习者语言总输入的一部分，第二语言学习者还可以通过其他途径获得语言输入。而且第二语言学习者多是已具有完整的概念系统和健全思维能力的成年人，因此在语言的产出上可能并不受限于教材的输入，有时能适应交际需要创造性地运用自己的中介语系统。因此有些时候中介语输出也可能大于教材输入。如黄自然、肖奚强（2014）从平均句长的角度进行的考察就证实，韩国留学生的语言输出水平大于教材的输入水平。这些也都是各级中介语在具体句型、句式方面的语言表现同教材强化的关系不够稳定的原因所在。正如 Sharwood Smith（1994）总结的那样，学习者拥有一个复杂的、创造性的学习机制，这也是中介语一个重要的基本特征。

结　论

　　本书以中介语理论、语言习得理论及汉语句型理论为依托，在较大规模语料统计的基础上对韩国留学生句型、句式系统进行描写和分析，并与汉语本族语及教材系统相比对，所得出的结论可以用来验证预先提出的十项假设。

　　首先，总体来看中介语句型、句式系统的整体面貌与汉语本族语即目的语有一定的相关性，同时又有其区别于目的语的特性，各级中介语句型、句式系统之间也具有较强的一致性及内在的连续性，这些都说明中介语并非是一堆杂乱无章的语言现象的集合，而是一个介于母语和目的语之间的、独立的语言系统。其次，中介语系统从初级到高级呈现动态的渐进性，句型、句式各方面的表现多呈逐渐靠近汉语本族语的趋势。同时，中介语当中存在着句型、句式的偏误现象，并且这些偏误在各级的表现及变化趋势也同样具有系统性。中介语句型、句式方面的语言表现有其自身的规律性，并不完全受教材语言输入的影响，这也证明了第二语言学习者拥有一个复杂的、创造性的学习机制。最后我们也发现，在中介语句型、句式各方面呈系统变化的同时，也存在个别的反复、回退发展的现象，即使在高级阶段，中介语句型句式的表现仍存在一定量的偏误，且与本族语有明显的差异，这些都可以看作是中介语石化现象的表现。下面结合研究内容和结论进行具体说明：

　　1.句型系统研究结论

　　（1）关于句型使用分布情况

中介语和汉语本族语各类句型的使用率及排序大体一致，三级中介语之间的一致性更为明显。这就首先证明了中介语并非任意无序的言语集合体，而是与目的语具有一致性、同时也具有内部一致性的语言系统。中介语各类句型的使用量与汉语本族语之间也存在着一些差异，这说明中介语系统仍有其自身的规律和特点，是一个独立于目的语的语言系统。另外，各类句型的使用情况在初、中、高三级中介语当中的表现是变化发展的，这也证明了中介语系统的动态性。同时这种变化也并不是随意的，而是有着明显的规律性。从本书得出的数据来看，随着学习者学习程度的加深，中介语的句型面貌呈现出由初级到高级逐渐靠近目的语的动态过程。

（2）关于句型系统复杂度情况

韩国留学生中介语句型系统复杂度与汉语本族语相比同样是有一致性的，表现在一般句型和复杂句型的分布情况与汉语本族语一致，单句当中所能容纳的特殊句式数量及分布也与汉语本族语一致。初、中、高三级中介语句型系统的内部复杂度比较接近，且有一定的连续性。中介语系统在句型复杂度方面与汉语本族语也有不同之处，复杂句型和一般句型的数量差距较大，且特殊句式使用总量以及在单句中综合使用多个特殊句式的能力与本族人有明显差距。以上结论也说明中介语与目的语系统既有一致性，又有差异性。从历时角度来看，韩国留学生使用汉语句型的复杂度同样与级别的升高成正比，也呈逐渐靠近汉语本族语的动态过程。但即使到了高级阶段，中介语句型内部的复杂程度也明显低于汉语本族语。这也可以看作是中介语石化现象的一个表现。

（3）关于句型偏误情况

韩国留学生使用汉语句型在各阶段都会出现一定的偏误，这符合中介语不完整性的特征。初、中、高三级出现的偏误类型是一致的，且各级偏误率较高的类型也是一致的。这既再次证实了中介语系统的内部一致性，同时说明中介语当中的偏误也具有系统性。从各类句型的偏误率来看，多数类型的偏误率从初级到高级呈明显的下降趋势，且总偏误率也呈逐级下降的发展趋势。这也是中介语渐进性的另一个有力证明。有些偏误类型在高级阶段仍保持较高的偏误率，这也可以看作是中介语石化现象的一个例证。

我们另将所有的句型偏误还原为正确形式，发现三个级别还原偏误前后的两个句型系统差异非常小，也就是说偏误的存在并不会改变中介语系统的整体面貌，更不会打乱其系统性。还原偏误之后的中介语句型系统仍可看出明显的系统性、渐进性、连续性等特征。而且即使韩国留学生在使用汉语的过程当中没有出现句型偏误，所输出的中介语句型系统仍与汉语本族语有一定差异，这证明中介语系统自身的特性并不是偏误带来的。通过对这些特性的分析发现，在中介语系统当中，部分使用超量和不足的句型之间存在对立互补的可能，这也是中介语系统性的一个佐证。

2. 句式系统研究结论

（1）关于句式使用分布情况

中介语与汉语本族语所处区间相同的句式在三个阶段分别为 6 类、11 类和 15 类，这充分说明中介语是不断接近目的语的动态系统。初中级之间和中高级之间分布区间相同的句式类型达到了 13 类和 20 类，这也证明了中介语系统的内部一致性和连续性。从句式使用率的总排序来看，初级阶段共有 9 类句式与本族语的排位差异明显，中级有 7 类，高级仅有 5 类。三个级别与汉语本族语句式排序的斯皮尔曼等级相关系数分别达到了 0.755、0.910 和 0.954，均属于显著相关。中介语句式使用情况与汉语本族语也是具有明显的一致性，这也证明了中介语的系统性。从初级到高级，相关系数成明显的梯度增加，这也体现出了中介语系统的渐进性。同时等级相关系数也证明各级中介语之间的内部一致性更强，说明学习者第二语言各方面发展往往是逐级变化的。

从各类句式的使用率情况来看，中介语句式系统与汉语本族语也具有总体的一致性。三个级别句式总使用率与汉语本族语的皮尔逊相关系数分别达到了 0.786、0.868 和 0.908，这些都可以再次证明中介语系统的动态性、渐进性。各级之间的相关系数也符合学习者语言系统的内部一致性和内在连续性特征。但是多数句式的具体使用率与目的语也存在着一定的差异，各级都有多类句式与汉语本族语相比使用超量或不足，这也是中介语区别于目的语的特性表现。

（2）关于中介语句式偏误情况

句式误加偏误和遗漏偏误是影响中介语句式系统的主要偏误，两类偏误的总偏误率都是随级别升高而逐渐降低的，句式错用偏误率的变化也同样符合这一趋势。这既是中介语动态渐进性的表现，也是偏误系统性的表现。在中介语句式系统当中，遗漏偏误的数量要多于误加偏误，这也再次证明韩国留学生中介语系统的复杂度要低于本族人。各类句式偏误在三个阶段的变化有一定的规律性，多数呈递减趋势变化，这代表了中介语发展的总趋势。同时仍有一定数量的句式偏误率变化趋势呈U型或倒U型变化，且在高级阶段仍存在大量句式偏误。这些也都证明了中介语发展变化的反复性、顽固性，可看作是石化现象的一种表现。

同句型系统一样，还原偏误之后的中介语句式系统与汉语本族语也仍然保持着较强的一致性，而且同样是呈现逐级向汉语本族语靠近的趋势发展。这说明尽管中介语当中的句式误加或遗漏偏误对中介语的整体面貌有一些影响，但同样不会改变中介语系统的整体面貌，更不会影响中介语的系统性。即使韩国留学生在使用汉语的过程当中没有出现各类句式偏误，所输出的中介语句式系统仍与汉语本族语系统有一定差异，有其自身的特性。

3. 中介语系统与教学输入语言的关系研究结论

（1）教材语料句型、句式系统与汉语本族语系统非常接近，尽管在一些方面也存在一定差异，但远比各级中介语系统更接近汉语本族语。从各级句型、句式系统的对比来看，中介语同教材的相关度大多高于中介语同汉语本族语的相关度。从句型复杂度即句式的使用率上来看，教材系统是介于汉语本族语和中介语之间的，即复杂程度高于中介语，但略低于汉语本族语。这符合对于教材难度的一般预想和设计意图。

（2）三个阶段中介语同教材的句型、句式系统都存在明显的差异性，这就首先说明了教学输入与中介语输出不是完全等同的。我们进而以本族自然语料的句型、句式使用量作为标准，通过对比中介语和教材同汉语本族语各类句型、句式的差异度来探讨中介语与教学输入语言之间的相互关系。结果证实，中介语当中多数句型、句式在使用频率方面的倾向性并不完全受教材输入的影响。

（3）从各级中介语之间、各级教材之间的纵向对比来看，中介语句型、句式的使用率往往呈现连续变化的趋势，或逐级递增，或逐级递减，呈 U 型或倒 U 型变化的类型比较少。而教材的句型、句式使用率变化趋势则呈 U 型或倒 U 型的类型比较多。由此也可以得出结论，中介语在句型、句式使用率上的发展变化趋势也不完全受教材语言输入的影响，而是遵循其自身的发展规律。

以上结论表明，中介语是一个独立的语言系统，有区别于目的语系统的特性，其语言表现和发展变化趋势并不完全受制于教学输入。但这也不代表中介语系统跟教学输入没有任何关系。在各阶段中介语当中都有个别句型、句式与汉语本族语的差异度同教材与汉语本族语的差异度相一致，这与教材对这些句式强化与否也存在一定的关系。而且有近四分之一的句型句式的使用率在各级间的发展变化趋势与教材保持一致，也不能排除受教材使用率变化影响的可能性。

利用汉语中介语作文语料库，封闭性、穷尽性、全面性地对韩国留学生的汉语中介语句型、句式系统进行描写和研究，在国内外尚属首次。本书从已有的中介语理论出发，提出一系列假设，通过对大规模语料进行的定量分析来验证这些假设。所得结论既描写出了韩国留学生汉语中介语的面貌，又对中介语理论提供了强有力的实证性支持。此研究视角和技术路线对于研究其他国别学习者的汉语中介语系统、研究其他语言作为第二语言的中介语系统也具有一定的借鉴和示范作用。

但是受时间、精力和本人学养所限，本研究还存在以下不足。首先，由于本人不熟悉韩国语，未能将中介语系统与学生的母语系统进行对比，而缺乏双语对比角度的解释，因为中介语或多或少都会受到母语规则的影响。尽管我们已经证明中介语从初级到高级的发展是逐渐接近目的语的过程，但初级阶段的中介语系统是否更接近学生的母语系统却仍未能得到实证支持。学界对于中介语的起点是学习者母语这一假设尚存争议，但本书未能通过与韩国语对比来证明和解释。此外，除 25 类主要句式之外，在现代汉语系统当中仍存在一些值得研究的形式，若能进一步扩大研究范围，那么对中介语句式系统的描写会更加细致，对中介语理论的验证也会更加有力，这些都是本人日后努力的方向。

附　录

句型、句式信息标注规范及实例

序号	类别	代码	说明及举例
句型			
1	动词谓语句	DW	电话不停地响着 /DW/。
2	形容词谓语句	XW	她的亲戚朋友真多 /XW/。
3	名词谓语句	MW	我二十四岁 /MW/。
4	主谓谓语句	ZW	东北虎体型庞大 /ZW/。
5	动词性非主谓句	DF	快扔啊 /DF/！
6	形容词性非主谓句	XF	太热了 /XF/！
7	名词性非主谓句	MF	飞机 /MF/！
句式			
补语句式			
1	结果补语句	PDJ	我一直在尽量做好自己 /DW//PDJ/。
2	状态补语句	PDZ	婚礼前的最后一周过得既热闹又疲惫 /DW//PDZ/。
3	程度补语句	PDD	我心里难过极了 /ZW//PDD/。
4	趋向补语句	PDQ	眼泪就情不自禁地流了下来 /DW//PDQ/。
5	可能补语句	PDK	车祸的痛应该受不了的 /DW//PDK/。
6	动量补语句	PDL	她为这个冲我发了好几次脾气 /DW//PDL/。

（续表）

序号	类别	代码	说明及举例
7	时量补语句	PSL	我都在这儿住了四年了 /DW//PSL/。
8	比较数量补语句	PNL	哥哥比弟弟大两岁 /XW//PBS//PNL/。
9	处所补语句	PDC	我们常常坐在小院里 /DW//PDC/。
10	时间补语句	PDS	他出生于80年代 /DW//PDS/。
11	其他介词补语句	PDP	我的身体一定不会输给意志力 /DW//DB//PDP/。
无标句式			
12	连动句	PLD	我们到饭店里去订喜宴 /DW//PLD/。
13	兼语句	PJY	下面的负担就让下一代去承受 /DW//PJY//PLD/。
14	双宾句	PSB	移民官还要问你一些话呢 /DW//PSB/。
15	存现句	PCX	眼前又出现了那只一直抖动的翅膀 /DW//PCX/。
16	被动句	PBB	我被吵得无法专心继续写 /DW//PDZ//PBB/。
17	差比句	PBS	母亲的手比我的手白些 /XW//PBS//PDD/。
18	等比句	PBG	这里与外面实在不一样 /XW//PBG/。
19	重动句	PCD	他吃蛋糕吃得满脸的奶油 /DW//PCD//PDZ/。
有标句式			
20	是字句	BSZ	时间是最强力的消化剂 /DW//BSZ/。
21	有字句	BYZ	没有不透风的墙 /DF//BYZ/。
22	"是……的"句	BSD	在姐姐的眼里，弟弟妹妹是最该受保护的 /DW//BSD/。
23	把字句	BBZ	他把篮球扔了 /DW//BBZ/。
24	由字句	BOZ	自己的历史，由你们自己续写 /DW//BOZ/。
25	连字句	BLZ	那时我连这个孩子的面都未曾见过 /DW//WB//BLZ/。

参考文献

白崇乾等，1999. 报刊语言教程：上、下 [M]. 北京：北京语言文化大学出版社．

白雪林，2002. 中级汉语听和说 [M]. 北京：北京语言文化大学出版社．

北京大学中文系现代汉语教研室，1993. 现代汉语 [M]. 北京：商务印书馆．

北京语言学院句型研究小组，1989a. 现代汉语基本句型 [J]. 世界汉语教学（1）：26-35.

北京语言学院句型研究小组，1989b. 现代汉语基本句型：续一 [J]. 世界汉语教学（3）：144-148.

北京语言学院句型研究小组，1989c. 现代汉语基本句型：续二 [J]. 世界汉语教学（4）：211-219.

北京语言学院句型研究小组，1990. 现代汉语基本句型：续三 [J]. 世界汉语教学（1）：27-33.

北京语言学院句型研究小组，1991. 现代汉语基本句型：续完 [J]. 世界汉语教学（1）：23-29.

蔡金亭、朱立霞，2004. 过渡语变异研究的理论框架：继承与发展 [J]. 外语学刊（3）：88-95+112.

陈昌来，1994. 试谈句型研究中的几个问题 [J]. 烟台大学学报（哲学社会科学版）（4）：83-89.

陈建民，1986. 现代汉语句型论 [M]. 北京：语文出版社．

陈建民，1990. 非主谓句 [M]. 北京：人民教育出版社．

陈　灼，1996. 桥梁——实用汉语中级教程：上、下 [M]. 北京：北京语言文化大学出版社．

戴炜栋、蔡君梅，2006.国内汉英中介语研究述评 [J].外语研究（1）：35-40.

戴炜栋、牛　强，1999.过渡语的石化现象及其教学启示 [J].外语研究（2）：11-16.

戴悉心、王　静，2001.汉语口语教程 [M].北京：北京语言文化大学出版社.

丁声树等，1961.现代汉语语法讲话 [M].北京：商务印书馆.

范　晓，1998.汉语的句子类型 [M].太原：山西书海出版社.

范　晓，2009.汉语句子的多角度研究 [M].北京：商务印书馆.

范　晓，2010.关于句式问题——庆祝《语文研究》创刊30周年 [J].语文研究（4）：1-11.

范　晓，2013.关于句式的几点思考 [J].汉语学习（4）：3-12.

高　翔，2005.语言输入理论的认知分析 [J].外语与外语教学（6）：15-17.

高增霞，2003.现代汉语连动式的语法化视角 [D].中国社会科学院研究生院博士学位论文.

国家对外汉语教学领导小组办公室，2002a.高等学校外国留学生汉语言专业教学大纲 [M].北京：北京语言文化大学出版社.

国家对外汉语教学领导小组办公室，2002b.高等学校外国留学生汉语教学大纲（长期进修）[M].北京：北京语言文化大学出版社.

何　杰，2000.现代汉语量词研究 [M].北京：民族出版社.

胡　波、杨雪梅，1999.汉语听力教程：第一册 [M].北京：北京语言文化大学出版社.

胡　荣，1998.中介语与外语教学 [J].外语教学（3）：22-26.

胡裕树，1995a.试论句子类型的研究 [J].汉语学习（5）：55-57.

胡裕树，1995b.现代汉语（重订本）[M].上海：上海教育出版社.

黄伯荣、廖序东，2011.现代汉语（增订五版）：下册 [M].北京：高等教育出版社.

黄自然，2016.韩国学生中介语各句长句子状语复杂度发展研究 [J].安徽农业大学学报（社会科学版）（02）：101-105.

黄自然、肖奚强，2014.韩国学生汉语句长与定、状语复杂度发展研究 [J].语言文字应用（02）：142

姜德梧，1990.高级汉语教程 [M].北京：北京语言学院出版社.

黎锦熙、刘世儒，1978.论现代汉语中的量词 [M].北京：商务印书馆.

李芳杰，1999.句型主体论 [J].语言教学与研究（4）：15-31.

李炯英，1999. 中介语研究综观 [J]. 国外外语教学（4）：7-13.

李炯英，2002. 回顾 20 世纪中国二语习得研究 [J]. 国外外语教学（2）：9-14+33.

李炯英，2003. 中介语石化现象研究 30 年综观 [J]. 国外外语教学（4）：19-24.

李临定，1986. 现代汉语句型 [M]，北京：商务印书馆.

李晟宇等，2006. 对外汉语教学句型选择和确定的原则 [J]，语言文字应用（S2）：73-76.

林杏光，1980. 汉语五百句 [M]，西安：陕西人民出版社.

刘颂浩，2003. 论"把"字句运用中的回避现象及"把"字句的难点 [J]. 语言教学与研究（2）：64-71.

刘业信，2005. 中介语的基本特征 [J]. 广西民族学院学报（哲学社会科学版）（S2）：330-331+334.

刘英林，1996. 汉语水平等级标准与语法等级大纲 [M]. 北京：高等教育出版社.

刘元满等，2004. 高级汉语口语 [M]. 北京：北京大学出版社.

刘月华等，2001. 实用现代汉语语法（增订本）[M]. 北京：商务印书馆.

卢福波，2005. 对外汉语教学基本句型的确立依据与排序研究 [J]. 语言文字应用（4）：80-86.

鲁健骥，1984. 中介语理论与外国人学习汉语的语音偏误分析 [J]. 语言教学与研究（3）：44-56.

鲁健骥，1993. 中介语研究中的几个问题 [J]. 语言文字应用（1）：21-25.

陆丙甫，1993. 关于建立深一层的汉语句型系统的刍议 [J]. 语言研究（1）：7-20.

吕必松，1993. 论汉语中介语的研究 [J]. 语言文字应用（2）：27-31.

吕叔湘，1979. 汉语语法分析问题 [M]. 北京：商务印书馆.

吕叔湘，1999. 现代汉语八百词（增订本）[M]. 北京：商务印书馆.

吕文华，1998. 句型教学结合语义分析的构想 [J]. 汉语学习（6）：36-40.

孟　琮等，1999. 汉语动词用法词典 [M]. 北京：商务印书馆.

彭仁忠、吴卫平，2009. 中介语僵化的归因研究及对教学的启示 [J]. 教学与管理（24）：91-92.

彭志平，1999. 汉语阅读教程：第一册 [M]. 北京：北京语言文化大学出版社.

彭志平，2000. 汉语阅读教程：第二册 [M]. 北京：北京语言文化大学出版社.

齐沪扬, 2005. 对外汉语教学语法 [M]. 上海：复旦大学出版社.

秦　旭、严　华, 2006. 基于学习者语料库的中介语对比分析法 [J]. 基础英语教育（6）: 33-35.

邱震强, 1999. 从主语角度重建现代汉语句型系统 [J]. 长沙电力学院学报（社会科学版）（3）: 100-104.

邱震强, 2000. 汉语句型百年研究论得失 [J]. 湖南社会科学（5）: 76-78.

邵敬敏, 1996. 动量词的语义分析及其与动词的选择关系 [J]. 中国语文（2）: 100-109.

邵敬敏, 2001. 现代汉语通论 [M]. 上海：上海教育出版社.

邵敬敏, 2014. 建构汉语句式系统的价值与意义 [J]. 汉语学习（1）: 3-8.

申小龙, 1988. 中国句型文化 [M]. 长春：东北师范大学出版社.

申小龙, 2002. 论汉语句型的功能分析 [J]. 孝感学院学报（1）: 19-24.

申小龙, 2012. 论汉语句型研究西方概念的消解和本土句型的重建 [J]. 北方论丛（5）: 46-51.

申小龙, 2013. 论中文句型之句读本体, 功能格局, 事理铺排——兼论汉语句型研究中西方概念的消解 [J]. 杭州师范大学学报（社会科学版）（3）: 72-78.

施家炜, 1998. 外国留学生 22 类现代汉语句式的习得顺序研究 [J]. 世界汉语教学（4）: 77-98.

施家炜, 2002. 韩国留学生汉语句式习得的个案研究 [J]. 世界汉语教学（4）: 34-42.

孙德金, 2002. 外国留学生汉语"得"字补语句习得情况考察 [J]. 语言教学与研究（6）: 42-50.

孙德坤, 1993. 中介语理论与汉语习得研究 [J]. 语言文字应用（4）: 82-92.

王　华, 2007. 现代汉语小句宾语句整合特征研究 [D]. 北京语言大学博士学位论文.

王建勤, 1994. 中介语产生的诸因素及相互关系 [J]. 语言教学与研究（4）: 105-120.

王建勤, 2000a. 关于中介语研究方法的思考 [J]. 汉语学习（3）: 61-68.

王建勤, 2000b. 历史回眸：早期的中介语理论研究 [J]. 语言教学与研究（2）: 33-42.

王魁京, 1992. "中介语"的产生与言语行为主体的思维活动 [J]. 北京师范大学学报（社会科学版）（6）: 90-96.

王美馨, 2012. 现代汉语功能句型及其语料库建设——以《博雅汉语》初级篇为例 [D]. 上海交通大学硕士学位论文.

王擎擎、金 鑫, 2013. 现代汉语功能句型体系的建构 [J]. 云南师范大学学报（对外汉语教学与研究版）（6）：69-73.

王世巽等, 2001. 报刊阅读教程：上 [M]. 北京：北京语言文化大学出版社.

魏志成, 2010. 汉语句型系统的解构与重构 [J]. 厦门理工学院学报（1）：91-96.

温晓虹, 2007. 教学输入与学习者的语言输出 [J]. 世界汉语教学（3）：108-119.

温晓虹, 2013. 语言的输入、输出与课堂的互动设计 [J]. 汉语学习（2）：86-94.

温云水, 1999. 现代汉语句型与对外汉语句型教学 [J]. 世界汉语教学（3）：98-105.

温云水, 2001. 论现代汉语功能句型 [J]. 世界汉语教学（4）：90-97.

吴勇毅, 1994. 语义在对外汉语句型、句式教学中的重要性——兼谈从语义范畴建立教学用句子类型系统的可能性 [J]. 汉语学习（5）：51-54.

吴中伟, 2008. 输入、输出和任务教学法 [J]. 华东师范大学学报（哲学社会科学版）（1）：109-113.

肖奚强, 2002. 现代汉语语法与对外汉语教学 [M]. 上海：学林出版社.

肖奚强, 2011. 汉语中介语研究论略 [J]. 语言文字应用（2）：109-115.

肖奚强等, 2009. 外国学生汉语句式学习难度及分级排序研究 [M]. 北京：高等教育出版社.

邢福义, 1983. 论现代汉语句型系统 [A] // 吕叔湘等. 语法研究和探索：一. 北京：北京大学出版社.

邢福义, 1995. 小句中枢说 [J]. 中国语文（6）：420-428.

邢福义, 1996. 汉语语法学 [M]. 长春：东北师范大学出版社.

邢福义, 2000. 说"V一V"[J]. 中国语文（5）：420-432.

徐海铭, 1997. 过渡语研究述评 [J]. 南京师范大学学报（社会科学版）（2）：133-138.

徐开妍、肖奚强, 2008. 外国学生汉语代词照应习得研究 [J]. 语言文字应用（4）：118-125.

徐子亮, 1995. 试论对外汉语教学语法的句型系统及其特殊性 [J]. 华东师范大学学报（哲学社会科学版）（3）：81-83.

闫丽莉, 2003. 中国学生英语冠词习得初探——一项基于中国学习者英语语料库的

研究 [J]. 外语教学与研究（3）：210-214.

杨连瑞，1996. 试论中介语理论与外语教学 [J]. 外语与外语教学（6）：28-32.

杨连瑞、赖　艳，2006. 中介语变异的多种因素分析与研究 [J]. 基础教育外语教学研究（3）：17-21.

杨寄洲，1999. 汉语教程：第一册上、下，第二册上、下，第三册上、下 [M]. 北京：北京语言文化大学出版社 .

杨雪梅，2000. 汉语听力教程：第三册 [M]. 北京：北京语言文化大学出版社 .

杨雪梅、胡　波，2000. 汉语听力教程：第二册 [M]. 北京：北京语言文化大学出版社 .

于海军，2007. 二语习得中的中介语理论 [J]. 西南民族大学学报（人文社科版）（S1）：103-105.

詹朋朋，2001. 语言输入：学习者的主动建构 [J]. 外语界（3）：23-26.

张宝林，2011. 外国人汉语句式习得研究的方法论思考 [J]. 华文教学与研究（2）：23-29.

张　斌，2003. 汉语语法学 [M]. 上海：上海教育出版社 .

张　斌、胡裕树，1989. 汉语语法研究 [M]. 北京：商务印书馆 .

张　静，1979. 论汉语动词的重迭形式 [J]. 郑州大学学报（哲学社会科学版）（3）：15-24.

张　黎，1995. 试论汉语语义句型的划分 [J]. 汉语学习（5）：22-25.

张　黎，2012. 汉语句式系统的认知类型学分类——兼论汉语语态问题 [J]. 汉语学习（3）：14-25.

张修仁，1996. 非主谓句的用途和界定 [J]. 厦门大学学报（哲学社会科学版）（2）：113-116.

张中行，1984. 非主谓句 [M]. 上海：上海教育出版社 .

赵淑华，1992. 句型研究与对外汉语教学——兼析"才"字句 [J]. 语言文字应用（3）：20-24.

赵淑华等，1995. 北京语言学院现代汉语精读教材主课文句型统计报告 [J]. 语言教学与研究（2）：11-26.

赵淑华等，1997. 单句句型统计与分析 [J]. 语言教学与研究（2）：62-74.

赵元任，1979. 汉语口语语法 [M]. 北京：商务印书馆 .

中国社会科学院语言研究所词典编辑室，2016.现代汉语词典（第7版）[M].北京：商务印书馆.

周 平、张吉生，2004.论二语习得中过渡语的普遍性和系统性[J].外语与外语教学（3）：23-25.

朱德熙，1979.与动词"给"相关的句法问题[J].方言（2）：81-87.

朱德熙，1982.语法讲义[M].北京：商务印书馆.

Adjemian, C., 1976. On the nature of interlanguage systems[J]. Language Learning, 26(2):297-320.

Corder, S.P., 1967. The significance of learner's errors[J]. International Review of Applied Linguistics in Languege Teaching, 5 (4): 161-170.

Corder, S.P., 1971. Idiosyncratic dialects and error analysis[J]. International Review of Applied Linguistics Languege Teaching, 9(2):147-160.

Ellis, R., 1985a. Sources of variability in interlanguage[J]. Applied Linguistics, 6(2): 118-131.

Ellis, R., 1985b. Understanding second language acquisition[M]. Oxford: Oxford University Press.

Ellis, R., 1994. The study of second language acquisition[M]. Oxford: Oxford University Press.

Ellis, R., 1997. Second language acquisition[M]. Oxford:Oxford University Press.

Ellis, R., 2008. The study of second language acquisition[M]. 2nd ed. Oxford: Oxford University Press.

Gass, S.M. and Selinker,L., 1994. Second language acquisition: An introductory course[M]. Hillsdale, NJ: Lawrence Erlbaum Associates.

Granger, S., 1998. The computer learner corpus:A versatile new source of data for SLA research [C]//Granger, S., (ed.), Learner English on computer. London & New York: Longman: 3-18.

Granger, S., Hung, J. and Petch-Tyson, S. (eds), 2002. Computer learner corpora second language acquisition and foreign language teaching[C]. Amsterdam/Philadelphia: John Benjamins Publishing Company.

Hamayan, E.V. and Tucker, G.R., 1980. Language input in the bilingual classroom and its relationship to second language achievement[J]. TESOL Quarterly, 14(4): 453-468.

Kellerman, E., 1983. Now you see it, now you don't[C]//Gass, M.S. & Selinker, L. (eds), Language transfer in language learning. Rowley, Mass: Newbury House: 112-134.

Krashen, S. D., 1982. Principles and practice in second language acquisition [M]. Oxford:Pergamon.

Krashen, S. D., 1985. The input hypothesis: Issues and implication[M]. New York: Longman.

Larsen-Freeman, D., 1976. An explanation for the morpheme acquisition order of second language learners[J]. Language Learning, 26(1): 125-134

Larsen-Freeman, D. and Long, M.H., 1991. An introduction to second language acquisition research[M]. 北京：外语教学与研究出版社.

Lightbown, P.M., 1983. Exploring relationships between developmental and instructional sequences in second language acquisition[M]//Seliger, H.W. and Long, M.H. (eds), Classroom oriented research in second language acquisition. Rowley, Mass:Newbury House.

Long, M.H., 1983. Native speaker/Non-native speaker conversation and the negotiation of comprehensible input[J]. Applied Linguistics, 4(2):126-141.

Mclaughlin, B., 1987. Theories of second language learning[M]. London: Edward Arnold.

Meisel, J.M., Clahsen, H. and Pienemann, M., 1981. On determining developmental stages in natural second language acquisition[J]. Studies in Second Language Acquistion, 3(2):109-135.

Nemser, W., 1971. Approximative systems of foreign language learners[J]. International Review of Applied Linguistics in Language Learning, 9(2):115-124.

Pienemann, M., 1998. Language processing and second language development: Processability theory[M]. Amsterdam: Benjamins.

Practor, C., 1967. Hierarchy of difficulty. Unpublished classroom lecture[D]. University of California, Los Angeles.

Richards, J.C., 1990a. 错误分析、中介语和第二语言习得研究述评 [J]. 孙德坤，译. 语言教学与研究（1）：58-65.

Richards, J.C., 1990b. 错误分析、中介语和第二语言习得研究述评：续[J]. 孙德坤, 译. 语言教学与研究（2）: 99-118.

Schumann, J.H., 1978. The acculturation model for second language acquisition[R]// Gingras, R.C., (ed.) Second Language Acquisition and Foreign Language Teaching, Washington:27-50.

Seliger, H. W., 1989. Second language research methods[M]. Oxford:Oxford University Press.

Selinker, L., 1972. Interlanguage[J].International Review of Applied Linguistics in Language Teaching, 10:209-232.

Selinker, L., 1992. Rediscovering interlanguage[M]. London: Longman.

Selinker, L. and Lamendella, J.T., 1978. Two perspectives on fossilization in interlanguage learning[J]. IL Studies Bulletin, 3 (2):143-191.

Sharwood Smith, M., 1994. Second language learning: Theoretical foundations[M]. London: Longman.

Swain, M., 1985. Communicative competence: Some roles of comprehensible input and comprehensible output in its development[C]//Gass, S.M. & Madden, C. (eds), Input in second language acquisition, Rowley, Mass: Newbury House.

Tarone, E., 1982. Systematicity and attention in interlanguage[J].Language Learning, 32(1): 69-84.

Tarone, E., 1998. Research on interlanguage variation: Implications for language testing[C]//Bachman, L.F. & Cohen, A.D. (eds), Interfaces between second language acquisition and language testing research. Cambridge: Cambridge University Press.

后　记

十五年前，我带着无限憧憬和些许懵懂来到金陵。从此，六朝古都对于我来说不再仅仅是历史书中的一个个典故，旅行册中一幅幅优美的风景，而是属于我的一天天真实的生活。如今，南京已经成了我的第二故乡，这里成就了我的学业和事业，使我从一个求知的学生转变成为了传播知识的教师。

本书是在我博士学位论文的基础上修改完成的，倾注了我多年求学路上的心血和汗水，也凝结了我对汉语国际教育专业的无限热爱，更饱含了身边良师亲友对我的鼓励和关怀。

无论怎样的文字都无法表达我对恩师肖奚强教授的感激之情。从开始读硕到工作再到出国实习、博士毕业，我有幸在肖门学习了近八年的时间。也许我真的是恩师指导时间最长的学生，也自然是让恩师花费最多心血的学生。从论文的选题、写作，到项目的申报、结项，再到专著的校稿、出版，小到标点符号，大到框架结构，恩师始终都是逐字逐句阅读推敲，反复进行增删修改。一直以来，恩师学识的渊博令我折服，思想的深刻令我赞叹，作风的严谨令我钦佩，对学术的执着更是令我感动。恩师严谨求实的治学态度、精益求精的工作作风、拼搏进取的人生信条将是我一生所追求的目标。尽管毕业多年，导师仍旧不时督促我的科研工作，并同师母一起在生活中给我无限的关爱，令我备感温暖。在此祝恩师和师母身体康健，永葆青春！

衷心感谢在我硕、博士求学期间指导、影响过我的段业辉教授、钱玉莲教授、潘文教授、王政红教授、李葆嘉教授、陈小荷教授、陆俭明教授、陈绂教授、齐沪扬教授、陈昌来教授、李泉教授、刘顺教授、张亚军教授等校内外语言学专家。诸位先生不仅在学术上对我影响颇深，令我受益匪浅，还在人生态度上让我更加深刻地明白了"要做事，先做人"这一真理。同时也感谢周文华、黄自然、王利峰等师兄弟和颜明、孙慧莉、周宝芯、王艺澄、乔佚等师姐妹，你们都给了我很多的启发和支持。在此谨向所有的老师、同门一并致以诚挚的感谢！

感谢一直陪伴在我身边的亲友，你们的赞誉和关爱是我不断前行的动力。最辛苦的是生我养我的父母，我的每一点成长每一次转变都源于你们无私的爱。在我取得一些成绩的时候，你们是那么以我为傲，尽管我并未让你们因此享受到应有的回报。而在我经历坎坷、脆弱畏惧时，你们又义无反顾地站在我身后，给我最坚定有力的支持。父母的深情女儿无以为报，唯有努力幸福地生活，让你们放心，这才是对你们最大的孝心。愿我最亲爱的父母健康、平安！

最后感谢自己。感谢你的坚强，感谢你的成长。

感恩过去，珍惜现在，期待未来！

徐开妍
2019 年 12 月于金陵